Die letzten Jahre des Jahrhunderts

Raymond Aron

Die letzten Jahre
des
Jahrhunderts

Mit einem Vorwort von Pierre Hassner
Deutsch von Christian D. Schmidt

Deutsche Verlags-Anstalt
Stuttgart

Die französische Originalausgabe erschien
1984 bei den Editions Julliard, Paris,
unter dem Titel
»Les dernières années du siècle«

© Editions Julliard 1984

CIP-Kurztitelaufnahme der Deutschen Bibliothek

Aron, Raymond:
Die letzten Jahre des Jahrhunderts / Raymond Aron.
Hrsg. u. mit e. Vorw. von Pierre Hassner.
Dt. von Christian D. Schmidt.
– Stuttgart : Deutsche Verlags-Anstalt, 1986.
Einheitssacht.: Les dernières années du siècle ⟨dt.⟩
ISBN 3-421-06308-7

© der deutschen Ausgabe
Deutsche Verlags-Anstalt, Stuttgart, 1986.
Verantwortlicher Lektor: Ursula Locke-Groß
Gesamtherstellung:
Hieronymus Mühlberger GmbH, Augsburg
Printed in Germany

Inhalt

Vorwort

Raymond Aron hat die letzten Monate seines Lebens dem Nachdenken über die letzten Jahre dieses Jahrhunderts gewidmet. Nach einer langen Rückbesinnung auf sich selbst in seinen *Lebenserinnerungen* empfand er das Bedürfnis, seinen Blick erneut auf die internationalen Beziehungen zu richten. In der Tat gehört diese doppelte Hin- und Herbewegung zwischen Vergangenheit und Zukunft, zwischen Analyse der Wirklichkeit und Reflexion über die Rolle des »engagierten Zuschauers« innerhalb dieser Analyse zu Raymond Arons Grundanliegen: Es reicht von der *Introduction à la philosophie de l'Histoire* (deren Untertitel »Essai sur les limites de l'objectivité historique« lautet) bis zu den *Lebenserinnerungen* (deutsch: *Erkenntnis und Verantwortung*). Dazwischen liegt sein großartiges Buch über die internationalen Beziehungen, *Frieden und Krieg. Theorie der Staatenwelt.*

Wie die skizzenhafte Einleitung, die wir mitveröffentlichen*, deutlich zeigt, hat er an das letztgenannte Werk gedacht, als er mit diesem kleinen Buch anfing. Dabei stellte er sich zwei Fragen. Die erste war historisch: Was hat sich in den letzten zwanzig Jahren verändert? Inwiefern ist die Analyse des internationalen Systems, die er 1962 vorgelegt hatte, heute noch gültig? Die zweite war theoretisch: War er im Recht, als er die Bezie-

---

* Dies sind die allerletzten Seiten, die wir von ihm haben.

hungen zwischen den Staaten in den Mittelpunkt seiner Analyse stellte? Oder sollte ihn die Kritik einiger Kommentatoren ebenso wie der Fortgang der Wirklichkeit selbst doch davon überzeugen, heute vielmehr transnationale Phänomene und Wirtschaftskrisen in den Vordergrund zu stellen?

Die Sorge um eine neue Lesart, um eine neue Auflage von *Frieden und Krieg** überschnitt sich mit einem zweiten Projekt, das er unmittelbar nach seinen *Lebenserinnerungen* ins Auge gefaßt hatte und das auf ein Werk Spenglers, *Jahre der Entscheidung***, Bezug nahm, das zu Beginn der dreißiger Jahre, inmitten der großen Krise und kurz vor Hitlers Machtergreifung, entstanden war. Es ging nicht nur darum, 1983 mit 1962, sondern vielmehr das Ende dieses Jahrhunderts mit der Zeit des Kalten Krieges zu vergleichen. Galt die 1947 von Raymond Aron in seinem Buch *Le Grand Schisme* gestellte Diagnose: »Friede unmöglich, Krieg unwahrscheinlich« heute noch? Oder würden die achtziger Jahre in dem Sinn entscheidend sein, daß sie, mehr noch als andere Zeitläufte, der Menschheit entweder einen echten Frieden oder einen echten Krieg bringen könnten? Ohne Zweifel war Raymond Aron für die durch die Entwicklung der eurostrategischen Waffen hervorgerufene Atmosphäre der Furcht ebenso wie für die auf die Entspannungseuphorie in Europa folgende Friedensbewegung empfänglich geworden. Sicher ist auch, daß er zu Thesen bestimmter Autoren, die er schätzte, Stellung nehmen wollte, wie z. B. zu Henry Kissinger, für den die UdSSR in der Mitte der achtziger Jahre aufgrund einer momentanen nuklearen Erstschlagkapazität gegenüber den Vereinigten Staaten ein »opportunity window« (eine Gelegenheitslücke) erblicken könnte; oder zu Edward Luttwak, für den die Sowjetunion, nach dem Verlust

---

* Diese Neuauflage enthält im Vorwort die beiden ersten Kapitel des vorliegenden Buches, die am unmittelbarsten mit methodologischen Problemen zu tun haben.
** C. H. Beck'sche Verlagsbuchhandlung, München 1933.

ihrer bisherigen inneren Überzeugung, die Geschichte arbeite für sie, doch nach wie vor im Bewußtsein ihrer Stärke, auf abenteuerliche Wege geraten könnte.*
Nacheinander antwortet er auch George F. Kennan und Robert McNamara, die von der Gefahr einer nuklearen Eskalation wie gebannt sind, und Alain Besançon, für den das Sowjetregime keine ökonomischen Zwänge im landläufigen Sinne des Wortes zu kennen scheint.

Gegen die Befürchtungen der einen wie der anderen setzt Aron eine nuancierte, aber entschiedene Ablehnung des katastrophischen Millenarismus, die gleiche übrigens, die er gestern noch den Utopien, ob idyllischer oder revolutionärer Spielart, entgegensetzte. Er beendet seine Analyse der Abschreckung und Rüstungskontrolle, der Vereinigten Staaten und der Sowjetunion, mit der Bestätigung jener Diagnose, die er 1947 als einziger mit einer ruhigen und klaren Sicht der Dinge formuliert hatte. Es liegt an uns, den Ratschlag zu beherzigen, mit dem er *Le Grand Schisme* beschloß: »Hören wir auf zu träumen und kehren wir zu unserer täglichen Arbeit zurück.«

Pierre Hassner

---

* Siehe Luttwaks Buch: *The Grand Strategy of the Soviet Union*, Weidenfeld & Nicolson, London 1983.

Einleitung

Dieses Büchlein geht auf zwei Projekte zurück: auf die Vorbereitungen für eine Neuauflage von *Frieden und Krieg* und ihre Anreicherung durch eine kritische Präsentierung des Textes von 1962 einerseits, und auf die Abfassung eines Essays andererseits, den ich bei der Beendigung meiner *Lebenserinnerungen* konzipiert hatte, ein Essay, der sich mit dem Werk *Jahre der Entscheidung* von Oswald Spengler vergleichen läßt, eine vorausschauende Analyse des Endes unseres Jahrhunderts – allerdings nicht, ohne von vornherein eine Einschränkung zu machen: Ich sehe keinen Grund, den kommenden Jahren eine besondere Bedeutsamkeit zuzumessen. Sie sind lediglich die letzten, über die Mutmaßungen anzustellen ich die Zeit haben werde, mit allen Ungewißheiten, die einem solchen Versuch innewohnen.

Das erste Projekt, das sich auf *Frieden und Krieg* bezieht, fällt teilweise mit dem zweiten zusammen. Der dritte Teil des Buches von 1962 stand unter der Überschrift »Geschichte«, die durch den dem Wort »Geschichte« verliehenen Sinn gerechtfertigt erschien. Die Analyse bezog sich auf eine weltweite Konstellation zu einem bestimmten Zeitpunkt, sie war daher synchronisch, nicht diachronisch. Sie zielte auf eine umfassende und doch einmalige Realität, denn dieses zwischenstaatliche System, auch wenn es in seinen Hauptzügen mehr oder weniger lange Zeit gleichbleiben sollte, mußte sich notwendigerweise doch ändern. Eine der sich aus diesem Projekt ergebenden Aufgaben besteht also darin, die während der letzten zwanzig Jahre eingetretenen Veränderungen in den Vordergrund zu rücken. Im vorliegenden Essay will ich eine Gegenüberstellung zweier Systemzustände im Abstand von zwanzig Jahren versuchen. Dieser Versuch führt mich wie von selbst zu jenem Projekt, das ich von Anfang an *Die letzten Jahre des Jahrhunderts* genannt habe und das auf eine Gegenüberstellung von 1962 und 1982 hinausläuft. Auch wenn sie zunächst statischen Charakters zu sein scheint – der Vergleich zweier Momentaufnahmen –, unterstellt diese Gegenüberstellung Zukunftstrends, ungelöste Probleme, verschärfte oder entschärfte Konflikte. Kurzum, der Blick voraus dürfte in der Regel dem Blick rückwärts folgen, zu dem mich die Revision der diplomatischen Szene des Jahres 1962 nötigt.

Vielleicht hätte ich die Analyse in den beiden ersten Kapiteln ausgelassen, wenn ich nur vom »Jahrhundertende« hätte sprechen wollen, doch hier geht es eher darum, die Grundlagen eines ehrgeizigen Werkes selbst zu hinterfragen als eine eher zufällig entstandene Studie zu aktualisieren. Die Grundlagen von *Frieden und Krieg* waren streng klassisch. Ich behielt die Beschreibung bei, die Hobbes für zwischenstaatliche Beziehungen entwickelt hat, um den »Naturzustand« zu kennzeichnen. Mein Gegenstand war ein zwischenstaatliches System, so wie es die Klassiker der Staatsphilosophie konzipierten. Ich übernahm sogar den von J.-J. Rousseau betonten Gegensatz zwischen der Ordnung im Innern des Staates und der Ordnung zwischen den Staaten. Ist aber der Naturzustand eine adäquate Kennzeichnung für das heutige zwischenstaatliche System? Bildet das zwischenstaatliche System nicht das Zentrum, den Brennpunkt des internationalen Systems, wenn letzteres nicht nur das umfaßt, was ich diplomatisch-strategische Beziehungen nannte, sondern auch die wirtschaftlichen Tauschverhältnisse von einer Gesellschaft zur anderen bzw. von einem Staat zum anderen beinhaltet, falls der Staat sich das Monopol des Warenkaufs und -verkaufs im Ausland selbst zugesprochen hat? Über diese

12

wirtschaftlichen Verhältnisse hinaus erwähnte ich transnationale Phänomene, Religionen, ideologische Parteien, multinationale Gesellschaften, Moden und Veränderungen in Sitten und Gebräuchen, die alle Staatsgrenzen überschreiten.

Kurzum: Es empfiehlt sich, zwischen dem internationalen Bereich einerseits, dessen Hauptbestandteil das Zwischenstaatliche ist, und dem Transnationalen bzw. Übernationalen (Haager Gerichtshof, UNO) andererseits zu unterscheiden. Diese Unterscheidung läßt sich durchaus schon in *Frieden und Krieg* finden, aber ich gehe nur beim Zwischenstaatlichen in die Tiefe und betrachte die anderen Aspekte der internationalen Welt nur in ihren Beziehungen zum Zwischenstaatlichen.

Habe ich somit den Irrtum begangen, die Gegenwart durch die Brille der Vergangenheit zu betrachten und ihre Besonderheiten zu vernachlässigen (oder nur oberflächlich zu streifen), statt mich auf sie zu konzentrieren? Habe ich recht, mich in die Nachfolge der Tradition zu stellen und nicht, im Unterschied zu den heute modischen Fachleuten, vom imperialen System der Weltwirtschaft auszugehen, von einem Ausbeutungssystem also, das sowohl die innerstaatliche Ordnung der Staaten als auch die Ordnung ihrer gegenseitigen Beziehungen umfaßt?

Teil Eins
Die letzten Jahre des Jahrhunderts

I
Die internationale Gesellschaft

»Wenn ich die Lage des Menschengeschlechts betrachte, fällt mir als erstes auf, daß es in seiner Verfassung einen offenen Widerspruch gibt, durch den es beständigen Schwankungen ausgeliefert ist. Unsere Beziehung von Mensch zu Mensch steht unter dem Gesetz in einer bürgerlichen Gesellschaft; aber in der Beziehung von Volk zu Volk genießt jeder die natürliche Freiheit; das macht im Grunde unsere Lage schlimmer, als wenn diese Unterscheidungen unbekannt wären. Denn indem wir gleichzeitig in der gesellschaftlichen Ordnung und im Naturzustand leben, sind wir den Nachteilen von beiden ausgesetzt und finden Sicherheit weder hier noch dort. Die Vollendung der gesellschaftlichen Ordnung besteht zwar im Zusammenspiel von Macht und Gesetz. Dazu ist es aber notwendig, daß das Gesetz die Macht führt, anstatt daß, gemäß der Idee von der absoluten Unabhängigkeit der Fürsten, die nackte Gewalt, die zu den Bürgern unter dem Namen ›Gesetz‹ und zu den Ausländern unter dem Namen ›Staatsräson‹ spricht, die einen aller Macht und die anderen allen Willens zum Widerstand beraubt, sodaß der leere Name ›Gerechtigkeit‹ überall nur dazu dient, die Gewalt abzusichern.

Was das sogenannte Völkerrecht angeht, so läßt sich mit Sicherheit sagen, daß seine Gesetze in Ermangelung einer hoheitlichen Sanktion nichts anderes sind als Chimären, schwächer noch als das Naturrecht. Dies spricht wenigstens im Herzen des Einzelnen, während die Vereinbarungen des Völkerrechts, welches als Unterpfand nur den Nutzen dessen hat, der sich ihm unterstellt, allein so lange respektiert werden, wie sie mit dem Vorteil der Einzelnen übereinstimmen. In der Zwischenstellung, die wir einnehmen, haben wir nichts erreicht: welchem der beiden Systeme wir auch den Vorzug geben, indem wir zuviel oder zuwenig tun, wir sind dem schlimmsten Zustand preisgegeben, in dem wir uns befinden können.«*

Diese Seite entnehme ich einem Fragment von Jean-Jacques Rousseau über den Kriegszustand. Seine klassische These ist der Ausgangspunkt von *Frieden und Krieg*. Der Naturzustand (bzw. der Zustand eines potentiellen Krieges) zwischen den Staaten unterscheidet sich im Wesen vom Zivilstand innerhalb der Staaten. Die Staatsbürger gehorchen dem Gesetz, auch wenn es Gewalt ausdrückt und zugleich verschleiert. Das Buch hat also das *zwischenstaatliche System* zum Gegenstand: zunächst ein *System*, in das sich Staaten integrieren und in dem jeder den anderen überwacht, damit die eigene Sicherheit gewährleistet ist; ferner ein *zwischenstaatliches* System, da der Krieg ein Verhältnis zwischen Staaten, nicht zwischen Individuen darstellt.

»Der Krieg ist nicht ein Verhältnis von Mensch zu Mensch, sondern ein Verhältnis von Staat zu Staat, in welchem die Einzelnen nur zufällig Feinde sind, nicht als Menschen, nicht einmal als Bürger, sondern als Krieger; nicht als Glieder des Vaterlandes, sondern als seine Verteidiger.«**

Diese philosophische Theorie kann auch als idealtypisches Schema interpretiert werden. Rein zwischenstaatliche Kriege

---

* Vom Gesellschaftsvertrag, I, 4, in: J.-J. Rousseau: *Die Krisis der Kultur.* Die Werke, ausgewählt von Paul Sakmann, Leipzig 1931, S. 248–249 (Neuaufl. Stuttgart 1968).
** Vom Kriege (Que l'état de guerre nait de l'état social), in: J.-J. Rousseau: *Sozialphilosophische und politische Schriften*, München 1981, S. 416.

dienen als soziologisches Modell und zugleich vielleicht auch als Ideal, solange der Naturzustand nicht überwunden und durch den Friedenszustand (bzw. durch einen zwischenstaatlichen Zivilstand) ersetzt worden ist.

Ist das Buch wegen dieses Rückgriffes auf juristische oder philosophische Fiktionen notwendigerweise anachronistisch? Betrachtet es ausschließlich die Vergangenheit? Übernimmt es eine allzu enge, veraltete Vorstellung der internationalen Welt? Einige Kritiker haben mir vorgehalten, Krieg in einem traditionellen Sinn zu begreifen, in dem sich die Praxis des europäischen Mächtekonzerts mehr oder weniger widerspiegele.

Ich halte diese Kritik für ungerechtfertigt. Selbstverständlich hätte ich ein anderes Buch schreiben können, doch gab ich ihm den Titel *Frieden und Krieg. Eine Theorie der Staatenwelt.*

Unter Krieg verstand ich das, was immer darunter verstanden wurde, nämlich ein bewaffnetes Aneinandergeraten zweier Staaten oder eine Machtprobe zwischen mehr oder minder gut organisierten staatlichen Streitkräften. Weder Attentate noch Terrorismus oder wirtschaftlicher Wettbewerb stellen einen Krieg dar in dem Sinn, wie ich diesen Begriff definiere.

Ich habe stets die Besonderheiten des zwischenstaatlichen Systems am Ende des 20. Jahrhunderts betont, eines weltumspannenden und, auch in scheinbar friedlichen Perioden, streitbaren Systems. Das zwischenstaatliche System darf nicht mit der internationalen Gesellschaft gleichgesetzt werden. Es stellt nur einen einzelnen, aber in meinen Augen wesentlichen Aspekt dieser Gesellschaft dar. Ich verkenne die anderen Aspekte nicht, habe sie aber nicht in ähnlich systematischer Weise behandelt. Ich möchte mir nun die Frage vorlegen, ob meine Wahl gerechtfertigt war oder ob sie mich genötigt hat, lediglich die Vergangenheit heraufzubeschwören, statt die Zukunft vorwegzunehmen oder gar vorauszusehen.

Ich habe den Begriff »Wirtschaftssystem« kaum verwendet, obwohl ich den kapitalistischen Weltmarkt analysiert habe. Es versteht sich in der Tat von selbst, daß nationale Ökonomien einem System angehören oder in ein solches hineingehören, wenn man unter diesem Begriff ein Ganzes versteht, dessen Bestandteile durch die Wechselwirkung zusammenhängen, die jeder auf den anderen ausübt. Letztendlich gibt es keine Veränderung des einen Bestandteiles, ohne daß die Lage der anderen sich verändert. Selbstverständlich findet diese wechselseitige Beeinflussung der Grundelemente nicht in symmetrischer Weise statt. Sogar in Systemen, die keiner zentralen Kontroll- oder Steuerungsinstanz unterliegen, können bestimmte Elemente aufgrund ihrer Dimensionen oder ihrer Potenz faktisch Macht auf die Gesamtheit des Systems ausüben.

Heutzutage tritt in den Institutionen, die sich der Friedensforschung zuwenden, eine Darstellung des Weltwirtschaftssystems an die Stelle des zwischenstaatlichen Systems, die diesen Terminus dem der internationalen Beziehungen oder des zwischenstaatlichen Systems vorzieht. Das Wirtschaftssystem gliedert sich in Zentrum und Peripherie, das heißt in der Mitte sind die Industrienationen, während die unterentwickelten oder sich in Entwicklung befindlichen Länder an die Peripherie gehören. Das Zentrum umfaßt zum einen die Vereinigten Staaten und zum anderen die übrigen industrialisierten Länder, wobei erstere die anderen und alle zusammen wiederum die Peripherie ausbeuten. Nichts spricht dagegen, die gleiche Teilung innerhalb eines jeden Landes vorzunehmen: Die reichen Staaten lassen der Peripherie nur einen geringen Anteil des Überflusses übrig, den sie dort entnommen haben. Auch hier gibt es eine Mitte, die Privilegierten, die nationalen Bourgeoisien, die mit dem ausländischen Kapital im Zentrum des ökonomischen Gesamtsystems gemeinsame Sache machen.

Diese Vorstellung ist offensichtlich marxistischen Ideen entlehnt. Alles Vermögen entsteht und wächst aus dem Mehrwert, den die Ausbeuter von den Werktätigen des eigenen Landes und der Peripherie abschöpfen. Hier stellt sich eine Analogie zwischen inner- und zwischenstaatlicher Struktur ein. Die hier implizierte Theorie findet sich allerdings, zumindest in dieser

Form, weder bei Marx selbst noch bei Lenin in dessen *Der Imperialismus als höchstes Stadium des Kapitalismus*, aber sie läßt sich daraus ableiten. Auf rein innerstaatliche Rivalitäten bzw. Konflikte geht sie nicht ein. Sie weitet vielmehr die klassenkämpferische Analyse der Gesellschaften, in denen der Kapitalismus herrscht, auf die gesamte Welt aus.

Zwischenstaatliches und ökonomisches System sind durch zahlreiche Bande miteinander verknüpft, die bei gegebenem Anlaß noch näher betrachtet werden sollen. Soll aber mit dem einen oder mit dem anderen, mit den Forderungen der Staaten nach Unabhängigkeit und Souveränität oder mit der Ungleichheit in den gesellschaftlichen Strukturen bzw. in den Beziehungen zwischen verschiedenen Gesellschaften der Anfang gemacht werden? In diesem Punkt bleibe ich dem Hauptgedanken von *Frieden und Krieg* treu: Durch die Jahrhunderte hindurch gehören Rivalitäten oder bewaffnete Konflikte zwischen territorialen Gemeinwesen, jedes unter einer Zentralherrschaft, zum normalen Gang der Geschichte. Große Männer, Helden führten Heere oder regierten Völker. Auch wenn man davon ausgeht, daß einzelne Eroberer oder Gesetzgeber heutzutage zu Bilderbuchklischees geworden sind oder allenfalls als Erinnerungen in Schulbüchern weiterleben, so empfiehlt es sich doch, die klassische Vorstellung des zwischenstaatlichen Umgangs miteinander beizubehalten und den Gegensatz zwischen dem Zivilstand der Untertanen bzw. der Bürger innerhalb der Staaten und dem Kriegszustand zwischen den Staaten nicht gänzlich über Bord zu werfen. Auch wenn dieser Gegensatz nicht mehr gültig sein sollte, müßte man sich ihn wieder vergegenwärtigen, um die Phänomene, die ihn gegebenenfalls abschwächen oder über ihn hinausgehen, entsprechend zu beleuchten.

Wir sollten jedoch ein Stück weitergehen. Der Primat des ökonomischen Systems, auf die Ungleichheit zwischen Zentrum und Peripherie gegründet, ließe sich nur durch das kausale Überwiegen der sozialen Verhältnisse gegenüber den zwischenstaatlichen rechtfertigen. Doch stimmt dies nicht. Die Sowjetunion gehört weder zum Zentrum noch zur Peripherie. Der Iran und der Irak liefern sich einen Krieg, den man vergebens dem Wirtschaftssystem zuschreiben wird. Die ganz großen Ereignisse der Nachkriegszeit – die Teilung Europas in zwei Zonen, die Entkolonisierung – sind vielleicht durch das Zutun des »Weltzentrums«, sprich der Vereinigten Staaten, begünstigt oder beschleunigt worden, sie sind vielleicht auch der politische Ausdruck eines sich in Entwicklung befindenden wirtschaftlichen Großsystems, aber sie erscheinen zunächst einmal als ein Auf und Ab im Widerstreit zwischen organisierten Staaten bzw. zwischen Staaten und Völkern unter fremder Herrschaft. Besser ist es, von sichtbaren, naiv beobachteten Phänomenen auszugehen, ehe man – vielleicht – bis zur ihnen zugrundeliegenden tiefen Wirklichkeit vorstößt.

Ein weiterer Einwand gegen den Primat des zwischenstaatlichen Systems scheint auf die Entwertung von Grenzen und auf die Selbsthinderung der Supermächte abzuzielen, die sich entsprechend selbst verbieten, alle Tötungs- und Zerstörungsmittel, über die sie verfügen, einzusetzen. Es fehlt nicht an Argumenten, die für den Niedergang der Nationalstaaten und für das Verschwinden der Grenzen sprechen. Heutzutage verläuft die gemeinsame Militärgrenze aller europäischen Demokratien zwischen der DDR und der Bundesrepublik Deutschland. Im Falle eines Krieges würden beide Blöcke aneinandergeraten, sie wären die Subjekte der Handlung. Allein neutrale, gut gerüstete Einzelstaaten wie Schweden oder die Schweiz behalten noch eine Chance für politische Autonomie. Lufträume, die so eifrig überwacht und gegen fremde Flugzeuge verteidigt werden, sind für Satelliten inexistent. Alle diese Tatsachen unterliegen zwar keinem Zweifel, aber welche Schlüsse kann man daraus ziehen?

In einigen Teilen der Welt, vor allem in Europa, werden die Nationalstaaten durch die militärische Macht der Sowjetunion bzw. durch deren Umklammerung, wie im Falle der Länder Osteuropas, deklassiert. Auf der einen Seite ein militärisches

Imperium, auf der anderen ein Militärbündnis, das auch in Friedenszeiten aufrechterhalten wird. Doch verschwinden die Nationalstaaten deswegen noch lange nicht, weder westlich noch östlich der Demarkationslinie. Wenn durch unverhofftes Glück die sowjetische Armee nach Hause ginge, wenn der Kreml seinen Verbündeten freien Lauf ließe, würden sie sich selbst wiederfinden, wie sie schon früher waren und immer geblieben sind. Tschechen, Polen, Ungarn gingen mitnichten in einem großen Ganzen auf, in dem jedwede nationale Identität verlorenginge. Allenfalls würden sie, wie die Westeuropäer, einen gemeinsamen Markt zu bilden versuchen. Doch hat letzterer die Grenzen auch nicht aufgehoben, es sei denn, um den Waren- und Dienstleistungsverkehr zu erleichtern.

Unnötig zu sagen, daß das Weiterbestehen des Nationalstaates in Europa sein Gegenstück in anderen Erdteilen findet. In Afrika streben die Staaten eine Annäherung an das europäische Modell nicht nur aus der Behauptung einer ihnen zuerkannten Souveränität heraus an, sondern durch die Schaffung einer ihrer eigenen Nationalität bewußten Gesellschaft. Für die innerhalb der alten Kolonialgrenzen geschaffenen Staaten ist der Nationalstaat ein Ziel, das die darin herrschenden Minderheiten zu erreichen trachten. Ähnliches könnte auch über die Länder Lateinamerikas oder Asiens angemerkt werden. Heutzutage übt der Staat einen derart großen Einfluß auf das Alltagsleben der Menschen aus, daß sie aus ihrer Vereinzelung ausbrechen und diesem Staat angehören wollen, um auf ihn Druck auszuüben.

Man könnte mir noch entgegnen, daß der Nationalstaat von unten her zerfressen wird, daß die Nationen, selbst in Europa, von »infra-« oder »mikronationalen« Revolten (in Frankreich die Korsen, die Basken, die Bretonen) heimgesucht werden. In den Ländern Afrikas werden Stammesfehden vom Staat eher im Keim erstickt als wirklich bewältigt. Schlimmer noch: Zahlreiche Staaten werden von Revolutionären in eine Zerreißprobe gestürzt, die sich dabei auf eine fremde Ideologie oder auf eine fremde Macht berufen. Alle diese Anmerkungen verstehen sich von selbst, und ich habe an anderer Stelle* analysiert, was man die Krise des Nationalstaates nennen könnte, wie sie, bedingt durch die Heterogenität teils des Systems, teils der Bevölkerung innerhalb der von den Kolonisatoren gezogenen Grenzen, entsteht. Erst im Vergleich mit dem Idealtypus des Nationalstaates bekommen diese sogenannten Krisenerscheinungen ihre Bedeutung. Aber selbst in Europa wurde dieser Idealtypus nie verwirklicht; in anderen Erdteilen bildet das Staatsvolk in den meisten Fällen weder eine Nation im objektiven, noch im subjektiven Sinn (Japan ist die auffallende Ausnahme für bevölkerungsmäßige Heterogenität unter einheitlicher Herrschaft). Aus diesen wohlbekannten Tatsachen geht aber nicht hervor, daß ein Festhalten an der klassischen Theorie der zwischenstaatlichen Beziehungen als historischem Modell, als vereinfachter Darstellung der internationalen Welt nicht mehr legitim wäre.

Der Unterschied zwischen Konflikten im Inneren der politischen Entität und solchen unter diesen Entitäten selbst scheint mir durch die Geschichte offenkundig zu sein, auch wenn Bürgerkriege vielleicht genauso häufig vorkommen mögen wie zwischenstaatliche Auseinandersetzungen. Sogar in schriftlosen Gesellschaften, wo weder Grenzen klar gezogen noch Regierungsmannschaften deutlich bestimmt werden, erfassen die Ethnologen sehr wohl, wo die Trennungslinie verläuft zwischen Streitigkeiten, die noch durch Palaver und Kompromiß und solchen, die nur mit Gewalt beigelegt werden.

Kurzum: Der Idealtypus, den der Rousseausche Text zusammenfaßt, spiegelt keineswegs die gegenwärtige Realität wider; ganz im Gegenteil besteht seine Funktion darin, die Unvollkommenheit des zwischenstaatlichen Systems als Folge der extremen Heterogenität sowohl innerhalb der Entitäten, die sich souverän nennen, als auch untereinander deutlich hervor-

---

* Siehe insbesondere *Frieden und Krieg*, S. 343–351 und S. 876–886.

treten zu lassen. Aber man könnte gegen *Frieden und Krieg* einen weiteren Einwand erheben: Habe ich eigentlich jenen Phänomenen, die nicht ins zwischenstaatliche System hineingehören, aber durchaus auf es einwirken und von ihm auch beeinflußt werden, genügend Aufmerksamkeit gezollt?

Hier würde ich transnationale, internationale und supranationale Phänomene unterscheiden. Die ersten sind sozusagen grenzüberschreitend und entziehen sich gewissermaßen der staatlichen Autorität bzw. Kontrolle. Seit die Staaten ihre Grenzen geöffnet und die Zollrechte abgeschafft haben, findet der Güter- und Dienstleistungsverkehr zwischen den Individuen statt, ohne daß die Staaten, denen die Tauschpartner angehören, im wesentlichen intervenieren müssen. Die sogenannten »multinationalen Gesellschaften«, die Tochterunternehmen als nationale Gesellschaften in einigen Ländern unterhalten, bilden ein transnationales Netz unter Kontrolle der Muttergesellschaft. Die Firmenleitung wiederum kann es sich nicht leisten, keine Rücksichten auf die Reaktionen ausländischer Regierungen im Hinblick auf ihre Entscheidungen zu nehmen, wenn z. B. der Staat der Muttergesellschaft den Tochterunternehmen ein Embargo aufnötigt, die zwar als französische, deutsche oder englische Gesellschaften auftreten, aber gleichzeitig Tochterunternehmen der Muttergesellschaft bleiben.

In mancher Beziehung entzieht sich das Wirtschaftssystem dem zwischenstaatlichen; genauer gesagt tragen die Staaten mit ihrer Politik dazu bei, das Wirtschaftssystem zu konstituieren, und doch ist es, von den Staaten je nach eigener Gewichtigkeit völlig ungleich determiniert, vom zwischenstaatlichen zu unterscheiden und sollte eher transnational als zwischenstaatlich oder international genannt werden.

Die transnationalen Realitäten setzen sich nicht minder kraftvoll auch im nichtwirtschaftlichen Bereich durch. Glaubensüberzeugungen, Ideologien, wissenschaftliche Entdeckungen kommen an Staatsgrenzen nicht ohne weiteres vorbei. Sogar der Katholizismus als supranationale hierarchische

Organisation entkleidet die nationalen Kirchen nicht ihrer Eigenheiten, obwohl alle oder fast alle von denselben Strömungen erfaßt werden, die sie mal nach rechts, mal nach links verschlagen. Durch ihre Struktur versteht sich die katholische Kirche als transnational, auch wenn es ihr nicht ganz gelingt.

Die Dritte Internationale verstand sich ebenfalls als »international«, in Wirklichkeit war sie zwischenstaatlich und transnational zugleich. Sie umfaßte zunächst »Staaten-Parteien«, die, wenn sie gewonnen hatten, ein ganzes Land repräsentierten. Daher wurden sie auch mit dem Respekt behandelt, den man dem Erfolg zollt. Doch erschütterten sie die von der sowjetischen Partei erwünschte hierarchische Gesamtstruktur, obwohl und indem sie zugleich die Gleichrangigkeit der übrigen Bruderparteien verkündeten. Die marxistisch-leninistische Bewegung hat etwas von einer transnationalen Religion unter einer Zentralherrschaft, von einer in der ganzen Welt verbreiteten supranationalen Ideologie, die aber in jedem Land durch eine nationale Partei vertreten wird, und von einer internationalen Gesellschaft, die aus den Beziehungen zwischen Individuen oder Gruppen aus unterschiedlichen Ländern entsteht und lebt.

Supranationale Phänomene wiederum bilden eine zweite Kategorie, obwohl sie sich gelegentlich schlecht von den zwischenstaatlichen oder internationalen Beziehungen abheben lassen. Der Haager Gerichtshof wird in typischer Weise als supranational definiert. Die Richter werden zwar von nationalen Regierungen ernannt, aber, einmal im Amt, üben sie es als Exegeten der Gesetze aus, die alle Staaten angenommen haben (zumindest alle, die am Internationalen Gerichtshof als Mitglied vertreten sind). In der UNO wiederum geht es anders zu, einer Organisation, die von den Staaten ins Leben gerufen wurde, im Prinzip, um Konflikte beizulegen und den Frieden zu wahren. In Wirklichkeit treiben alle Staaten, auch in der UNO, ihre Politik »as usual«. Die Anträge oder die Beschlüsse, die von der Vollversammlung angenommen bzw. verabschiedet werden, drücken die Überzeugungen oder die Interessen einer

Staatenmehrheit aus. Ein Antrag drückt selten die ehrliche Empfindung der internationalen Gemeinschaft aus. Im Sicherheitsrat macht das Vetorecht der fünf ständigen Mitglieder ein effizientes Handeln unmöglich, sobald die beiden Großen, wie auch immer, in einen Konflikt verwickelt sind.

Vielleicht könnte man »internationale Gesellschaft« oder »Weltgesellschaft« jenen Komplex nennen, der das zwischenstaatliche System, die Weltwirtschaft (bzw. den Weltmarkt oder das Weltwirtschaftssystem) und die transnationalen bzw. supranationalen Phänomene umfaßt, wobei das Adjektiv »international« für alle hier unterschiedenen Aspekte zutrifft. Aus Bequemlichkeitsgründen werden wir die Gesamtheit all dieser Beziehungen zwischen Staaten und zwischen Privatpersonen, die eine Einheit der menschlichen Gattung anzunehmen gestatten, die »*internationale Gesellschaft*« nennen. Ich glaube aber nicht, daß die Formel von der »internationalen« oder der »Weltgesellschaft« ein echter Begriff ist. Sie bezeichnet, ohne sie zu beschreiben, eine Ganzheit, die sowohl das zwischenstaatliche und das wirtschaftliche System, als auch die transnationalen Bewegungen ebenso wie die verschiedensten Verkehrsformen (den Handel im erweiterten Sinne des 18. Jahrhunderts) von Gesellschaft zu Gesellschaft und die supranationalen Institutionen in einem umfaßt. Kann man diese Art Ganzheit »Gesellschaft« nennen, obwohl sie kaum noch ein charakteristisches Merkmal von Gesellschaft, welches auch immer, aufweist? Kann man von einem »internationalen System« sprechen, das alle Formen des internationalen Lebens integriert? Ich bezweifle es.

Die Beziehungen der Staaten untereinander müssen in ihrer Gesamtheit analysiert werden. Sie bilden ein System im weitesten Sinne des Wortes. Die Staaten unterhalten mehr oder weniger regelmäßige Beziehungen zueinander. Ein und demselben System gehören alle Staaten an, die sich des Risikos bewußt sind, in einen allgemeinen Krieg hineingezogen zu werden. Alle heutigen Staaten gehören irgendwie dem zwischenstaatlichen

System an, sei es nur durch ihre Mitgliedschaft in der UNO und durch die Allgegenwart der beiden Großmächte. Das Weltsystem gliedert sich in Subsysteme, deren Einheiten sich mehr oder weniger vor einer Intervention außerhalb ihrer Zone sicher fühlen, sei es, weil die Großen sich gegenseitig neutralisieren, sei es, weil die Entfernung oder die Geringfügigkeit des Risikos ihnen eine relative Autonomie gewährleisten. Systeme oder Subsysteme verdienen ihre Bezeichnung, da jedes einigermaßen bedeutungsvolle Ereignis im Inneren auf das Ganze einwirkt.

Ich habe den Terminus »System« ebenfalls verwendet, um die Weltwirtschaft zu kennzeichnen. Notfalls könnte man zweierlei Formen von Weltwirtschaft unterscheiden: eine kapitalistische und eine sozialistische – die erste hat die Vereinigten Staaten, die andere die Sowjetunion zum Mittelpunkt. Es gibt in der Tat den Ansatz eines sozialistischen Systems, aber er geht kaum über Osteuropa hinaus, allenfalls sind Vietnam und Kuba integrierende Bestandteile dieses Systems, das sich dem anderen wiederum anschließt: Dollar und in Dollar ausgedrückte Preise dienen oft als Maßeinheit im Handel zwischen sozialistischen Ländern; Polen, Ungarn, Rumänien haben sich im Westen bedeutende Summen geliehen. Einige Volksdemokratien gehören dem Internationalen Währungsfonds an oder möchten ihm angehören. Das einzige Wirtschaftssystem, das die Bezeichnung »weltweit« verdient, ist das kapitalistische, aus dem sich die meisten sowjethörigen Staaten selbst ausgegrenzt haben.

Eine Frage, die Kritiker stellen könnten, zielt auf den Stellenwert des zwischenstaatlichen Systems innerhalb der internationalen Gesellschaft. Soll man sich die Welt des 20. Jahrhunderts am Ausgang zweier Weltkriege noch im Lichte der im 18. und 19. Jahrhundert, also zur Zeit des europäischen Mächtekonzertes bzw. der Herrschaft Europas über die Welt entworfenen Schemata vorstellen? Die Kontroverse ist nicht abgeschlossen, aber die Alternative zwischen Frieden und Krieg hat die seit dem Untergang des Dritten Reichs vergangenen Jahre überschattet. Es schien mir und scheint mir daher immer noch angebracht, beim Studium der internationalen Beziehungen das zwischenstaatliche System in den Vordergrund zu stellen.

Dieser Primat des zwischenstaatlichen Systems schloß *a priori* die kausale Vorherrschaft des Wirtschaftssystems aus. Vielmehr stößt die marxistische oder leninistische Auffassung vom Krieg, was die Nachkriegsjahre angeht, auf unüberwindliche Hindernisse. Lenin neigte zu der Ansicht, daß Kriege zwischen kapitalistischen Staaten aus ökonomischen Rivalitäten herrührten. Es gibt aber ökonomische Rivalitäten innerhalb des atlantischen Bündnisses oder der amerikanisch-japanischen Allianz. Ich erinnere mich an ein sowjetisches Flugblatt aus der Kriegs- oder unmittelbaren Nachkriegszeit, in dem der Hauptwiderspruch zwischen den Vereinigten Staaten und Großbritannien angesiedelt wurde, mit dem Resultat, daß dieser Widerspruch zu einem engen Bündnis zwischen beiden geführt hat!

Die ökonomischen Rivalitäten setzen sich unter den Industrienationen fort und werden durch das verlangsamte Wirtschaftswachstum verschärft. Einige übersetzen Rivalität mit Krieg. Doch überwiegen, im Vergleich zu ökonomischen Rivalitäten, die Feindseligkeiten von Block zu Block, von Regime zu Regime bisher bei weitem. Ich hätte vielleicht im dritten Teil des Buches die ursprünglichen Beziehungen zwischen dem zwischenstaatlichen und dem ökonomischen System analysieren sollen. 1961 schwächte die Wirtschaftsexpansion den Wettbewerb; die politischen Verbündeten verziehen sich alle gegenseitig ihr Zukurzkommen gegenüber ihren Prinzipien. Sogar heute vermag der »Wirtschaftskrieg« die Atlantische Allianz nicht zu brechen. Die Räson des zwischenstaatlichen Systems behält allemal die Oberhand im Vergleich zu den Beschwerden, die das Wirtschaftssystem begründen mag.

Habe ich mich des Holismus schuldig gemacht, als ich die Staaten als »Akteure«, das zwischenstaatliche System aber als von diesen Akteuren hervorgerufen behandelt habe? Durch diese methodische Vorauswahl habe ich mir die Verwendung der üblichen soziologischen Verfahrensweisen selbst verboten. Ich habe so geschrieben, als würde ein Staat und nicht eine oder einige Personen darin eine Entscheidung treffen. Wenn man jedoch bis zu den Mikro-Beschlüssen, bis zu den Akteuren aus Fleisch und Blut vordringt, entdeckt man – was selbstverständlich ist – Beratungen, Mißhelligkeiten, individuelle Initiativen, Irrtümer, und dies alles führt zu Sätzen wie: »Österreich-Ungarn hat Serbien ein Ultimatum geschickt« oder »Österreichische Geschütze haben Belgrad beschossen«. Jede diplomatische Krise kann so entziffert werden, wie die Historiker es für die Zeitspanne Juli–August 1914 getan haben. Die amerikanischen Soziologen werden es für die Kuba-Krise tun müssen. Muß man daraus schließen, daß die Fiktion eines Staates, der hier mit einer handelnden Person identifiziert wird, legitim oder illegitim ist, daß sie der Forschung und dem Verständnis förderlich oder abträglich ist?

Die Soziologen und, *a fortiori*, die Historiker haben nie verkannt, daß der Monarch, der Staats- oder Regierungschef als Entscheidungsträger von Beratern, Höflingen und Ministern umgeben ist und wohl kaum allein entscheidet. Menschen oder Apparate vermitteln ihm Informationen, andere Menschen oder Apparate übermitteln seine Befehle oder verraten sie. Vor einigen Jahrhunderten galten Favoritinnen (oder Favoriten) häufig als Inspiration des Fürsten, und dennoch pflegten die Historiker nichtdestoweniger von der »Politik Frankreichs« oder »Englands« zu sprechen, so als glichen diese Entitäten Individuen und verhielten sich auch entsprechend. Dieser augenscheinliche Widerspruch löst sich von selbst auf, wenn man darüber ein wenig nachdenken mag.

Die Staaten – also die Akteure des zwischenstaatlichen Systems – werden in unterschiedlicher Weise regiert, von dem permanenten Dialog zwischen Weißem Haus und Kongreß bis zum hypnotischen Absolutismus eines Hitler. Doch selbst der Führer verdankte seine Kenntnis der Außenwelt anderen, und anderen überließ er die Verantwortung, seinen Willen zu vollziehen. Andererseits hat der Präsident der Vereinigten Staaten, auch von seinem Zögern, von den Besprechungen mit seinen Mitarbeitern, von den Widerständen des Kongresses abgesehen, schließlich in den Jahren 1917–1918 immerhin Millionen Menschen nach Europa, 1965 ein Expeditionskorps von über einer halben Million Mann nach Vietnam entsandt. Die Struktur eines organisierten Staates ist derart, daß Entscheidungen an der Spitze eine Reihe von Auswirkungen haben, die meist von den Verantwortlichen nicht vorhergesehen wurden, angenommen, daß sie überhaupt auszumachen sind.

Zum gegenwärtigen Zeitpunkt hängt der Entscheidende, ob es der Präsident der Vereinigten Staaten oder das Politbüro im Kreml ist, nicht so sehr von Individuen (Beratern oder Günstlingen) als vielmehr von Bürokratien ab, oder, wenn man will, von komplexen Organisationen, die alle ihre eigenen, mit anderen rivalisierenden Interessen haben. Das glänzend geschriebene Buch von G. T. Allison über die Kuba-Krise beleuchtet in besonderer Weise die Rolle, die diese Organisationen und deren Leiter, die persönlichen Berater des Präsidenten, dabei gespielt haben.* Die Antworten, die der Ausschuß der drei Generalstabschefs auf die von J. F. Kennedy gestellten Fragen gab, bestimmten dessen endgültige Entscheidung. Möglicherweise gingen ähnliche Beratungen in Moskau damit einher. Selbstverständlich müssen Soziologen die Bedingungen analysieren, unter denen ein Mensch oder mehrere das Schicksal vieler Millionen entscheidend beeinflussen. Die Rückseite des Handelns eines Staates nach außen hin, unter welchem inneren Regime auch immer, ist Sache des Soziologen. Doch die Vorderseite davon ist der Krieg oder der Frieden. Die Historiker sind sich noch immer nicht im Klaren, ob 1914 ein »Entscheidender« den Krieg ausgelöst hat. Die Chronik der Ereignisse hält die Kriegserklärungen der wichtigsten kriegführenden Staaten fest und geht dann zu den Feindseligkeiten über.

---

* G. T. Allison, *Essence of Decision*, Boston, Little Brown, 1971.

Die Disziplin, die sich also den zwischenstaatlichen Beziehungen zuwendet, darf ebenso den methodologischen Individualismus respektieren wie jede andere Sozialwissenschaft auch. Wenn wir von der Sowjetunion, vom Politbüro oder vom Präsidenten der Vereinigten Staaten sprechen, sprechen wir von Instanzen, die das auswärtige Handeln des jeweiligen Staates bestimmen, ganz gleich, wie diese Instanzen funktionieren mögen, aber auch ganz gleich, wie dieses Funktionieren wissenschaftlich betrachtet werden mag.

Im zweiten Teil von *Frieden und Krieg* habe ich die unterschiedlichen Institutionen, und wie sie auf den Diplomaten einwirken oder ihn einengen mögen, nicht näher erforscht, wie ich es vielleicht hätte tun können. Ich hatte mir vorgenommen, allzu allgemeine Sätze in bezug auf politische Regime oder auf Nationen zu widerlegen. Über die Konstanten der Außenpolitik in Abhängigkeit von der Geographie oder einer immerwährenden Interessenlage habe ich meine Zweifel zum Ausdruck gebracht – und dies implizierte, daß man den Staat oder den Akteur unmöglich näher bestimmen kann, wenn man von dem absieht, was ich die Rückseite des auswärtigen Handelns genannt habe. Oder, um auf das Niveau der Theorie zu kommen: Ich habe nie den Dialog zwischen Clausewitz und Lenin verkannt. Für den ersten unterlag der Begriff eines Gemeinwohls (oder, im heutigen Sprachgebrauch, eines nationalen Interesses), über das die Weisheit des personifizierten Staates, sprich die Politik, zu befinden hatte, keinem Zweifel. In seinen Augen gab es durchaus so etwas wie ein Gemeinwohl, das vom Herrscher verkörpert wurde. Lenin erwiderte Clausewitz, den er übrigens bewunderte, daß es in einem Klassenstaat kein Gemeinwohl geben könnte. Das auswärtige Handeln des Staates drücke somit den Willen der einen oder anderen Klasse aus. Die Ereignisse seit der Revolution 1917 widerlegen, wie mir scheint, jede extremistische Theorie. Die Sowjetunion handelt zwar nach außen hin nicht, wie es das zaristische Regime tat oder täte, aber sie hat ebensowenig die Traditionen wie die gesamte politische Praxis des Romanowschen Reiches über Bord geworfen.

Ich glaube daher nicht, daß der Gebrauch des Begriffs vom rational Agierenden in der zwischenstaatlichen Analyse einen wie auch immer gearteten Holismus impliziert oder eine animistische oder rationalistische Vision des Geschichtsverlaufs vermuten läßt. Wir wissen und wir wiederholen, daß die Menschen ihre Geschichte zwar selbst machen, aber die Geschichte nicht kennen, die sie machen. Ein Schlachtbericht kann nicht auf einzelne Verhaltensweisen eingehen, aber er leugnet nicht die Wichtigkeit eines Einzelverhaltens im gegebenen Fall. Der Ausgang der Schlacht ist meistens global determiniert, er setzt dennoch keine holistische Konzeption voraus. Die Soziologen verwenden gern den Ausdruck von der »Umkehrwirkung«. Die Gesamtheit individueller Handlungen läuft den Absichten der Individuen zuwider: Jeder Unternehmer ersetzt Arbeiter durch Maschinen; der Wettbewerb zwingt ihn dazu, doch erzielen die Unternehmer, indem sie die Profitrate verringern, insgesamt ein Ergebnis, das dem Interesse aller widerspricht, auch wenn jeder Unternehmer in rationaler Weise dem Eigeninteresse folgte. Die Umkehrwirkungen, die durch die Gesamtheit individueller Verhaltensweisen entstehen, kennzeichnen einen Aspekt im Funktionieren einer Gesellschaft. Wenn man sich den Ausspruch Wilhelms II.: »Das hab’ ich nicht gewollt!« vergegenwärtigt, kommt man dem Begriff der Umkehrwirkung nahe.

Das zwischenstaatliche System untersteht, im Gegensatz zu jedem innerstaatlichen System, keiner Zentralherrschaft, keiner zentralen Kontrollinstanz. Im Frieden wie im Krieg spielt jeder Akteur seine Rolle, meistens darf jeder nur auf sich zählen, um seine Existenz und seine Interessen zu behaupten. Die Verantwortlichen treffen ihre Entscheidungen angesichts einer nicht immer klaren Konstellation von Gegnern und Verbündeten, wobei die Dauer solcher Verhältnisse immer in Frage steht. Daher kommt es, daß der Historiker den Bezug zum Individuum mit den globalen Ergebnissen eines Krieges oder einer Epoche tendenziell verquickt, obwohl die Ergebnisse von niemandem wirklich gewollt wurden. Daher rühren auch die verschiedenen Interpretationen großer Ereignisse, wie z. B. der Ausbruch des Krieges 1914: Die meisten Historiker rekonstruieren die Ereignisse zwischen dem österreichischen Ultimatum an Serbien und den Kriegserklärungen in jeder Hauptstadt; auf der anderen Seite versuchen Lenin und die Marxisten den Krieg durch Ursachen zu erklären, die dieser Katastrophe angemessen sind. Häufig genug stellen die Historiker ihrem Mikro-Bericht eine Abhandlung über die Kräfte in der Tiefe voran und übersehen dennoch den Zusammenhang zwischen diesen Kräften und den Mikro-Ereignissen.

Vielleicht habe ich, im dritten Teil von *Frieden und Krieg*, dazu tendiert, die Logik oder die implizite Rationalität der »Akteure« überzubewerten, während ich die »Rückseite« des auswärtigen Agierens ebenso wie die von den Entscheidenden unabhängigen wirtschaftlichen, sozialen und psychologischen Veränderungen unterschätzt habe. Jenen dritten Teil, der eine bestimmte Situation der Weltgesellschaft in einem bestimmten Augenblick zum Gegenstand hatte, nannte ich damals »Geschichte«. In einer mir selbst völlig bewußten, paradoxen Weise war jener mit »Geschichte« überschriebene Teil synchronisch angelegt. Wenn ich die Welt heute, 1983, also zwanzig Jahre später, betrachte, wäre es möglich, die Dynamik der Entwicklung besser zu erfassen, ohne diesmal den Einfluß jener »Rückseite« in allem Agieren nach auswärts hin zu unterschätzen, ebensowenig wie die Veränderungen, die transnationalen Phänomenen zuzuschreiben sind.

Die heutige Situation kann mit der von 1961 verglichen werden, weil sie sozusagen wiedererkennbar ist. Das System bleibt bipolar, die Grenzen zwischen den beiden Teilen Europas haben sich nicht um einen Deut verschoben; die Staatsmänner wie ihre Kommentatoren diskutieren nach wie vor über die Rolle der Nuklearwaffen bei der Verteidigung Europas und über das Risiko eines Atomkrieges; das militärische Kräfteverhältnis zwischen den beiden Großen hat sich zugunsten der Sowjetunion verschoben, die Europäer, und mehr noch die Japaner, haben ihren wirtschaftlichen Abstand zu den USA beseitigt, und letztere haben die Fähigkeit oder den Willen verloren, die imperiale Bürde weiterzutragen.

Ich nehme mir nicht vor, zwanzig Jahre voller Lärm und Raserei nachzuzeichnen. Ich möchte mir zwei wesentliche Ziele setzen: Zunächst, wie stellen sich heute die Probleme der Nuklearstrategie, der amerikanisch-sowjetischen Rivalität, des gegenseitigen Kräfteverhältnisses dar, ohne aber die Veränderungen zu verkennen, die im jeweiligen Lager der Supermächte eingetreten sind? Dann möchte ich das zwischenstaatliche System in die Weltgesellschaft integrieren und über die kommenden Jahre nachdenken: Inwiefern müssen wir in den letzten Jahren dieses Jahrhunderts wirklich »Jahre der Entscheidung« sehen?

II
Die Staaten
und die internationale Wirtschaft

In *Frieden und Krieg* habe ich die leninistische Theorie des
Imperialismus zur Diskussion gestellt und verschiedene
Aspekte der diplomatisch-militärischen sowie der wirtschaftli-
chen Beziehungen untersucht.

Lenin unterschied wirtschaftliche oder koloniale Konflikte
nicht deutlich von echten politischen oder militärischen Konflikten. 1914 sei der Krieg aus den Streitigkeiten der kapitalistischen Staaten (oder deren Bankiers und Unternehmer) untereinander entstanden, die sich als unfähig erwiesen, die Reichtü-
mer dieser Welt, die sie alle gemeinsam plünderten, friedlich
unter sich zu verteilen. Die Widerlegung dieser auf ihre Hauptzüge reduzierten These ist nicht schwierig. Die letzte Phase des
»europäischen Imperialismus«, die Teilung Schwarzafrikas,
war zum Teil ein Nebenprodukt der klassischen Rivalitäten
unter den europäischen Großmächten; zum Teil war sie das
Werk von Abenteurern, zum Teil aber auch der Ausdruck des
staatlichen Machtwillens – glaubten doch einige Politiker wirklich daran, daß der nationale Handel von den Stützpunkten und
Territorien abhing, die man überall rund um die Welt besaß.
Die Anhänger des kolonialen Imperialismus in Frankreich,
z. B. Jules Ferry, rechtfertigten Eroberungen mit dem Bedürfnis, ihre Waren auswärts absetzen und ihre Betriebe mit Rohstoffen versorgen zu müssen. Wie auch immer die Gesinnung
der Machthaber oder der Geschäftswelt gewesen sein mag, was

die Konflikte in Übersee zur Kriegsbereitschaft der europäischen Staaten beigetragen haben mögen, der Krieg selbst fing 1914 auf dem Balkan an, dort wo, pompös ausgedrückt, die Interessen der Slawen und der Germanen aufeinanderstießen oder, einfacher gesagt, dort wo Österreich-Ungarn auf jene slawischen Länder traf, die in der Doppelmonarchie die slawische Irredenta unterstützten. Elsaß-Lothringen war in noch weit größerem Ausmaß als etwa Marokko Zankapfel zwischen Deutschland und Frankreich. Großbritannien fürchtete die deutsche Hochseeflotte mehr als die Konkurrenz der Waren »made in Germany«.

Wir wissen heute, daß beide Kriege den Zerfall der europäischen Reiche beschleunigt, das Kolonialzeitalter und die Herrschaft des Alten Kontinents beendet, den Niedergang der europäischen Großmächte beschleunigt haben. Da aber die Menschen die Geschichte, die sie machen, nicht kennen, wissen sie auch nicht um die Konsequenzen ihres Handelns. Aber man müßte den Bankiers, den Industriellen und Staatsmännern eine außergewöhnliche Blindheit bescheinigen, wenn man annehmen wollte, daß sie zweitrangige Konflikte um afrikanische oder asiatische Besitzungen, die ihnen so gut wie nichts einbrachten, unbedingt mit Waffengewalt hätten lösen wollen.

Der kapitalistische Weltmarkt wurde vor 1914 vom britischen Empire mit London und der Londoner Börse als Mittelpunkt beherrscht. Während des letzten Viertels des 19. Jahrhunderts hatte England seine Rolle als industrieller Vorreiter verloren: In Spitzenbereichen wie Elektrizitätserzeugung und Chemie stand nun das Wilhelminische Deutschland an erster Stelle. Der deutsche Export wuchs zwar schneller als der britische, doch blieb dieser quantitativ überlegen. Außerdem richtete sich die deutsche Expansion eher auf Europa als auf Übersee. Mit den englischen Ausfuhren verhielt es sich umgekehrt. Das von Großbritannien im 19. Jahrhundert errichtete Wirtschaftssystem, der kapitalistische Weltmarkt, machte es anderen Staaten keineswegs unmöglich, sich schneller zu entwickeln als der vorherrschende Staat selbst. Das Gold, bzw. das an den Goldstandard gebundene Pfund Sterling, war die Achse des Währungssystems; die langfristigen Hausse- oder Baissebewegungen der Preise erschütterten das System nicht. Das Vereinigte Königreich vermochte dank sogenannter »verdeckter Einnahmen« (Zinserträge für Investitionen im Ausland, Transportleistungen, Versicherungen) seine defizitäre Handelsbilanz mehr als auszugleichen. Es verlieh weiterhin einen Teil der Überschüsse seiner Zahlungsbilanz nach außen.

Die Periode, die vom Ende des 19. Jahrhunderts, von der Entdeckung der Goldvorkommen in Südafrika, bis zum Kriegsausbruch 1914 reicht, ist von einem schnellen Wachstum und einem bis dahin noch nie dagewesenen Wohlstand gekennzeichnet. Die Revisionisten unter den Sozialdemokraten mußten eine Entwicklung zur Kenntnis nehmen, die einigen Marxschen (bzw. Marx in den Mund gelegten) Voraussagen widersprachen: Der Lebensstandard der »Proletarier« stieg zusammen mit dem gesamtgesellschaftlichen Reichtum des Landes. Lenin schrieb der kolonialen Beute die Entstehung einer »werktätigen Aristokratie« zu, die, von den »Silberlingen« des Kapitalismus verführt, die Sache des Proletariats verriet.

In der Schlußphase des britischen Zeitalters vermochte es nur ein einziges Land, Japan, aus eigenem Bemühen in den kleinen Klub der Großen einzudringen. Es übernahm auch das unter den europäischen Staaten vorschriftsmäßige Verhalten, den Kolonialimperialismus, auf Kosten Formosas (1895) und Koreas (1905). Dieser Imperialismus war für das Wachstum der japanischen Wirtschaft ebensowenig erforderlich wie die Kolonialisierung West- oder Äquatorialafrikas einem Bedürfnis der französischen Wirtschaft entsprach. Er setzte sich nach dem Ersten Weltkrieg fort und führte 1932 zur Errichtung des Mandschukuo, 1937 zum Krieg gegen China, 1941 zum Angriff auf die Vereinigten Staaten und England und 1945 schließlich zur Niederlage. Seitdem floriert Japan, ohne Waffen, im Rahmen des von den USA kontrollierten kapitalistischen Marktes.

Der Weltmarkt mit dem Londoner Börsenplatz im Mittelpunkt unterschied sich in mancher Hinsicht vom Weltmarkt nach 1945, der um die Vereinigten Staaten herum entstanden ist. Wachstum als Ideologie existierte noch nicht: Doch selbstverständlich beseelt die Dynamik des Wachstums jedwede kapitalistische Wirtschaft. Nur Nationalökonomen berechneten vor 1914 die verschiedenen Sozialprodukte. Die Staatsmänner nahmen undeutlich die Entwicklung des einen oder anderen Produktes wahr, sie überschlugen in etwa die ungleichen Wachstumstempi, ebenso den jeweiligen Reichtum bei den Großen wie bei den Kleineren. Diese Staatsmänner hatten keine bestimmte Wachstumsrate als vorgegebenes Ziel, sie maßen vielmehr der Währungs- oder Preisstabilität in aller Regel eine größere Bedeutung bei als der Wachstumsquote, von der sie im übrigen noch nichts wußten. Ansonsten erlangten die riesigen, ihrer Autonomie beraubten Territorien unter der Londoner oder Pariser Regierung nur langsam einen gewissen Grad von Industrialisierung. Gewiß haben die britischen Machthaber in Indien die Infrastruktur einer modernen Gesellschaft entwickelt. Man handelte im 20. Jahrhundert nicht mehr gemäß der ein Jahrhundert zuvor in Westminster geprägten Parole: »In Indien sind wir aus eigenem Interesse.« Dennoch war der britische Weltmarkt etwas anderes als der amerikanische Markt nach 1945.

In der Zeit, in der wir das Verschwinden dieser Kolonien erlebten, erlebten wir auch die Entstehung eines sozialistischen Marktes. Aber dieser Markt kann nicht ernsthaft als Rivale des kapitalistischen gesehen werden, dafür sind beider Dimensionen allzu ungleich und der kleinere hängt in gewisser Weise vom großen ab.

Welches sind die Kennzeichen dieses Weltmarktes, an sich und im Vergleich zum zwischenstaatlichen System? Innerhalb des Wirtschaftssystems ist das Währungssystem die vorrangige Spielregel. Seit 1945 haben zwei verschiedene Währungssysteme nacheinander Geltung erlangt, das eine wurde 1945 in

Bretton-Woods definiert, das andere geht seit 1973 von frei flottierenden Wechselkursen aus und kommt eigentlich einem »Nicht-System« recht nahe.

Das System von Bretton-Woods untersagte frei flottierende Wechselkurse, legte den Wert der Währungen in Gold und zugleich in Dollar fest, da sich die Regierung der Vereinigten Staaten durch ein Schreiben an den Internationalen Währungsfonds verpflichtet hatte, die Konvertibilität des Dollars in Gold aufrechtzuerhalten.

Das System von Bretton-Woods verlieh dem Dollar ein Privileg, das die Europäer und besonders die Franzosen immer wieder kritisiert haben: Der Dollar wurde zum Goldäquivalenten, er war sowohl eine nationale als auch eine transnationale, überall und in jedem Land konvertible Währung geworden; er erlaubte den Amerikanern (und tut es heute noch), jede Ware in ihrer eigenen Währung zu kaufen. Die Vereinigten Staaten wurden zur einzigen politischen Entität, die es sich leisten konnte, im Falle eines Defizites in der eigenen Zahlungsbilanz keine restriktiven Maßnahmen ergreifen zu müssen.

Die meisten im Abkommen von Bretton-Woods vorgesehenen Bestimmungen entsprachen allerdings weder einer exklusiv amerikanischen Konzeption noch dem ausschließlichen Interesse der USA. Lord Keynes z. B. brachte für Großbritannien den Wunsch nach einem ganz andersartigen System, etwa einer Weltzentralbank, zum Ausdruck. Doch die Stabilität der Wechselkurse, die wettbewerbsfördernde Abwertungen verhindern sollte, erschien einer erdrückend großen Mehrheit von Nationalökonomen und Staatsmännern zu diesem Zeitpunkt als das einzig Wünschenswerte. Wie immer traten die Verantwortlichen die Zukunft an, indem sie zurückblickten. Sie versuchten, eine Wiederholung der dreißiger Jahre zu verhindern. Der Zusammenbruch des Goldstandards hatte eine Währungsanarchie heraufbeschworen, in der alles erlaubt war, aber jeder, letztlich, doch Verlierer geblieben war.

War also das System von Bretton-Woods aufgrund der ihm

innewohnenden Mängel zum Scheitern verurteilt? Eine ganze Denkschule, deren beständigster und beredtester Vertreter Jacques Rueff ist, hat sich die Kritik dessen angelegen sein lassen, was ihr als gefährlichster Riß in diesem Gebäude erschien: Gold als Wechselstandard legte eine Äquivalenz zwischen Gold und Dollar fest; darüber hinaus legten sich die Zentralbanken, neben dem gelben Metall, auch Devisen als Reserven an, insbesondere Dollar, aber auch Pfund Sterling. Im Falle der Vereinigten Staaten und da der Dollar als Reserve angesehen wurde, stellte die defizitäre Zahlungsbilanz der USA einigen Zentralbanken (insbesondere in der Bundesrepublik oder in Japan) überschüssige Devisen zur Verfügung, die sie wiederum in amerikanische Schatzanweisungen anlegten. Daher war ein Zahlungsdefizit allein kein Grund, um die Ursachen des Defizits zu bekämpfen. Nach Jacques Rueffs Meinung war das Gold als Wechselstandard vom ersten Tag an zum Scheitern verurteilt, denn dieser schuf und erhielt die Inflation und die defizitäre Zahlungsbilanz der USA am Leben.

In Wirklichkeit belief sich das Defizit in der amerikanischen Zahlungsbilanz während der fünfziger Jahre auf zirka eine Milliarde Dollar im Jahr; es zog eine mit den Zielen der Washingtoner Regierung konforme Umverteilung des Goldes nach sich. Erst Präsident John F. Kennedy nahm die defizitäre Zahlungsbilanz ernst und bat führende Nationalökonomen um einen Bericht. Die meisten von ihnen, darunter auch P. A. Samuelson, stellten eine Überbewertung des Dollars fest, jedenfalls in bezug auf die Währungen der wichtigsten Konkurrenten der USA im Welthandel, also der Bundesrepublik Deutschland, Japans usw... Ich weiß nicht, ob P. A. Samuelson eine Abwertung des Dollars empfahl oder, wie die meisten seiner Kollegen, der Meinung war, daß die Leitwährung nicht abgewertet werden dürfte, so daß die Pflicht zur Korrektur etwaiger Disparitäten den unterbewerteten Währungen bzw. den Zentralbanken, in die die unerwünschten Dollarströme flossen, selbst oblag.

In den sechziger Jahren verstärkten die demokratischen Präsidenten J. F. Kennedy und L. B. Johnson ihre punktuellen Maßnahmen, um auswärtige Käufe zu unterbinden oder den Ausländern den Zugang zum amerikanischen Kapitalmarkt zu erschweren. Diese Maßnahmen blieben, wie leicht vorauszusehen war, vollkommen wirkungslos. Ab 1965 begann L. B. Johnson mit einer regelrechten Kriegführung in Vietnam, erhob aber keine zusätzlichen Steuern, um sie zu finanzieren. So blieb der Krieg für den größten Teil der amerikanischen Öffentlichkeit schmerzlos. Daraufhin wurde die Inflation in den Vereinigten Staaten kritischer, und das Zahlungsbilanzdefizit nahm zu. 1971 zwang Präsident Nixon die Europäer, eine Abwertung des Dollars hinzunehmen. Präsident Pompidou gestand er eine partielle Abwertung des Dollars gegenüber dem Gold zu (oder, wenn man lieber möchte, stimmte er einer Aufwertung des Goldes zu; die Unze kletterte von 35 auf 42 Dollar). Doch reichte diese Abwertung nicht, um das internationale Gleichgewicht wiederherzustellen.

In nur zwanzig Jahren hatte sich die Gesinnung in den regierenden Kreisen Washingtons gewandelt. J. F. Kennedy empfand das amerikanische Zahlungsdefizit noch als Niederlage und Demütigung des Landes. Allmählich aber verbreiteten amerikanische Nationalökonomen die simple Vorstellung, daß die Währungen um die amerikanische Achse (oder Sonne) kreisten. Warum sollten sich dann ausgerechnet die Amerikaner um die Dollaranhäufungen in der Zentralbank der Bundesrepublik oder Japans den Kopf zerbrechen? Den Zentralbankräten dieser Länder oblag es, dieser Krise zu begegnen; anders ausgedrückt, ihre Währungen aufzuwerten. Die Amerikaner sollten es ihrerseits bei einer freundlichen Indifferenz, einem »benign neglect« bewenden lassen.

Durch die Vermittlung von John Connally zwang Richard Nixon die Europäer 1971, eine Abwertung des Dollars hinzunehmen, aber das Abkommen von 1972, das im Herbst des Jahres geschlossen wurde, das auf die Begegnung des amerikanischen mit dem französischen Präsidenten auf den Azoren folgte, hielt nicht lange. Ich erinnere mich, damals einen Aufsatz mit dem Titel geschrieben zu haben: »Die Herrschaft des entthronten Dollars«. Trotz ihrer Abwertung behielt die amerikanische Währung ihre transnationale Rolle; sie blieb Rechnungswährung, Operationswährung und sogar Reservewährung, und zwar nicht etwa durch den imperialistischen Willen Washingtons, sondern durch die Bedürfnisse des Wirtschaftssystems. Das Gold war zwar nicht gänzlich außer Kurs geraten, aber die Zentralbanken kontrollierten bereits seit 1969 den Goldmarkt nicht mehr. Am Markt flottierte der Preis für das gelbe Metall ebenso wie die Preise aller anderen Metalle; das Gold war ein Spekulationsobjekt geworden – zumindest kurzfristig (man darf annehmen, daß das Gold langfristig an Wert gewinnen wird, und zwar mindestens in demselben Maß, wie die wichtigsten Währungen aufgeweicht werden).

1973 führten die amerikanischen Behörden ihren Plan zu Ende. Zwei Jahre zuvor hatte R. Nixon eine neue Goldparität für den Dollar sowie, in dem Maße, wie andere Währungen auch goldparitätisch waren, einen festen Wechselkurs zur Deutschen Mark, zum Yen oder zum französischen Franc akzeptiert. Während dieser zwei Jahre blieb der Dollar die Achse, der Mittelpunkt des Systems; die Länder, die Dollar in großen Mengen einnahmen, hatten lediglich ihren Wechselkurs entsprechend heraufzusetzen. Die Verantwortlichen in Washington stellten ihre Haltung des »benign neglect« mehr denn je zur Schau.

Dennoch bedauerten eben diese Verantwortlichen, daß R. Nixon dem Druck der Europäer nachgegeben hatte. Er hatte sich mit einer 10%igen Abwertung in bezug auf die wichtigsten Währungen zufriedengegeben – eine wahrscheinlich unzureichende Maßnahme, um so eher, als Nixon 1971, mit Rücksicht auf die kommenden Wahlen, die Kreditschleusen aufgemacht und eine neue Inflation in Gang gesetzt hatte. 1973 führten sie aus eigener Machtvollkommenheit, ohne Konsultation und gegen alle Grundsätze von Bretton-Woods, die flottierenden Wechselkurse ein: Nur der Markt sollte künftighin, ebenso wie beim Gold, den Wert der Währungen bestimmen.

Die Vereinigten Staaten haben also unmittelbar nach dem Krieg ein Währungssystem entworfen, das sich auf die Stabilität der Wechselkurse gründete, und setzten etwa 25 Jahre später ein davon radikal unterschiedliches System durch: das Fehlen von festen Wechselkursen. Trafen sie diese Entscheidung bzw. vereinbarten sie das erste Regime und setzten sie das zweite nach Maßgabe ihrer Interessen oder nach Maßgabe ihrer Wirtschaftslehre durch? Die Wahl zwischen beiden, Interesse oder Lehre, fällt nicht leicht, denn meist sind Lehren lediglich rationalisierte Interessen. 1944/45, als die Bestimmungen des Abkommens von Bretton-Woods ausgehandelt wurden, fürchteten die Amerikaner wettbewerbsförderliche Abwertungen, das heißt die Wiederholung jener Kämpfe in den dreißiger Jahren, als die Länder sich gegenseitig die Lasten der Arbeitslosigkeit aufzubürden versuchten, indem sie die Wechselkurse manipulierten. Im Hinblick auf ihre Wirtschaftskraft und auf die Macht ihres Geldes riskierten die USA, einer solchen Anarchie als erste zum Opfer zu fallen, doch hätten alle anderen ebenso Anlaß zu Sorgen haben müssen. Die Mehrheit der Nationalökonomen aus allen Ländern meinten, daß, angesichts der damaligen politischen Bedingungen, das vereinbarte Regime das bestmögliche sei. Ein Regime, das eher einer supranationalen Organisation nach dem Vorbild nationaler Organisationen geglichen hätte, konnte dagegen trotz Lord Keynes bei den Amerikanern keinen Gefallen finden. Sie hätten in der Tat Grund zur Befürchtung gehabt, durch die Satzungen einer Weltzentralbank paralysiert zu werden. Die anderen wiederum, die etwas gegen die Machtfülle der Großen, insbesondere des Größten einzuwenden hatten, befürchteten die Konsequenzen einer solchen Organisation.

Begünstigte also Bretton-Woods die Amerikaner auf Kosten ihrer Konkurrenten? Die Jahre 1947–1973 erlaubten den Europäern immerhin, den Abstand zwischen ihrem Lebensstandard und dem der Amerikaner deutlich zu verringern und die erfolgreichste Periode ihrer Wirtschaftsgeschichte zu erleben. Das heißt: Die Europäer verdanken ihre »glorious thirties« den Amerikanern. Die Überbewertung des Dollars begünstigte den deutschen wie den japanischen Export. Die Expansion der europäischen Länder wurde gewissermaßen von den Verkäufen ins Ausland ausgelöst und aufrechterhalten. Ferner ermutigte diese Überbewertung die Investitionen amerikanischer Gesellschaften in Europa. Aus Nationalgefühl schimpften zwar französische Minister ab und zu auf diese amerikanischen Investitionen. Die Amerikaner liehen sich kurzfristig europäisches Kapital, investierten aber in Europa langfristig, indem sie Unternehmen aufkauften oder Niederlassungen errichteten. Wenn man nun von der Politik absieht, haben die amerikanischen Investitionen zur europäischen Expansion, zum europäischen Wohlstand beigetragen. Sie vermehrten das Investitionsvolumen, zogen neue Produktions- oder Managementtechnologien nach sich und spornten die hiesigen Unternehmen durch die Konkurrenz, die sie hervorriefen, zu größeren Anstrengungen und schnellerem Fortschritt an. Schließlich wurden solche Investitionen durch die Überbewertung des Dollars auch begünstigt. Als aber der Dollarkurs auf vier Francs zurückfiel, wechselte der Kapitalstrom die Richtung. Die Investitionen der Europäer in Amerika nahmen zu, die der Amerikaner in Europa nahmen ab.

Ich war immer schon der Meinung, daß das Währungsregime, das bis 1973 galt, für uns Franzosen und Europäer das bestmögliche in einer Welt war, die ich nicht die schlechtestmögliche nennen würde, sondern als eine Welt bezeichnen möchte, die vorübergehend vom Dollar beherrscht war.

Für denjenigen, der sich vor allem für das zwischenstaatliche System interessiert, stellt sich die Frage: Welches Verhältnis besteht zwischen Währungsregime und zwischenstaatlichem System? Hat dieses, und sei es nur zum Teil, jenes bestimmt, und vor allem: Hat es den Gebrauch präjudiziert, den die amerikanischen Behörden von den Bestimmungen von Bretton-Woods später gemacht haben?

Als die Statuten von Bretton-Woods ursprünglich ausgehandelt wurden, verfügten die Vereinigten Staaten, die aus dem Krieg unversehrt hervorgegangen und durch die Mobilisierung ihres industriellen Potentials reich geworden waren, über eine große wirtschaftliche und finanzielle Übermacht. Beim Internationalen Währungsfonds sicherten sie sich quasi unbegrenzte Einflußmöglichkeiten. Doch haben sie, solange sie im großen und ganzen die Bestimmungen eingehalten haben, die sie, zum großen Teil, selbst diktiert hatten, davon weniger profitiert als ihre Konkurrenten.

Ganz anders seit 1973. Nach zehn Jahren Erfahrung stellen wir fest, daß der Markt nunmehr den Dollar auf- oder abwertet. Einmal zu hoch, das nächste Mal zu niedrig, entspricht er nie einem Wechselkurs, der sich an der Kaufkraftkapazität orientieren würde. Allem Anschein nach genießt er weiterhin alle Vorteile, die ihm sein transnationaler Charakter verschafft: Mit ihm kann man ausländische Waren kaufen und ebenso, meinen die Machthaber in Washington, einem Defizit in der Zahlungsbilanz gelassen entgegensehen. Die Zeiten der Unterbewertung haben, ebenso wie die der Überbewertung, Vor- und Nachteile für die Ausländer wie für die Amerikaner.

Als der Dollar im freien Fall abstürzte, beklagten sich die Europäer, daß die Vereinigten Staaten Schulden billig zurückzahlten, die sie teuer eingegangen waren, und daß sie einen illegitimen Konkurrenzdruck auf Drittmärkte ausübten. Als aber der Dollar innerhalb von drei Jahren von vier auf acht Francs stieg, beklagten sich die Europäer, vor allem die Franzosen, daß Erdöl und einige andere, in Dollar verkaufte Rohstoffe für alle Welt teurer wurden, nur für die Amerikaner nicht. Wahr ist aber auch, daß, im Gegenzug, das Handelsdefizit der USA zusätzliche Absatzchancen bot für Exporteure. Für die meisten Staaten jedoch, ob Frankreich oder ein Entwicklungsland, findet kein Ausgleich zwischen Überpreisen und Überexporten statt.

Haben also die Vereinigten Staaten aufgrund ihrer Militärmacht die übrigen Zentralbanken genötigt, Dollar zu horten, die diese dann in amerikanische Schatzanweisungen anlegten? Müssen wir annehmen, wie Kindleberger schrieb, daß die Deutschen bzw. die Europäer Dollar, für die sie keine Verwendung hatten, deshalb horteten, weil sie im Gegenzug den amerikanischen Schutz genossen und unter ihm die Kosten ihrer eigenen Verteidigung nur zum Teil zu bezahlen brauchten?

Sicher stellten die Europäer die diplomatisch-strategischen Gegebenheiten in Rechnung, wenn sie mit den Amerikanern über Handels- und Währungsfragen diskutierten – aber die Folgen des Bruches von 1973 lassen im nachhinein Zweifel an dieser Interpretation aufkommen. Wäre das Regime von Bretton-Woods nach den nötigen Aufwertungen für alle von Dollarüberschüssen heimgesuchten Länder, außer für die Vereinigten Staaten, nicht vorteilhafter gewesen als die flottierenden Wechselkurse? Als staatliche Einheit beklagten sich die Franzosen über amerikanische Investitionen. Aber die Bürgermeister großer Städte zögerten nicht, wenn es etwa um den Bau einer neuen Fabrik ging, amerikanischen Gesellschaften günstige Konditionen einzuräumen, auch wenn sie, im Rahmen ideologischer Kontroversen, in Paris über den Dollar-Imperialismus klagten. Wenn die Regierenden in Bonn die Konsequenzen flottierender Wechselkurse vorausgesehen hätten, hätten sie vielleicht den Dollar schon vor 1973 aus ökonomischen Interessen und nicht aus Unterwerfung vor dem Beschützer weiter gestützt.

Im Augenblick ärgert die Politik Ronald Reagans die meisten Regierungen der wichtigsten europäischen Länder (außer Japan). Diese Politik besteht in der Verquickung eines erheblichen Haushaltsdefizits (etwa einhundert Milliarden, d. h. ca. 6% des Bruttosozialprodukts) mit monetären Restriktionen (bis August 1983). Die Währungsbeschränkungen riefen eine erhebliche Senkng der Inflationsrate und eine Steigerung der Zinssätze hervor. Die Zinssätze sind in der ersten Phase des Wiederaufstieges höher als sie in dieser Phase des Zyklus je gewesen sind. Die Zinssätze ziehen ausländisches Kapital an und lassen den Wert des Dollars am Markt steigen. Die Wiederbelebung der US-Wirtschaft könnte aber schnell zu Ende sein: Um den mit dem Aufschwung zusammenhängenden Inflationsanstieg zu vermeiden, könnte das *Federal Reserve Board* seine restriktive Politik wiederaufnehmen.

Hier ist eine erste Bemerkung angebracht. Zum wiederholten Mal ziehen die Vereinigten Staaten Nutzen aus ihrer einmaligen Situation. Kein anderer Staat kann trotz massiven Haushaltsdefizits Kapital anziehen (auch wenn das Zahlungsdefizit zum guten Teil durch die Zinsen für Investitionen im Ausland wieder abgedeckt ist). Kein anderer Staat kann sich ein derartiges Haushaltsdefizit leisten und dennoch erfolgreich die Inflation durch den ausschließlichen Einsatz rein monetärer Gegenmittel bekämpfen. (Im Bedarfsfall hat Japan gelegentlich ein noch größeres Haushaltsdefizit hingenommen, aber die Japaner sparen einen derart hohen Anteil – ca. 32 % – ihres Einkommens, daß die individuelle Sparleistung das Haushaltsdefizit ohne inflationäre Nebenwirkung finanziert.)

Kann also Reagan eine solche Politik aufgrund der militärischen Macht seines Landes machen? Eine solche Überlegung hat, wie mir scheint, keine wirkliche Bedeutung. Natürlich gehört die militärische Macht zum Gesamtkomplex »Vereinigte Staaten«. Auf die Frage: »Könnten sich die Vereinigten Staaten so verhalten, wenn sie nicht ihre Macht zu Lande, zu Wasser und im (Luft-)Raum hätten?«, kann ich mir eine sinnvolle Antwort nur schwerlich vorstellen. Die dahinterstehende irreale Hypothese ist doch zu unwahrscheinlich, als daß sie *Ja* oder *Nein* lauten könnte. Was mir dagegen wesentlich erscheint, ist, daß die Vereinigten Staaten ihre transnationale Währung so verwalten, als wäre sie rein national. Entschlossen, die Inflation zu bekämpfen, aber unfähig, die Ausgaben des Staates zu senken, da er zugleich beschlossen hat, weiter aufzurüsten, hat der Präsident der Vereinigten Staaten den Präsidenten des *Federal Reserve Board* beauftragt, die Preissteigerung zu bremsen. Diesem kam dabei die einmalige Situation der Vereinigten Staaten zugute. Ihre transnationale Währung erfüllt weiter ihren Zweck, in welchem Zustand sich die Staatsfinanzen oder die Zahlungsbilanz auch immer befinden mögen.

Sicher, es gab Zeiten, da mußte Carter an den Märkten intervenieren, um den Dollarkurs zu stützen. Eines Tages wird er auch von der Spitze wieder herunter müssen, die er heute erreicht hat. Die ausländischen Kapitalien strömen nicht allein wegen der hohen Zinsen ins Land, sie suchen eine Zuflucht im Falle einer internationalen Krise und fließen somit einer Wirtschaft zu, die trotz allem die reichste und vielleicht noch die dynamischste der Welt ist.

Wären die Dinge anders verlaufen, wenn die Sicherheit der Europäer nicht von den Vereinigten Staaten abhängen würde? Möglicherweise, doch die ökonomische Landschaft wirklich verändern würde allein die Entstehung einer echten europäischen Einheit. Wenn die Europäische Gemeinschaft gleichwertig mit den Vereinigten Staaten dastünde, würden die transatlantischen Gespräche einen anderen Verlauf nehmen. Die Währung der Vereinigten Staaten von Europa würde den Dollar von seiner Monopolstellung vertreiben, ihn seines Status als transnationaler Verrechnungseinheit berauben; weder die deutsche noch die britische Wirtschaft besitzen allein das nötige Format, um den Hintergrund einer transnationalen Währung bilden zu können.

Kann man von Währungsimperialismus sprechen? Ziehen die Vereinigten Staaten ungebührliche Vorteile aus der Rolle, die ihr Dollar zu spielen hat? Die Ideologie des Marktes garantiert den Verantwortlichen in Washington ein gutes Gewissen: Gegen Grundbewegungen ist »man« machtlos. Der Dollarmußtewirklichsehrtieffallen,damitsichJ. Carterentschließen konnte zu intervenieren. Zur Zeit, da ich schreibe, hat der Dollar die 8-Francs-Marke überschritten und R. Reagan kommt auf das »benign neglect« zurück, nur in anderer Form. Die Schuldnerstaaten aber, die für Erdöl- und Erdgaslieferungen zum Fixpreis langfristige Abkommen geschlossen haben, bezahlen die Eskapaden des Dollars sehr teuer.

Haben die Vereinigten Staaten irgendein Interesse, daß ihre Währung über einen Mittelwert steigt oder darunter fällt, der einer etwaigen Kaufkraftparität entspräche? Die Antwort versteht sich nicht von selbst, denn der überbewertete Dollar verursacht immerhin ein Defizit in der Handelsbilanz (in Krisenzeiten sind die Staaten, wie es in den dreißiger Jahren der Fall war, eher an einer Unterbewertung interessiert); die Unterbewertung des Dollars 1978/79 begünstigte dagegen den amerikanischen Export und erleichterte die Situation mancher Schuldner bei den Banken und beim US-Schatzamt. Würde ein der Kaufkraftparität naher Wechselkurs sowohl den Vereinigten Staaten als auch dem gesamten Wirtschaftssystem besser zupaß kommen?

Persönlich zweifle ich nicht daran, doch hege ich keinerlei Illusionen darüber, daß Berater und Verantwortliche in Washington hiervon schwer zu überzeugen wären. Die einen wie die anderen erinnern sich allzu gut an die sechziger Jahre als an eine Zeit der Paralyse: Der Dollar war an das Gold gekettet und konnte sich von sich aus nicht bewegen; er stieg oder fiel allein deshalb, weil andere Währungen es taten. Als sie 1971 eine völlig legitime Abwertung verlangten, stießen sie auf den Widerstand ihrer Verbündeten und Konkurrenten. Seitdem verwerfen sie Rigidität in jeder Erscheinungsform und wenden mit großer Befriedigung den Grundsatz, daß der Markt immer recht hat, auch auf die Währungen an. Die Erweiterung der Marktgesetze auf die Währungen führt zu einer Art allgemeiner Relativität. Die Währung inkarniert sich nicht mehr in ein reales Gut, sie bindet sich auch nicht mehr vorzugsweise an eine bestimmte Ware. Der Dollar ist, wie alle anderen Währungen, genau das wert, was die Käufer auszugeben bereit sind, um ihn gegen Francs, Mark oder Yen zu bekommen.

Wie lange noch werden die Vereinigten Staaten die flottierenden Wechselkurse durchdrücken können? Niemand wird das Risiko einer Prognose auf sich nehmen wollen. Durchaus möglich ist, daß dieses Regime deswegen andauert, weil der Westen sich über eine bessere Lösung nicht zu verständigen vermag. Die Wiedereinführung des Goldstandards und des Goldwechselstandards (das sind Währungen, die zusätzlich zum Gold als Reserveinstrumente hinzukämen) würde einen Meinungsumschwung bei den amerikanischen Experten voraussetzen, der zur Zeit nur hier und da erkennbar ist. Die vorherrschende Ansicht unter Wirtschaftswissenschaftlern und in Regierungskreisen ist immer noch die Ablehnung der früheren Rigidität, nicht der gegenwärtigen Fluktuationen. Jede Reform würde den Handlungsspielraum der Machthaber nach innen beschränken. Präsident Reagan will den Verteidigungsetat vergrößern, die Einkommensteuer senken und die Inflation überwinden. Die Politik des *Federal Reserve Board* ergänzt und harmonisiert diese vorderhand divergierenden, wenn nicht gar widersprüchlichen Bestrebungen. Daraus resultiert der Anstieg sowohl der Zinssätze als auch des Dollarkurses.

Dagegen dürfte eine Reihe von amerikanischen Experten einwenden, daß das europäische Kapital weniger wegen des Zinssatzes als vielmehr wegen der Anziehungskraft in die Vereinigten Staaten strömt, die die US-Wirtschaft, die offensichtlich einen neuen Anlauf nimmt, auszuüben vermag, während alle europäischen Wirtschaften mehr oder weniger in der Talsohle steckenbleiben. Es könnte sein, daß wir eine Wiederholung der unmittelbaren Nachkriegsjahre erleben, als der Alte Kontinent sein Selbstvertrauen und das Vertrauen der übrigen Welt noch nicht wiedergefunden hatte.

Niemand kann den Stellenwert beider Faktoren, des Zinssatzes und der Suche nach einer Zuflucht (bzw. der Attraktion durch die erwartete Prosperität), jeweils gegeneinander abwä-

51

gen. Hochrechnungen mißtraue ich mehr denn je. Von 1973 bis 1982 haben die beiden Preiserhöhungen für Erdölprodukte das Spiel beherrscht, das zugleich diplomatischer, wirtschaftlicher und monetärer Art war. Die »seven majors«, die wichtigsten Erdölgesellschaften, haben dem Willen der Förderländer keinen Widerstand geleistet: Ihres Eigentums an den Ölquellen beraubt, blieben sie Herr über die Distribution. Ihre Profite stiegen proportional zum Preis des Rohöls und gaben ihnen die Möglichkeit, in andere Energiequellen zu investieren. Die amerikanischen Banken haben den Löwenanteil aller Einkommensüberschüsse bekommen, die die Förderländer nicht ausgeben konnten. Ab 1982 kippte der Erdölmarkt. Trotz des irakisch-iranischen Krieges, trotz der kriegsbedingten Drosselung der Fördermengen durch diese beiden Staaten überstieg das Angebot stets die Nachfrage. Letztere sank aus vielerlei Gründen: Entdeckung von Ölfeldern außerhalb des OPEC-Gebietes, verstärkter Einsatz von alternativen Energien, rationellere Ausnutzung eines teuer gewordenen Rohstoffes. Für die Vereinigten Staaten war die Ölpreiserhöhung im Hinblick auf die Inflation oder auf das auswärtige Defizit nie ein größeres Problem. Japan und die Bundesrepublik haben nach dem Ölschock ihr außenwirtschaftliches Gleichgewicht ohne allzuviel Mühe und in relativ kurzer Zeit wiederhergestellt. Die fortschrittlichsten Länder der Dritten Welt dagegen, wie z. B. Brasilien, mußten Schulden machen. Zwei erdölproduzierende Länder, Venezuela und Mexiko, haben den Reichtum, den ihnen Natur und Zufall in den Schoß gelegt hatten, so schlecht genutzt, daß sie alle beide 1982 in die Notwendigkeit einer Deflationspolitik gerieten, um ihr außenwirtschaftliches Gleichgewicht wiederherzustellen und ihre Verschuldung zu reduzieren.

Die beiden Ölschocks haben weder die Phantasie der Regierenden in Washington beflügelt noch deren Sinn für das Eigeninteresse geschärft. Sie haben Maßnahmen über Maßnahmen getroffen, um Katastrophen im Lande und außerhalb vorzubeugen. Aber ein Gesamtkonzept brachten sie nicht zustande.

Die Entwicklungsländer durften sich Dollar, Petrodollar lei-
hen. Indem sie aber Anleihen aufnahmen, um ihren Lebensstandard zu halten, wurden sie nach einigen Jahren unfähig,
auch nur die Zinsen für ihre Schulden zu bezahlen, geschweige
denn die Schulden selbst zu tilgen.

Wäre ein einfallsreicher Plan wie etwa der Marshall-Plan vielleicht möglich gewesen? Asiatische Schwellenländer mit
raschem Entwicklungstempo, wie z. B. Südkorea, Taiwan, Sin-
gapur, konnten sich bereits selbst helfen. Südkorea ist zwar
hoch verschuldet, aber das Wachstum seiner Wirtschaft bleibt
stark genug und das Land gilt als guter Schuldner. Andererseits
haben sich erdölproduzierende Länder wie Venezuela und
Mexiko so leichtsinnig verhalten, daß die Vereinigten Staaten
ihnen die zur Durchführung eines Gesamtkonzeptes notwendige Disziplin nur schwerlich beigebracht hätten. Jedenfalls
weisen die Länder der OPEC oder, allgemeiner, die erdölpro-
duzierenden Länder global keine Überschüsse auf. Das von der
ersten Phase geerbte Problem ist die allgemeine Verschuldung
der Staaten im Inneren und nach außen ebenso wie die Verschuldung der Unternehmen. Hier sind die Vereinigten Staaten
keine Ausnahme, doch solange die Kreditgeber ihnen vertrauen, können sie sich weiter verschulden und gleichzeitig aus-
wärtiges Kapital hereinbekommen. Das braucht sie auch nicht
zu bekümmern, da der Dollar nach wie vor Kapital aus der
ganzen Welt anzieht – sie kümmern sich um so weniger darum,
als sie, als Gläubiger der letzten Instanz, immer noch, wenn sie
müssen, jede Menge transnationaler Währung schöpfen können, die ihre Schuldner benötigen, um den Bankrott zu vermeiden.

Hier möchte ich abermals einen Exkurs machen: Welche
Schlüsse über die Beziehungen des zwischenstaatlichen Systems
zum Weltmarkt lassen sich an dieser Stelle aufgrund der vorangegangenen Analysen ziehen? Im großen und ganzen diese: Die
monetäre Vorherrschaft des Dollars ist keine Auswirkung, auch
kein Nebenprodukt der militärischen Vorherrschaft der Verei-

nigten Staaten, da der Weltmarkt ohnehin nicht auf eine transnationale Währung verzichten kann und da, in Ermangelung des Goldes, nur die amerikanische Währung diese Rolle spielen kann. Solange der Dollar an das Gold gebunden blieb, wäre den Europäern eine weniger inflationistische Politik seitens der Vereinigten Staaten wohl lieber gewesen, aber sie zogen das Regime von Bretton-Woods den flottierenden Wechselkursen vor (oder hätten es vorziehen sollen). Natürlich hätte die amerikanische Währung ihre Rolle niemals ohne die US-Militärmacht spielen können; auch im vergangenen Jahrhundert ruhte das Pfund Sterling ebenso auf der Royal Navy wie auf dem Gold. Doch haben sich die verschiedensten Staaten mehr oder weniger gut den Situationen angepaßt, die von der Wirtschaftspolitik Washingtons geschaffen wurden. Letztere war dennoch nicht imperialistisch in dem Sinne, daß sie etwa von dem Willen beseelt gewesen wäre, zu herrschen oder auszubeuten. Sie entsprang in den ersten Jahren nach dem Krieg einem »aufgeklärten Egoismus«, um einen klassischen Terminus wieder aufzugreifen, oder aber, wenn man weniger pessimistisch sein will, einem Bewußtsein für weltweite Verantwortung. Dieses Bewußtsein stumpfte allmählich und in dem Maße ab, wie die Vorherrschaft der Vereinigten Staaten ihren Konkurrenten in Europa und in Japan gegenüber abnahm, aber auch in dem Maße, wie die Sowjetunion militärisch einen Rang erreichte, der mit dem der amerikanischen Republik vergleichbar wurde. R. Reagan und seine Politik symbolisieren die Rückkehr des Landes zu seinem natürlichen Egoismus (Egoismus ist für alle Staaten natürlich) und zu einer Politik, die aus manchen auf den Präsidenten ausgeübten Pressionen, aus den Vorstellungen des Präsidenten selber und aus den widersprüchlichen Zielen resultiert, die sich die Regierungsmannschaft selbst gesetzt hat. Im Entscheidungsmechanismus ist die Sorge um die Rückwirkungen der amerikanischen Praxis auf die übrige Welt nicht spürbar. Der Präsident des *Council of Economic Advisers* (Martin Feldstein) kann freimütig schreiben, daß der Kampf gegen die

Inflation, die einen überbewerteten Dollar nach sich zieht, sowie ein gleichzeitiger Importüberschuß das Land weniger kosten als eine Deflation, die die wirtschaftliche Aktivität insgesamt hemmen würde. Einige exportstarke Bereiche sind zwar davon betroffen, aber die Kosten dafür sind geringer als jede andere antiinflationistische Maßnahme.

Steht nun die amerikanische Wirtschaftspolitik im Rahmen des Weltmarktes im Dienst der diplomatisch-strategischen Politik, oder ist es umgekehrt? Sind beide voneinander unabhängig? Diese beiden Politiken (sowie, außerdem, im ökonomischen Bereich, die Währungs- und die Handelspolitik, da und sofern sie in Washington gemacht werden) sind weder unabhängig noch voneinander untrennbar. Im Laufe der ersten Phase beeinflußte die Sorge um das zwischenstaatliche System das politische Handeln auf dem Weltmarkt. Die Schaffung des GATT und des IWF hatte den Wiederaufbau Westeuropas keineswegs zum einzigen, nicht einmal zum vordringlichen Ziel, doch wollten die amerikanischen Machthaber, über den Marshall-Plan hinaus, eine Weltwirtschaftsordnung entwerfen, die offensichtlich ihren Interessen, aber zugleich auch den Interessen aller Staaten entsprechen sollte, da sie eine Welt des Freihandels als mit den Interessen der internationalen Gemeinschaft (oder, wenn man lieber möchte, des Westens) konform ansahen.

Gleichzeitig wurden die in den Weltmarkt integrierten, dem GATT und dem IWF angehörenden Staaten einer gewissen Disziplin unterworfen, doch behielten sie die Freiheit, diese Disziplin nicht einzuhalten und ebenso von einem mehr oder weniger liberalen oder despotischen Regime zu einem sozialistischen Regime marxistisch-leninistischer Prägung überzugehen. So traten manche Staaten des Sowjetblocks in den IWF ein. Nichtsdestoweniger ist die Weltmarktorganisation bestrebt, die ihr zugehörigen Länder von der sowjetischen Versuchung fernzuhalten.

Die wichtigsten Entscheidungen, die von den Vereinigten

Staaten im Rahmen des zwischenstaatlichen Systems getroffen worden sind, geschahen nicht aus wirtschaftlichen Gründen: So im Fall der Entsendung eines Expeditionskorps nach Korea oder Vietnam. Der Dollar wurde vielmehr in den Dienst einer diplomatisch-strategischen Politik gestellt: Der Marshall-Plan ist das erste Beispiel dafür. Die Verteilung der Entwicklungshilfe an die Dritte Welt war und bleibt in bestimmten Fällen von diplomatischen oder strategischen Interessen beeinflußt.

Bis hierher würden mir gemäßigte oder vernünftige Marxisten ohne allzu viel Protest folgen. In ihren Augen ist die Organisation der Weltwirtschaft »der« Imperialismus, denn sie macht die Reichen noch reicher und die Armen noch ärmer oder, anders ausgedrückt, sie vergrößert die Kluft zwischen reich und arm, anstatt sie zu verringern. Vorderhand bleibt diese Behauptung von der historischen Erfahrung allerdings unbestätigt.

Von 1947 bis 1973 ist der Unterschied im Lebensstandard zwischen Europäern und Amerikanern nicht nur nicht größer, sondern ständig geringer geworden. Von dieser Theorie müssen also die Beziehungen der Industrieländer untereinander fürs erste ausgenommen werden. Wenn die Phase des fortschreitenden, manchmal regelmäßigen Wachstums einmal begonnen hat, gereichen alle Tatsachen zum Beweis dafür, daß die reichsten oder am weitesten fortgeschrittenen Länder keineswegs ihre Überlegenheit immer beibehalten. Das Deutsche Reich näherte sich Großbritannien auch ohne Hilfe der kolonialen Ausbeutung an. Die Wachstumsraten der europäischen Staaten in den vergangenen fünfunddreißig Jahren waren recht unterschiedlich, standen aber nicht im Zusammenhang mit der Ausbeutung der unterentwickelten Länder. Der Wettbewerb der Industrieländer untereinander auf dem Weltmarkt gereicht als solcher keineswegs der mächtigsten oder fortschrittlichsten Einzelwirtschaft zum Vorteil. Im Gegenteil können sich die Verspäteten an denen orientieren, die bereits eine Etappe weiter sind. Der Transfer der Arbeitskräfte von der Landwirtschaft in die Industrie und das Dienstleistungsgewerbe setzt sich in eine größere Wachstumsrate um. 1950 verfügte Frankreich über größere Reserven an landwirtschaftlicher Bevölkerung als Großbritannien.

Sogar ein Marxist würde diesen Behauptungen zustimmen, die man als evident bezeichnen könnte. Aber er würde darauf erwidern, besonders wenn er Marxist-Leninist ist, daß alle Industrieländer Europas vom amerikanischen Imperialismus profitieren. Die These vom »wirtschaftlichen Imperialismus« bildet die Welt als in ein Zentrum und eine Peripherie geteilt ab (wobei jedes dieser Substantive eigentlich im Plural stehen müßte). Die Vereinigten Staaten sind das Zentrum der Weltwirtschaft, doch besteht auch innerhalb der Vereinigten Staaten ein Dualismus zwischen einem Zentrum – der Bourgeoisie, die sich den Großteil des vom Ausland produzierten und aus ihm gezogenen Mehrwerts aneignet – und einer Peripherie – den Massen, die vom Zentrum ausgebeutet werden, auch wenn sie ein paar Brosamen des von den Vereinigten Staaten akkumulierten Mehrwerts abbekommen. In gleicher Weise wird man in den Entwicklungsländern – also, vom Weltwirtschaftszentrum aus gesehen, an der Peripherie – ein Zentrum – die Kapitalisten im eigenen Lande – und eine Peripherie erblicken können, die im doppelten Sinne Opfer des eigenen und des Weltwirtschaftszentrums ist.

Diese Vorstellung beschwört eine Unzahl von Fragen und Einwänden herauf. Zuerst Fragen der Terminologie. Auch wenn man davon ausgeht, daß das »Zentrum« der Zentralgesellschaften seine eigene Peripherie ausbeutet – in Normalsprache ausgedrückt: daß die Kapitalisten oder die Privilegierten die unteren Klassen ausbeuten –, kann man dabei von »Imperialismus« reden? Die Minderheit, die in jedem Land die großen Unternehmen leitet, ob öffentlich oder privat, die auch an der Regierung ist, kann im Hinblick auf die große Masse der Bevölkerung nicht »imperialistisch« genannt werden. Es steht natürlich jedem frei, sich an der Vorstellung einer gleichteiligen (oder quasi-gleichteiligen) Verteilung von Einkommen, Macht und Prestige zu orientieren. In diesem Fall werden all diejenigen, die einen Anteil dieser materiellen oder moralischen Güter innehaben, der höher ausfällt, als ihnen bei gleichteiliger Verteilung zustünde, als Ausbeuter oder als Komplizen bzw. Nutznießer der Ausbeutung bezeichnet. Wenn diejenigen, die Wirtschaft und Staat verwalten, als die Herrschenden in der Gesellschaft gelten, erscheinen sie als Zentrum des Zentrums, als Herrschende *par excellence*, von weiteren herrschenden Untergebenen bzw. Beherrschten unter den Herrschenden umgeben.

Die Wahl dieser Vokabeln rührt von außerwissenschaftlichen Motiven her. Alle komplexen Gesellschaften, von den überschaubar kleinen neolithischen Gesellschaften angefangen, bedingen eine Differenzierung in den sozialen Rollen oder in den Funktionen und rufen somit eine gewisse Heterogenität hervor. Pareto, der kein Blatt vor den Mund nahm, unterschied ein für allemal in den von ihm untersuchten Gesellschaften eine Elite und eine Masse (oder eine Mehrzahl). Diese Begriffe, die natürlich eine Theorie beinhalten, sind von unzähligen Soziologen kritisiert, entwickelt, widerlegt oder bestätigt worden, doch aus dieser immer neu entbrennenden Kontroverse bleiben allenfalls einige wenige banale oder evidente Sätze übrig. Diese soziale Heterogenität einmal vorausgesetzt, die Existenz einer Elite (das heißt, einiger weniger, die die Schlüsselpositionen innehaben) einmal anerkannt, besteht die dem Soziologen zufallende Aufgabe keineswegs darin, die gemeinsamen Züge aller gegenwärtigen komplexen Gesellschaften herauszuarbeiten, sondern darin, die verschiedenen Modalitäten dieser Heterogenität, die unterschiedlichen Erscheinungsformen der Elite oder ihre Beziehungen zu den Massen miteinander zu vergleichen. Besonders, wenn man den Begriff der Ausbeutung beibehalten will, gilt es, genau zu bestimmen, von welchem Moment an »privilegierte Minderheiten« bestimmte Klassen oder die Gesellschaft als Ganzes ausbeuten, und zwar infolge welcher sich selbst zugesprochenen, überdimensionierten Privilegien im Vergleich zu den Leistungen, die sie für das Gemeinwesen erbringen.

Das Verhältnis zwischen Zentrum und Peripherie in der Weltwirtschaft rechtfertigt unter Umständen die Bezeichnung »imperialistisch«. Im eigentlichen Sinne impliziert der Imperialismus die Besitzergreifung oder die Beherrschung eines Landes, einer Bevölkerung, eines Staates durch einen fremden Staat oder ein fremdes Gemeinwesen. Die Angliederung eines besiegten Landes in den Herrschaftsbereich des Siegerstaates stellt Imperialismus in Reinkultur dar. Die kolonialen Eroberungen Frankreichs in Afrika gegen Ende des vergangenen und zu Beginn dieses Jahrhunderts waren eine historisch singuläre Spielart des Imperialismus. Im weiteren Sinne spricht man auch von Imperialismus, wenn eine politische Entität eine Herrschaft über andere Entitäten ausübt, indem sie ihnen ihr Handeln nach außen hin diktiert oder ihnen das politische Regime ihrer Wahl verbietet. Die Staaten Osteuropas gehören zum imperialen Bereich der Sowjetunion, doch welche Staaten der Dritten Welt gehören entsprechend zum imperialen Bereich der Vereinigten Staaten?

Die Sowjetunion hat bewiesen, 1956 auf Kosten Ungarns, 1968 in der Tschechoslowakei, 1981 in Polen, daß sie gewillt ist, ein Vetorecht über das politische Regime der Länder wahrzunehmen, die sich dem Marxismus-Leninismus zugewandt haben und dem Sowjetblock angehören. In Osteuropa behält sich der imperiale Staat die letzte Instanz, nämlich den Einsatz des Militärs, vor. Gegenüber Kuba hat er dieses letzte Mittel nicht, doch das Regime oder, genauer, die Bindungen zwischen dem Regime und der Sowjetunion lassen einen Bruch außerordentlich unwahrscheinlich erscheinen.

In welchem Bereich, mit welchen Mitteln üben die Vereinigten Staaten ihren »Imperialismus« aus? Das politische Regime in beiden Nachbarstaaten, Kanada und Mexiko, ist keiner Herrschaft unterworfen, die mit der vergleichbar wäre, die die Sowjetunion über Osteuropa ausübt. Man kann zwar behaupten, daß der Handlungsspielraum Kanadas oder Mexikos von der Bedrohung durch allfällige Sanktionen der Vereinigten Staaten eingeschränkt wird. Das vorherrschende Land beschneidet immer die Autonomie schwächerer Nachbarn. Doch seit 1933 und dem Beginn der »Good Neighborhood Policy« haben die Vereinigten Staaten in Mexiko die Verstaatlichung der US-Ölgesellschaften hingenommen. Die Herrschaftsausübung über die Karibik und die Staaten Zentralamerikas hat sich geändert, die Entsendung von *Marines* ist aus der Mode gekommen; in einem Klima des Kalten Krieges wird sie wieder möglich. Die Machthaber in Washington haben keine Grenadiere mehr geschickt, um amerikanische Investitionen zu schützen, doch haben sie eingegriffen, um die Machtergreifung von marxistisch-leninistischen Parteien zu unterbinden.

Den »imperialen Bereich« der Vereinigten Staaten genau zu umreißen ist schwierig. Wenn man alle Länder dazu zählt, in denen amerikanische Truppen stationiert werden, gehören die Staaten des Atlantischen Bündnisses (mit der Ausnahme Frankreichs, das aus dem integrierten Kommandobereich ausgetreten ist, und der nordischen Länder Norwegen und Dänemark, die keine amerikanischen Basen dulden wollen) dazu. Diese Feststellung ist richtig, wenn man ihre Bedeutung genau bestimmt und abgrenzt: Europäische Staaten waren es, die die Vereinigten Staaten gebeten haben, mit ihnen ein Bündnis abzuschließen oder ihnen Sicherheitsgarantien zu geben. Die Vereinigten Staaten haben mit Hilfe der Gewerkschaften oder ihrer Geheimdienste an jenem Kalten Krieg in Italien und Frankreich teilgenommen, der zwischen der jeweiligen Kommunistischen Partei und den gemäßigten oder antikommunistischen Parteien ausgetragen wurde. Diesen Kalten Krieg haben in den Ländern Westeuropas die Kommunisten verloren. Reagans Regierungsmannschaft hat sich nicht gegen den Eintritt von Kommunisten in die französische Regierung empört. Frühere Regierungen, Henry Kissinger insbesondere, haben dagegen ihr Bestes gegeben, den »historischen Kompromiß« zwischen den Christdemokraten und der Kommunistischen Partei in Italien zu bekämpfen. Die Gesamtheit der Atlantischen Gemeinschaft kann »imperialer Bereich« genannt werden, wenn man den Sinn des Adjektivs »imperial« abschwächt. Sie steht in der Tat dem kommunistischen Block gegenüber, und die Männer im Kreml sind zu Recht der Meinung, daß sie sie nicht risikolos angreifen können. Doch steht dieses Ganze deswegen noch lange nicht außerhalb sowjetischer Ambitionen. In den Jahren nach der »Revolution der roten Nelken« in Portugal nahmen die Kommunisten, die Kommunistische Partei und Hunderte von Agenten, die die Sowjetbotschaft füllten, an einer Schlacht teil, die zugunsten der Demokraten zu Ende ging.

Das Verhalten der Vereinigten Staaten gegenüber Ländern, die zwischen dem kommunistischen Block und der Atlantischen Gemeinschaft stehen, schwankt je nach Umständen und geographischer Lage in der Welt. J. F. Dulles organisierte den Sturz eines Präsidenten, Arbenz, der marxistisch-leninistischer Überzeugungen verdächtigt wurde. L. B. Johnson schickte *Marines* in die Dominikanische Republik unter dem Vorwand, vom Bürgerkrieg bedrohte Bürger und Eigentum der Vereinigten Staaten zu beschützen. J. F. Kennedy versuchte, Fidel Castro zu stürzen, indem er die Landung von 1500 Exilkubanern organisierte. Die Karibik und Mittelamerika sind historisch ein imperialer Bereich in dem Sinne gewesen, daß sich die Vereinigten Staaten, ohne diese kleinen Länder ihrem unmittelbaren Hoheitsbereich einzugliedern, immer wieder das Recht nahmen, militärische Gewalt einzusetzen, um ihre wirtschaftlichen Interessen zu verteidigen. Dieser imperiale Bereich unterscheidet sich erheblich von der Atlantischen Gemeinschaft, auch wenn man beide als imperial bezeichnet: Die Europäer wollten von sich aus in einen imperialen Bereich eintreten, die amerikanischen Staaten befanden sich darin, ob sie wollten oder nicht. Die Diplomatie – oder die Macht – in Washington verwandte ihre ganze Mühe darauf, die Machthaber an der Macht zu halten, die sich ihrem imperialen Willen zugänglich zeigten.

Lateinamerika ist nie gänzlich von den Yankees beherrscht gewesen. Im 19. Jahrhundert war vielmehr Großbritannien führend, es nahm durch seinen Kapitaleinsatz an der wirtschaftlichen Entwicklung der Region teil. In Brasilien und in Chile kamen intellektuelle Strömungen eher aus Europa als aus Nordamerika. Erst seit dem Zweiten Weltkrieg interessieren sich Diplomatie und öffentliche Meinung für den Kontinent im Süden der westlichen Hemisphäre. Die Monroe-Doktrin, die selbst von den Briten in Frage gestellt wurde, richtete sich in erster Linie gegen imperiale Bestrebungen Spaniens und Frankreichs.

Seit 1945 bemühen sich die Vereinigten Staaten über die OAS (Organisation Amerikanischer Staaten), auf die Diplomatie der Staaten Lateinamerikas Druck auszuüben und sie gegen eine eventuelle marxistisch-leninistische Revolution zusammenzuhalten. Damit hatten sie nur teilweise Erfolg. Die Allende-Regierung wurde eher von den Chilenen selbst als vom CIA gestürzt, obwohl die Washingtoner Geheimdienste jede Opposition gegen das linkslastige Regime unterstützt haben. Der CIA hat zwar Verschwörungen oder Attentate begünstigt, doch scheint ihn keine unmittelbare Verantwortung am Militärputsch zu treffen, der General Pinochet an die Macht brachte.

Wenn man diese etwas disparaten Einzelbemerkungen zusammenfaßt, so bleibt: Die Vereinigten Staaten haben in Lateinamerika kein »Yankee-Imperium« errichtet, sie haben dort nicht einmal in souveräner Weise imperiale Herrschaft ausgeübt. Staatsstreiche wie »*caudillos*« aller Couleur haben sie weder herbeigeführt noch verhindert; sie haben nichtsdestotrotz dort eine Außenpolitik geführt, die sich wesentlich von der gegenüber »normalen Staaten« unterschied; man kann sie »imperialistisch« in dem Sinne nennen, als die Vereinigten Staaten am politischen Kampf innerhalb dieser Staaten mehr oder minder stark Anteil nehmen. Sie haben für den Sieg ihrer Klienten gesorgt. Mit Vorliebe haben sie Demokraten gestützt, die gegen die Guerilleros eingestellt waren, wie Betancourt in Venezuela. Aber sie haben meist konservative, häufig korrupte Despoten einer Revolution von links vorgezogen, die in den

Marxismus-Leninismus hätte abgleiten können. In anderen Kontinenten ließ sich die amerikanische Diplomatie von denselben Ideen, von denselben Gefühlen leiten, schien aber eher daran interessiert zu sein, eine Demokratie westlichen Musters zu verbreiten (was sich im übrigen als unmöglich erwies), als eine marxistisch-leninistische Revolution zu verhindern. Wenn man jede Diplomatie dieser Art »imperialistisch« nennt, die nicht nur mit ausländischen Regierungen verhandelt, sondern sich darüber hinaus bemüht, in den jeweiligen Staaten selbst die Machthaber zu stützen oder den Kandidaten zur Macht zu verhelfen, die im Rufe stehen, den amerikanischen Interessen gegenüber aufgeschlossen zu sein, gibt es meiner Meinung nach eine »nicht-imperialistische« Diplomatie nur in kleinen Staaten. Weder Frankreich noch Großbritannien haben je auf diese Art imperialistischer Diplomatie verzichtet, obwohl ihre jeweiligen Mittel mit denen der Großen kaum mehr vergleichbar waren. Nach dieser Definition des Imperialismus sind beide Großmächte Imperialisten reinsten Wassers und haben auch kaum eine andere Wahl. Einerseits verpflichtet sie die eigene Macht, nicht gerade die Rolle des Zaungastes zu spielen, andererseits fordert sie die Labilität der meisten Staaten in unserem revolutionären Zeitalter geradezu dazu heraus zu intervenieren, da sich durch sie die Möglichkeiten, Revolten zu bekämpfen, hervorzurufen oder zu unterstützen, vervielfältigt haben. Die beiden Großen bestimmen keineswegs den Gang der politischen Geschichte, weder als wirkliche, echte Widersacher noch als Komplizen.

Die Vorstellung einer in ein Zentrum und eine Peripherie geteilten Welt meint nicht hauptsächlich die Ungleichheit zwischen Mächtigen und Schwachen, die Beherrschung bzw. Beeinflussung der Schwachen durch die Mächtigen. Sie rührt viel eher von den wirtschaftlichen Verhältnissen her. Die Industrieländer kaufen den Entwicklungsländern die Rohstoffe ab. Manchmal werden diese Grundgüter von amerikanischen, britischen, französischen, sogar schweizerischen Gesellschaften ausgebeutet. Diese fremden Gesellschaften verarbeiten die

Rohstoffe nur in den Ursprungsländern. Allgemeiner gesagt beuten die Industrieländer die Peripherie hauptsächlich in dreifacher Weise aus: 1) Sie kaufen die Rohstoffe zu Kursen ein, die realiter (das heißt im Verhältnis zu den Preisen für die Industrieprodukte, die die Peripherie kauft) tendenziell sinken; 2) die in den Ländern der Peripherie angesiedelten fremden Gesellschaften kumulieren die Profite, die das kapitalistische Regime eo ipso schafft und die ein gleichzeitiger Einsatz von Spitzentechnologie und Billiglöhnen in bestimmten Ländern noch steigert, wenn in ihnen im Verhältnis zur Kapitalseite ein Überschuß an Arbeitskräften vorhanden ist; 3) die fremden Gesellschaften verbünden sich mit den Kapitalisten des jeweiligen Landes: Beide zusammen kumulieren die Profite, die sie aus der Arbeit der Lohnabhängigen gezogen haben, in einer solchen Weise, daß die Peripherie der Peripherie unter einer doppelten Ausbeutung zu leiden hat. Das Weltzentrum schafft so Satellitenzentren, die der weltweiten Ausbeutung der Peripherie noch die eigene hinzufügen.

Sind die multinationalen Gesellschaften die Avantgarde, oder sind sie die Polizei, die die Gefügigkeit der Entwicklungsländer gewährleistet? So formuliert hält dieser Satz einer Prüfung nicht stand. Eine multinationale Gesellschaft, die den Hauptreichtum ausbeutet, der einem kleinen Land von Natur aus zugefallen ist, wird häufig zur Beherrscherin der sogenannten »nationalen Regierung«. Ein solches Risiko gibt es für die Industrieländer nicht (auch wenn Frankreich z. B. den amerikanischen Investitionen viel verdankt). Doch heute kann jeder beliebige südamerikanische, afrikanische oder asiatische Staat eine US-Tochtergesellschaft verstaatlichen, ohne ernsthafte Risiken einzugehen, unter der Bedingung allerdings, daß er den Eigentümer entschädigt.

Üben die multinationalen Gesellschaften, vor allem die US-Multis, ihren Einfluß einerseits auf die Diplomatie der Vereinigten Staaten und andererseits auf die Länder aus, in denen sie Tochtergesellschaften unterhalten? Die großen Gesellschaften bilden mit Sicherheit eine *Lobby* in Washington, aber es ist eine unter vielen *Lobbies.* Es gibt keinen Grund anzunehmen, daß alle diese Konglomerate dieselben außenpolitischen Interessen haben und daß sie sich folglich verbünden, um die Kongreßmitglieder oder die Präsidentenmannschaft auf ihre Seite zu ziehen. Der Brief des ITT-Chefs an den US-Präsidenten, Chile betreffend, zeigt, daß es Firmenchefs gibt, die immer noch nicht darauf verzichtet haben, die Diplomatie der Vereinigten Staaten in den Dienst einer ihrer Tochtergesellschaften in einem beliebigen Land zu stellen. Auch die Ölgesellschaften haben in der ersten Phase des Castro-Regimes eine gewisse Rolle gespielt, doch haben sie letztlich den Befehlen aus Washington gehorcht, indem sie sich weigerten, den Befehlen Fidel Castros zu folgen. In meiner diesbezüglichen Studie zeige ich, daß die Verantwortung für den Bruch zwischen dem Kuba Castros und den Vereinigten Staaten viel eher der amerikanischen Präsidentendiplomatie oder dem *State Department* anzulasten ist. Im übrigen war dieser Bruch, so oder so, möglicherweise unvermeidlich.

Wenn ich hier eine Analyse der internationalen Wirtschaft für sich allein entwickeln wollte, müßte ich das von ihren Fürsprechern wie von ihren Gegnern so leidenschaftlich diskutierte Problem der »Konglomerate« wieder aufwerfen. Ich werde mich daher auf einige Bemerkungen beschränken. Die Industrieländer, insbesondere die Länder Europas, dürften von den amerikanischen Investitionen erheblich mehr profitiert als unter ihnen gelitten haben. Die französische Tochter von IBM hat den Fortgang der französischen Informatik nicht aufgehalten. Sie hat unserem Land vielmehr Devisen eingebracht, und auch wenn sie einem amerikanischen Konzern angehört, bleibt sie doch eine der wichtigsten französischen Exportfirmen. Aber es kommt vor, daß die Gesellschaften zu mächtig für die Wirtschaft des Gastlandes sind; dann führen sie eine rationale Strategie durch, die sich an den eigenen und nicht an den Interessen der Länder orientiert, in denen sie Tochterunternehmen unterhalten. Manchmal mobilisieren sie dann Ressourcen zu ihren

Gunsten, die besser einem landeseigenen Kapitalismus zugute gekommen wären. Kann man daraus schließen – und hier komme ich zum tragenden Argument in der Vorstellung von Zentrum und Peripherie –, daß die multinationalen Unternehmen Agenten *par excellence* für die Akkumulation des Mehrwertes auf Kosten der Wirtschaft sind, in der sie ihre Produkte herstellen oder bezahlen?

Es fällt schwer, dieser These zuzustimmen, fast ebenso schwer ist es, sie zu widerlegen. Sicher ist es besser, auf der Seite der Reichen und der »Fortschrittlichen« zu stehen. Wenn Unternehmen aus reichen Ländern in armen Ländern arbeiten, so doch, weil sie Profite machen. Auch wenn man Randfälle beiseite läßt – z. B. die Vertreibung von Konsumgütern der Art, auf die Entwicklungsländer gut verzichten könnten –, kann die ausländische Gesellschaft, die zunächst Kapital mitbringt, das ganze Kapital im Gastland aufsaugen und zudem sämtliche Überschüsse – oder einen Teil davon –, die ihr Tochterunternehmen erwirtschaftet hat, in das Stammland zurückführen. Doch die Bilanz zwischen mitgebrachtem Kapital und entnommenem Überschuß schwankt von Fall zu Fall. Außerdem liegt sie im allgemeinen nicht vor; darüber hinaus kann sie – außer im Rahmen einer Ideologie – *a priori* nicht als Beweis für die Behauptung einer systematischen Ausbeutung der Peripherie durch das Zentrum dienen.

Das Öl bietet ein exemplarisches und fast übertriebenes Beispiel dafür: Die »*majors*« haben lange einen sehr niedrigen Rohölpreis durchgesetzt, der nur den Verhältnissen in den Ölfeldern entsprach, in denen die Förderkosten am niedrigsten waren. Als sich die OPEC-Staaten das Eigentum an Boden gesichert hatten, haben die »*majors*« keinen Widerstand gegen die Befehle der neuen Eigentümer geleistet. Die Profite der »*majors*« stiegen mit dem Kurs des »schwarzen Goldes«. Bis 1973 war der Ölpreis zwar ein Kolonialpreis, aber auch danach machte er die »*majors*« und mittelbar die Länder, die multinationale Ölgesellschaften hatten, immer reicher. Denn allein die »*majors*« und ihre Nachfolger sind in der Lage, das Öl zu befördern, zu verteilen und zu verarbeiten. In Ermangelung der Rendite aus der Ausbeutung der Ölfelder behalten die Fördergesellschaften erhebliche Profite aus den anderen Phasen des gesamten Ölkreislaufs ein.

Eine letzte Bemerkung zum Schluß. Das zwischenstaatliche System mit der Rivalität beider Großmächte bzw. beider Blöcke im Mittelpunkt besteht parallel zu einem Weltmarkt, der weder die Ursache noch die Folge der diplomatisch-strategischen Beziehungen der Staaten untereinander ist. Sogar wenn man die Zentrum-Peripherie-Darstellung akzeptiert, ist die wirtschaftliche Ausbeutung meistens von der politischen Herrschaft deutlich unterschieden. Politische und wirtschaftliche Strategien treffen und verbinden sich keineswegs in der Eindämmungsdoktrin. Die geopolitische Analyse, so wie sie von der Kissinger-Diplomatie empfohlen wird, berücksichtigt ganz offensichtlich den unterschiedlichen Stellenwert von Territorien im Hinblick auf den Weltmarkt. Die Verteidigung der Golfstaaten ist wegen des Ölreichtums dieser Region eine Pflicht für die Vereinigten Staaten, doch die militärische Verteidigung etwa von El Salvador wird von ebenso geopolitisch-strategischen wie von rein politischen Gesichtspunkten bestimmt. Im allgemeinen sind die Vereinigten Staaten schon bestrebt, der Expansion der Sowjetunion und der Entstehung von marxistisch-leninistischen, an die Sowjetunion mehr oder weniger gebundenen Regimen einen Riegel vorzuschieben; manchmal ist diese Absicht von wirtschaftlichen Interessen abhängig, manchmal wird man ein solches Interesse vergeblich suchen – es sei denn, Geopolitik und Weltmarkttheorie kämen und fielen auch zusammen. Um die Ausweitung des kapitalistischen Marktes zu begünstigen, muß der Expansion des Marxismus-Leninismus Einhalt geboten werden. Damit die Vereinigten Staaten ihre Vorherrschaft im zwischenstaatlichen System behalten, muß der »internationale marxistische Markt« eingegrenzt werden.

Greifen wir nun die Frage kurz wieder auf, die ich bereits erörtert habe: Verliert das zwischenstaatliche System, da wo die Akteure nach diplomatisch-strategischen Kriterien handeln, allmählich an Bedeutung? Wird die Rivalität zwischen beiden Großmächten nicht eher im Inneren hart umstrittener Länder ausgetragen, die durch eine Revolution in die eine oder andere Richtung fortgerissen werden könnten? Wird der Kampf in Europa denn nicht mit Worten, mit Propaganda, mit Terroranschlägen und keineswegs mit Nuklearwaffen ausgetragen?

Meine Antwort ist die gleiche geblieben. Jawohl, im Augenblick hüten sich die industriell am weitesten entwickelten Länder vor einem direkten Zusammenstoß, um die Eskalierung bis zu den Extremen eines Nuklearkrieges zu vermeiden. Doch behält die Gewalt – die der Revolutionäre, der Terroristen – in der Rivalität der Großmächte ihren wichtigen Stellenwert, auch wenn sie ihre Streitkräfte nicht einsetzen. Das sowjetische Imperium wird durch militärische Macht zusammengehalten, Israel hält eine Art Regionalhegemonie (ebenso wie Vietnam in Indochina) aufrecht, doch ist diese Hegemonie von der gegenseitigen Neutralisierung beider Großmächte abhängig. Zu guter Letzt überschattet das angenommene Verhältnis der Kräfte zwischen der Sowjetunion und den Vereinigten Staaten alle Konflikte und alle Bündnisse innerhalb des zwischenstaatlichen Systems. Dieses System erscheint mir heute noch maßgeblich und von erstrangiger Bedeutung für die internationale Gesellschaft zu sein, auch wenn es im Laufe der Zeit in den Hintergrund zu geraten scheint. In Wirklichkeit verleiht es der internationalen Gesellschaft, trotz der ihr eigentümlichen originellen Züge, ihre eigentlichen Strukturen: die Angst der politischen Machthaber vor dem großen Krieg, die Erweiterung des Arsenals von bisher nur marginalen Mitteln im Kampf der Staaten miteinander und, zugleich, die Vervielfältigung der Austauschbeziehungen zwischen den Gesellschaften sowie die Entstehung einer transnationalen Wirtschaft.

III
Die Abschreckung

Als ich 1961 *Frieden und Krieg* beendete, residierte J. F. Kennedy bereits im Weißen Haus. Ihn umgaben Berater aus Universitäten und Forschungsinstituten, und er selber hatte sich zu Überzeugungen bekehren lassen, die nun die Zivilisten den Stabsoffizieren beizubringen hatten. Die Doktrin der flexiblen Erwiderung (*»flexible response«* oder *»graduated deterrence«*) hatte eine teilweise leidenschaftliche Kontroverse zwischen Europäern und Amerikanern entfacht. Die Kuba-Krise hatte noch nicht stattgefunden.* Im Herbst 1983 beschwört die Stationierung der Pershing II in Westeuropa eine für das Atlantische Bündnis noch weitaus gefährlichere Debatte herauf, weil die Öffentlichkeit, vor allem in der Bundesrepublik Deutschland, daran teilnimmt und die Regierungen lahmzulegen droht.

Ich verkenne keineswegs, wie sehr sich die Tatsachen, ebenso wie die Ideen, in den letzten zwanzig Jahren verändert haben. Doch fand ich, ohne überrascht zu sein, in meiner *Einführung in die Atomstrategie*** eine Anspielung auf die sowjetischen Mittelstreckenraketen, die gegen Mitteleuropa gerichtet seien und einer möglicherweise erforderlichen Entgegnung bedürf-

---

* In einer Neuauflage von *Frieden und Krieg* habe ich die Krise und ihre Folgen im 3. Teil des Kapitels XXI nachträglich erörtert.
** Köln-Berlin 1964, S. 91 ff. (Deutsche Übersetzung von *»Le Grand Débat«*, 1963.)

ten. Ich erinnerte an die von Präsident Kennedy getroffene Entscheidung, die einige Jahre früher in der Türkei und in Italien stationierten Lenkwaffen wieder abzuziehen. Die Amerikaner erklärten, daß dieser Abzug seit langem schon vorgesehen gewesen sei, der militärischen Rationalität entspreche und mitnichten aus dem Abkommen resultiere, mit dem man die Kuba-Krise beigelegt habe (in diesem Punkt sagten die Amerikaner nicht die ganze Wahrheit). Diese leicht verwundbaren Lenkwaffen seien eher Erstschlagwaffen, sie würden eher provozieren als abschrecken. Darauf entgegnete ich, daß ». . . sie aber eine Drohung für einen Aggressor darstellen (würden), der eine begrenzte Operation vorbereitet. Sie sind ein Beweis für das amerikanische Engagement. Ein eventueller Aggressor könnte sie nicht zerstören, ohne amerikanisches Personal zu töten und würde sich dadurch schweren Repressalien aussetzen.«* Damals erblickten die Europäer in diesen veralteten Lenkwaffen noch einen Beitrag zur eigenen Sicherheit.

Ich ging sogar weiter und schrieb als Schlußfolgerung zur vorangegangenen Analyse: »Die meisten Europäer und selbst General Norstad verlangen die Stationierung von Mittelstreckenraketen auf europäischem Boden. Sie sollen ein Ausgleich für die sowjetischen Raketen sein, die auf Westeuropa gerichtet sind.«** Damals ging also die Bitte von den Europäern aus, obwohl die SS 4 und die SS 5 weder die Treffgenauigkeit noch die Zuverlässigkeit der SS 20 besaßen. Im übrigen kam der Vorschlag, der SS 20 etwas entgegenzusetzen, von Bundeskanzler H. Schmidt, was heute völlig in Vergessenheit geraten ist: Sosehr hat die Friedenskampagne jedwede strategische Analyse verdrängt.

Was muß im Vergleich beider Analysen, der einen vor zwanzig Jahren, der anderen zum gegenwärtigen Zeitpunkt, eher herausgestrichen werden: die Ähnlichkeit (bzw. die Kontinui-

---

* »Einführung in die Atomstrategie«, a. a. O., S. 90.
** Ebenda, S. 91.

tät) oder vielmehr das Neuartige? Ich neige zum ersteren. Während der vierziger und fünfziger Jahre galt die Formel von der massiven Vergeltung als getreuer Ausdruck der offiziellen Pentagon-Doktrin. Am Anfang hatten die Vereinigten Staaten auch das Monopol auf Atomwaffen; der Korea-Feldzug zeigte allerdings, daß eine nukleare Drohung allein nicht ausreichte, um jedweder Aggression, wo auch immer in der Welt, vorzubeugen. Aber die Europäer hielten sich bis zum Ende der fünfziger Jahre an die Formel und an die Doktrin: »Wenn sowjetische Truppen die Demarkationslinie überschreiten und auf die Atlantikküste vorstoßen, wird der SAC (*Strategic Air Command*) eingreifen und den Schuldigen bestrafen. Die Strafandrohung wird das Verbrechen verhindern. Für einen so wichtigen Einsatz wie Westeuropa gewährleistet die Abschreckung durch die Androhung massiver Vergeltung die Sicherheit der NATO-Verbündeten.«

Vor dem Eintritt J. F. Kennedys ins Weiße Haus fragten sich Kommentatoren auf beiden Seiten des Atlantik: Bleibt die Androhung massiver Vergeltung glaubwürdig, wenn die Sowjetunion die Mittel hat, den Vereinigten Staaten einen ebenso großen Schaden wie den selbst erlittenen zuzufügen? Für einige Zeit noch, sagte R. McNamara, sind wir in der Lage, den nuklearen Apparat der Sowjets zwar nicht vollends zu zerstören, aber erheblich zu schwächen. Doch, sagte er weiter, werden wir auch diesen Vorsprung bald verlieren, und wir werden uns einer zukünftigen Situation gegenübersehen, in der die Unverwundbarkeit der Lenkwaffen auf beiden Seiten zusammen mit der Unmöglichkeit einer wirksamen Verteidigung gegen sie die Stabilität oder – vor zwanzig Jahren war dieser Terminus weniger geläufig als heute – die »wechselseitige sichere Vernichtung« sichern wird. Die mit M.A.D. (*Mutual Assured Destruction*) gleichgesetzte Stabilität stellte sogar das Atlantische Bündnis in Frage, und zwar über die Wahl der Doktrin hinaus, ob massive oder abgestufte Vergeltung. Die Kennedy-Mannschaft eröffnete die Balgerei, indem sie die

Staatsmänner und die öffentliche Meinung zwang, der Realität ins Gesicht zu sehen: Die Vereinigten Staaten haben an ihren Landesgrenzen keine Feinde. Sie können eine Aggression gegen ihr Territorium durch nukleare Drohung vereiteln. Die europäischen Staaten dagegen grenzen an ein militärisches Imperium. Sie sind verschiedenen Formen des Angriffs ausgesetzt und haben keinen Zugriff zu Atomwaffen. Sie werden von der Militärmacht der Vereinigten Staaten durch die Anwesenheit einer amerikanischen Armee unmittelbar auf dem Boden des Alten Kontinents geschützt. Doch die Geographie unterliegt nicht dem menschlichen Willen. Im Falle eines nicht-atomaren Angriffs aus dem Osten wird Europa, nicht die Vereinigten Staaten, zum Schlachtfeld. Welche Doktrin ist also die bessere, um einem Krieg mit konventionellen Waffen ebenso wie der *»Mutual Assured Destruction«* vorzubeugen?

Diese Debatte, die 1961–1963 ausgetragen wurde, ging um den jeweiligen Wert beider Doktrinen: abgestufter Gegenschlag oder massive Vergeltung? Die Europäer machten geltend, daß ein abgestufter Gegenschlag zu verstärkten Anstrengungen auf dem Gebiet der konventionellen Waffen führen und den Sowjets die Furcht offenbaren würde, die die Amerikaner vor einem Atomwaffeneinsatz sogar auf dem Alten Kontinent empfänden. Ein Krieg würde alles Land jenseits des Atlantik verschonen, das Territorium der europäischen Verbündeten dagegen völlig verwüsten. Die Sprecher des Weißen Hauses antworteten, daß die Androhung eines massiven atomaren Gegenschlags auf eine Aggression in Europa, welche auch immer, in dem Augenblick nicht mehr glaubwürdig sei, da auch Amerika und nicht nur die Sowjetunion zum Gegenstand der Abschreckung werde. Eine Kombination von klassischen Streitkräften und Atomwaffen, taktischen im Gelände, strategischen jenseits des Ozeans, sei eine wesentlich wirksamere Abschreckung als die alte Formel, die im Grunde nur so lange Geltung hatte, wie nur eine der Großmächte das Potential besaß, Städte und Industriezentren der anderen zu zerstören.

Der Dialog zwischen Europäern und Amerikanern spielte sich ungefähr folgendermaßen ab: »Ihr beruhigt die Sowjets«, sagten die einen, »indem Ihr erklärt, jeden Kampf annehmen und Atomwaffen nur dann einsetzen zu wollen, wenn Ihr von den nach Westen vorstoßenden Panzerdivisionen des Feindes überrollt werdet. Sie werden den Schluß daraus ziehen, daß Ihr diese Waffen nie einsetzen werdet.« Woraufhin die Amerikaner wie folgt antworteten: »Ihr behauptet bei jeder Gelegenheit, daß wir niemals New York oder Washington opfern würden, um Hamburg oder Paris zu retten. Wenn Ihr unsere Entschlossenheit und den Wert unserer Abschreckung in Zweifel zieht, warum seid Ihr dann für die Beibehaltung einer Doktrin, die unsere Abschreckungsandrohung noch unglaubwürdiger macht? Wenn die konventionellen Waffen der NATO denen des Warschauer Pakts gleichkommen, können die Sowjets nicht angreifen, ohne die atomare Schwelle bewußt zu überschreiten. Wenn sie dann die Initiative ergreifen, brauchen wir vor der Verantwortung für den nächsten fatalen Schritt nicht mehr zurückzuschrecken, dessen Konsequenzen insgesamt zwar niemand voraussehen kann, dessen Schrecken aber niemand unterschätzen wird.«

Wer hatte in diesem Dialog eigentlich recht? Meiner Meinung nach die Amerikaner. Wenn man sich abstrakt die Frage nach den Bedingungen stellt, die die Abschreckung, das heißt die nukleare Drohung glaubwürdig machen, erscheint mir die These vom abgestuften Gegenschlag die beste (und in diesem Punkt habe ich meine Meinung nicht geändert). Der Einsatz von Atomwaffen wird weniger wahrscheinlich, wenn er als letzte Möglichkeit und nach Erschöpfung aller anderen Mittel konzipiert wird, wenn also dem Angegriffenen keine andere Wahl mehr bleibt als die Kapitulation oder die Extremlösung. Und doch vermochte diese Theorie, ob abstrakt gültig oder nicht, die Europäer nie zu überzeugen, und zwar hauptsächlich aus zwei Gründen: Sie wollten die große Schlacht auf ihrem Terrain nicht haben, sie waren mit einer Verstärkung der konventionellen Rüstungsanstrengungen nicht einverstanden und sie glaubten nicht (und tun es bis heute nicht), daß es ein Gleichgewicht der konventionellen Rüstung geben kann.

Die Debatte ging nach ungefähr zwei Jahren zu Ende, nachdem sie in der Öffentlichkeit und vor allem in den Generalstäben gewütet hatte. Sie war um so sinnloser und frustrierender, als ohnehin niemand ernsthaft mit der Möglichkeit eines Frontalangriffs aus dem Osten rechnete. Gewiß war die Sicherheit Westeuropas theoretisch nicht garantiert. Wir waren uns weder der Fähigkeit der NATO-Truppen, die gepanzerten Verbände der Sowjetunion zu stoppen, noch der amerikanischen Entschlossenheit, möglicherweise die Apokalypse zu entfachen, nur um Europa der Willkür Moskaus nicht zu überlassen, wirklich sicher. Doch haben die Männer im Kreml den Verhaltenskodex nicht vergessen, den sie Lenin gelehrt hat. Sie verurteilen das »Abenteurertum« – und ein Angriff auf Europa wäre ein Fall von Abenteurertum; die sowjetisierten Länder dagegen zu räumen, wäre ein Fall von »Kapitulantentum«.

Zwanzig Jahre später flammte die Debatte wegen der Stationierung amerikanischer Mittelstreckenraketen in Europa wieder auf. Ich stelle hier zunächst eine bedenkenswerte Tatsache fest: Einige politische Persönlichkeiten, die im Augenblick der Umstellung auf »*flexible response*« zu J. F. Kennedys engerem Kreis gehörten, plädieren heute für »*no first use*«, das heißt für die von den Vereinigten Staaten einzugehende Verpflichtung, Atomwaffen nicht als erste einzusetzen. Da die Sowjetunion mehrfach erklärt hat, daß sie selbst eine solche Verpflichtung übernehmen würde, würden die beiden Großmächte damit die Atomwaffen gewissermaßen in Klammern setzen, sie würden nur noch dazu dienen, sich selbst gegenseitig zu neutralisieren. Sei's drum! Doch wenn wir uns entschließen, aus dem Atomzeitalter wieder auszutreten, stoßen wir auf eine Vergangenheit, die immer voller Kriege gewesen ist. Im Laufe der vergangenen vierzig Jahre ist der einzige Teil der Welt, der den Frieden wirklich genießen durfte, eben jener Kontinent gewesen, der in zwei politische Kulturzonen geteilt ist, die beide mit Atombomben bewaffnet sind.

Wie argumentieren nun jene, die man die »Viererbande« genannt hat, nämlich McGeorge Bundy und R. S. McNamara, die beide der Kennedy-Mannschaft angehörten, sowie G. F. Kennan und G. Smith, der eine Urheber der sogenannten »*Containment*«-Doktrin und seitdem strenger Kritiker aller amerikanischen Präsidenten, der andere Leiter der US-Delegation bei den Verhandlungen um strategische Rüstungsbeschränkung?* Sie unterstreichen die für sie wesentliche Annahme, die sie nicht belegen, sondern hier und dort einfach als evident behaupten, daß jeder Atomwaffeneinsatz, ob taktisch oder strategisch, eine unkontrollierte Eskalation nach sich ziehen würde. Zwar findet sich nirgends schwarz auf weiß die Behauptung, daß diese Eskalation unvermeidlich sei und daß sie bis zum Äußersten, das heißt bis zur »*mutual destruction*« führen würde, aber alle ihre Analysen unterstellen es.

Vor zwanzig Jahren bewiesen die Analytiker mit großem Scharfsinn eine an sich kaum umstrittene These. Die deutlichste und die von Kriegführenden am ehesten wahrgenommene Unterscheidung, sofern der Krieg begrenzt gehalten werden soll, verläuft zwischen konventionellen Waffen und Atomwaffen. In dem Maß, wie die Verhinderung einer Eskalation bis hin zur äußersten Gewalt, also bis zur Überschreitung der Nuklearschwelle, das Hauptkriegsziel bleibt, ist der Ersteinsatz von nichtkonventionellen Waffen fatal. Beim Übergang von einem Waffentyp zum anderen kann niemand mehr wissen, wo und wie aufgehört werden soll. Aus einer solchen, abstrakt richtigen Überlegung ziehen die Anhänger von »*no first use*« den Schluß, daß die Eskalation bis zum Äußersten im Fall einer Überschreitung der Atomschwelle wahrscheinlich ist. »Wahrscheinlich« aber bedeutet in ihren Überlegungen »unvermeidlich«. Sie

---

* Siehe ihren Aufsatz: »Nuclear Weapons and the Atlantic Alliance«, in: *Foreign Affairs*, Frühjahr 1982, S. 753–768.

argumentieren ferner so, als bedeute der Übergang von taktischen zu strategischen Waffen die gegenseitige Vernichtung der Städte und Industrieanlagen durch die beiden Großmächte. Beide Behauptungen sind umstritten.

Ist es wahrscheinlich anzunehmen, daß, träfe eine Atomgranate einen feindlichen Verband, die gegnerischen Machthaber daraufhin ihre kühle Nüchternheit und emotionale Beherrschung derart verlieren sollten, daß sie gleich die Apokalypse auslösen würden? Die gegenteilige Annahme scheint mir genauso begründet. Man kann sich durchaus vorstellen, wie die Verantwortlichen, vom Entsetzen angesichts des Risikos einer Katastrophe, durch das rote Telephon den Kontakt wiederherstellen, den Dialog wiederaufnehmen und die Eskalation beenden würden. Ich sage nicht, daß dieses Szenarium das wahrscheinlichere ist, ich sage nur, es ist nicht unwahrscheinlicher als das der »Viererbande«.

Gehen wir noch einen Schritt weiter: Die Anhänger des »*no first use*« unterstellen, daß jede Eskalation zur »*mutual destruction*« führt. Auch hier sehe ich nicht ein, daß ein solches Szenarium sozusagen als selbstverständlich dem Vorstellungsvermögen aufgenötigt wird. Sicher könnten die politischen Instanzen und die Kommandostellen schwer gestört, lahmgelegt oder ins Chaos gestürzt werden, wenn eine oder mehrere Raketen ins Land fallen würden. Daraus folgt aber gerade nicht, daß, auf der einen oder auf der anderen Seite, die bürokratischen und militärischen Automatismen weiter funktionieren, immer mehr radioaktive Trümmer aufeinandergetürmt und damit Millionen ungeborener Kinder zu genetischen Schäden verurteilt würden.

Es ist eine Versuchung, dem Beispiel der »Vier« zu folgen und zu dekretieren: Da jeder Atomwaffeneinsatz zum Äußersten führen kann, muß jedwede Rückgriffsmöglichkeit auf diese teuflischen Waffen abgeschafft werden. Ich lehne dies aus drei Gründen ab: Die Doktrin »*no first use*« bedingt gerade keine Abschaffung dieser Waffen, da jede Seite einen Teil des eigenen Arsenals behält, um die der Gegenseite zu neutralisieren. Sie reicht ferner nicht aus, um die Einhaltung der eingegangenen Verpflichtungen in jedem Fall zu gewährleisten. Sie impliziert schließlich eine Wahl, die sich als tragisch erweisen kann: Lieber eine Niederlage hinnehmen als auf Atomwaffen zurückgreifen. Eine Gruppe unabhängiger Physiker hat, nach einer umfangreichen Untersuchung, die These der »Vier« wiederaufgegriffen, aber sie hat außerdem den Mut gehabt, ihre Implikation konsequent auszuarbeiten, als da wäre: die Hinnahme einer totalen Niederlage, wenn die konventionellen Streitkräfte besiegt worden sind. Besser die Besetzung Frankreichs durch sowjetische Truppen als die Verwüstung unseres Territoriums durch Atomwaffen (ich persönlich unterschreibe übrigens durchaus eine solche Formel). Bei alledem scheinen die »Vier« ebensowenig wie die Physiker den moralischen Riß zu bemerken, der sich, wenn man einen solchen Standpunkt vertritt, zwischen den Europäern und den Amerikanern auftut: Letztere wären gegebenenfalls einem Landangriff nicht ausgesetzt; im Falle einer Niederlage der konventionellen Streitkräfte behielten sie die Möglichkeit von Verhandlungen, die ihrem Feind zwar den Sieg einräumen, ihnen selbst aber die Besetzung ersparen würden.

Ich bin ebenfalls der Meinung, daß es besser für Frankreich wäre, sich dem Willen der Sowjetunion zu unterwerfen, statt ein paar Dutzend thermonuklearer Gefechtsköpfe abzubekommen. Zehn solcher Ladungen auf Paris, Lyon, Marseille und Bordeaux würden eine Katastrophe bedeuten, die wir uns nur mit Mühe vorstellen können, doch alles hängt von der vorangegangenen These der unvermeidlichen Eskalation ab. Die meisten von uns haben sich von dem primitivsten aller Szenarien nicht freigemacht: Die Abschreckung wird durch eine Drohung aufrechterhalten, deren Verwirklichung eine Katastrophe wäre, daher ist sie auch unwahrscheinlich; doch würde die Katastrophe eintreten, wäre sie derart schlimm, daß die an sich äußerst geringe Wahrscheinlichkeit ihrer Verwirklichung genügt, um einen Aggressor abzuschrecken. Ich glaube nicht, daß sich die Abschreckung auf die Ungeheuerlichkeit einer in höchstem Maß unwahrscheinlichen Androhung gründen sollte. Ich bin vielmehr der Meinung, daß man dem von »*flexible response*« gewiesenen Weg folgen sollte: Man sollte nicht nur die Möglichkeit haben, sich ohne Atomwaffen wirksam zu verteidigen, sondern auch alles vermeiden, was über einen Umweg doch noch zum Alles oder Nichts zurückführt, indem man den *quasi-unvermeidlichen* Charakter einer Eskalation postuliert.

Betrachten wir die Schlüsselthese etwas näher: Der Einsatz von Atomwaffen kann nicht begrenzt werden. Wenn die Nuklearschwelle überschritten ist, werden Feinde bis ans Ende ihrer menschenmordenden und zugleich selbstmörderischen Wut gehen. Niemand kann auf diesem Gebiet Gewißheiten verkünden, welche auch immer es seien. Aber wir sollten uns auch nicht verbieten, über das Wahrscheinliche nachzudenken. Die Explosion einer der Hiroshima-Bombe vergleichbaren Atomsprengladung über einer beliebigen Stadt Westeuropas würde den gesamten Kontinent westlich der sowjetischen Grenzen mit Angst und Bestürzung erfüllen. Ich kann mir viel eher blanke Panik in der Bevölkerung, vielleicht sogar unter den Regierenden vorstellen. Wenn die Nerven der Belastung nicht standhalten, dürfte es viel eher zu einer überstürzten Kapitulation als zur äußersten Entschlossenheit kommen, bis in den Tod durchzuhalten, nur nicht nachzugeben.

Aber gerade weil eine Atomexplosion, nicht einmal über einer Stadt, sondern schon über einem Flugplatz oder über den Raketensilos des »Plateau d'Albion«* (als Initiative oder als Gegenschlag der Sowjets auf einen ähnlichen Erstschlag aus dem Westen) die öffentliche Meinung grausam belasten würde, scheint mir das Eskalationsszenarium das unwahrscheinlichste von allen zu sein. Die unwahrscheinliche Bedrohung durch eine ungeheuere Katastrophe muß der letztmögliche Rekurs gerade

---

* Standort der französischen Atomraketen in Südostfrankreich (A. d. Ü.).

inmitten einer Krise bleiben, darum muß die atomare Drohung abgestuft sein und darf nicht schon in der ersten Phase gleichzeitig extrem unwahrscheinlich und extrem zerstörerisch sein. Die Treffgenauigkeit der Lenkwaffen und das Vorhandensein von Gefechtsköpfen mit beschränkter Sprengkraft müßte der Nuklearschwelle den Tabu-Charakter wegnehmen. Das Paradoxon – Abschreckung bleibt trotz allem glaubwürdig, obwohl die Umsetzung einer *quasi*-unvorstellbaren Drohung unwahrscheinlich erscheint – müßte sich auflösen oder zumindest abgeschwächt werden. Geht denn nicht zur gleichen Zeit die Entwicklung in Richtung auf eine Banalisierung der Atomwaffen hin, macht sie die Annahme eines begrenzten Atomkrieges nicht fast zu normalen Waffen? Angesichts dieser Gefahr muß aber die Gegengefahr ebenfalls gesehen werden: Wenn Ost und West durch das »*no first use*« sich über eine Neutralisierung von Atomwaffen einigen können, wird dann nicht ein konventionelles Wettrüsten hervorgerufen? Die beiden Großmächte werden also ihre Atomwaffen behalten, da sie dem jeweiligen Feind und Partner nicht trauen, gleichzeitig werden sie beide, unter dem Deckmantel der Ausgewogenheit, die Überlegenheit ihrer konventionellen Rüstung zu betreiben suchen.

Anders ausgedrückt garantiert die Doktrin »*no first use*« zum ersten keineswegs die Vereitelung eines Einsatzes, auch wenn man ihn mit allen Mitteln vermeiden möchte. Zweitens impliziert sie für die Europäer die Hinnahme der Besatzung anstelle des Rückgriffs auf solche teuflischen Waffen. Drittens verlangt sie von den Europäern kräftige Anstrengungen in Richtung eines authentischen Gleichgewichts zwischen den Streitkräften der NATO und denen des Warschauer Paktes.

Diesem dreifachen Grund für Skepsis muß man einen vierten hinzufügen, auf den ich schon einmal angespielt habe: Wenn nach einer gemeinsamen Erklärung von »*no first use*« die Atommächte ihre Nuklearwaffenvorräte vernichten und alle Regierungen auf der Welt überzeugen würden, daß diese Waffen nicht mehr zu befürchten sind, würde die Menschheit ins

voratomare Zeitalter, also zu jenen klassischen Kriegen zurückkehren, deren letzte Spielart sie einige Dutzend Millionen Toter
gekostet hat. Bevor man also die Doktrin »*no first use*« übernimmt, wären die beiden Aspekte der Alternative sorgfältig
gegeneinander zu gewichten: Entweder das von den Nuklearwaffen her bedingte Risiko definitiv abzuschaffen, oder die
Angst weiter zu schüren, die mit dem Einsatz dieser Waffen
letzten Endes nun einmal verbunden ist. Ich bin mir nicht
sicher, ob es sinnvoll wäre, die erste Lösung zu wählen, vorausgesetzt, daß sie überhaupt praktikabel ist.

Die Debatte um »*no first use*« geht zur Zeit nicht über den
Kreis gewisser Kommentatoren und einiger ehemaliger Berater
von Ex-US-Präsidenten hinaus. Im Augenblick lehnen R.
Reagan und seine Mitarbeiter diese These ab; die europäischen
Regierungen erörtern sie nicht explizit, die Frage steht nicht auf
der Tagesordnung, aber sie nähert sich der Kennedy-Linie der
»*flexible response*« an. Die zahlreichen Konflikte, die sich
außerhalb von Europa zugetragen haben, tangierten die Atom-
rüstung nicht. Vielleicht glaubt sich Japan von den Vereinigten
Staaten geschützt, besonders durch die Atommacht seines großen Verbündeten, doch in Europa, und nur in Europa, stehen
sich Streitkräfte auf beiden Seiten einer Demarkationslinie
gegenüber, die im Besitz von Tausenden nuklearer Gefechtsköpfe sind und über Trägermittel verfügen, die unmittelbar in
Europa stationiert sind.

Haben sich die materiellen Gegebenheiten in den strategischen Debatten der letzten zehn Jahre geändert? Gründet sich
die »*no first use*«-Doktrin auf die Bereitstellung neuer konven-
tioneller oder atomarer Waffen, die zu der Gefährlichkeit der
einen und der Wirksamkeit der anderen ein Übriges hinzufügen? Was letztere anbetrifft, so vermag der technologische
Fortschritt keine strategische Umkehr zu rechtfertigen. Vor
zwanzig Jahren schon bauten die Amerikaner Bomben von
mehreren, sogar von mehreren Dutzend Megatonnen ebenso
wie Granaten oder Gefechtsköpfe mit einer Sprengkraft weit

unter der der Bombe von Hiroshima und Nagasaki. Die entscheidenden Fortschritte fanden auf dem Gebiet der Trägermittel, vor allem der Raketen statt. Noch 1981 behaupteten namhafte Physiker, niemals würden Raketen eine ausreichende Treffgenauigkeit erreichen, um den Vergeltungsapparat durch einen präventiven Erstschlag ausschalten zu können. Heute beträgt die mittlere Zielabweichung nur wenige Hundert Meter. Aus der Treffgenauigkeit der Lenkwaffen resultiert die Verwundbarkeit von landgestützten Systemen. Was die konventionelle Rüstung anbelangt, so sind auch hier in der Treffgenauigkeit ebenso wie in der »Intelligenz«, also in der Zielerfassung, erhebliche Fortschritte gemacht worden. Bedeutet dies, daß sich die Europäer heute, wenn sie nur wollten, eine konventionelle Verteidigung zulegen könnten, die mit dem sowjetischen Potential Schritt halten würde? Auf diese Frage würde ich allerdings persönlich mit Nein antworten.

* * *

Wenn die vorangegangenen Analysen stimmen, ist die »*no first use*«-Doktrin die Nachfolgerin von »*flexible response*« bzw. von »*graduated deterrence*«, die nach wie vor NATO-Doktrin ist. Gegenstand der Debatte ist die Stationierung von Mittelstreckenraketen auf europäischem Boden, was ich schon in *Einführung in die Atomstrategie* erörtert habe. Formal wurde die Entscheidung von der NATO getroffen, aber vom Ausgang der Genfer Verhandlungen abhängig gemacht. Sie rief auch entsprechende, mehr oder weniger heftige Reaktionen in Belgien, in den Niederlanden und in der Bundesrepublik Deutschland hervor. Wie schon oft bleibt diese Debatte nicht auf militärische oder technische Erörterungen beschränkt. Zum ersten Mal beteiligen sich die Völker oder einige unter ihnen daran und versetzen damit die Verantwortungsträger des jeweiligen Landes in eine Situation der Unterlegenheit gegenüber den Männern im Kreml. Diese brauchen mit so etwas wie einer »öffentlichen Meinung« nicht zu rechnen, sondern spekulieren auf die des anderen Europa.

Doch zuvor einige Worte zum Kontext der rein strategischen Debatte. Die Vereinigten Staaten haben die Überlegenheit, die sie 1963 noch besaßen, nicht beibehalten. Die Sowjetunion verfügte damals allenfalls über ein paar Dutzend wenig zuverlässiger Interkontinentalraketen. Die Vereinigten Staaten dagegen hatten schon einhundertfünfzig der tausend *Minutemen* disloziert, deren Produktion J. F. Kennedy beschlossen hatte. Darüber hinaus konnten sie ihre Langstreckenbomber einsetzen. Damals hatten sie also die Möglichkeit, die sowjetische Gesellschaft tödlich zu treffen, während ein feindlicher Angriff ihnen nur geringfügigen Schaden hätte zufügen können. Ab wann also verlieren Überlegenheits- bzw. Unterlegenheitsvorstellungen jede Bedeutung?

1983 bekommt eine solche theoretische Frage eine durchaus praktische Reichweite. Indem die Sowjetunion ihre Anstrengungen vor allem auf schwere MIRV-Träger konzentriert hat, hat sie sich, auf dem Papier, die notwendige und hinreichende Bewaffnung zugelegt, um ein Kriegsziel zu erreichen, das selbst die Amerikaner unmöglich noch anstreben können, nämlich die Zerstörung aller oder fast aller landgestützten Interkontinentalraketen des Gegners. Da diese Raketen äußerst treffgenau sind und somit militärische Ziele vernichten, aber Städte aussparen können, haben pessimistisch eingestellte US-Analytiker ein schreckliches Szenarium entwickelt: Ein sowjetischer Erstschlag setzt die *Minutemen* außer Gefecht. Wenn der Präsident der Vereinigten Staaten einen Gegenschlag mit »Poseidon«- oder »Trident«-Waffen anordnet, riskiert er als Antwort einen sowjetischen Angriff auf die amerikanischen Großstädte.

Dieses Szenarium ist im höchsten Grade unglaubwürdig. Welches Politbüro würde ein derartiges Risiko eingehen? Auf eine Kapitulation der Vereinigten Staaten zu setzen, wäre eine doktrin- und praxiswidrige Wette seitens der Bolschewiki, die mittlerweile die Machthaber in einem großen Militärstaat geworden sind. Natürlich wäre uns das Gegenteil schon lieber: Die SS 18 sollten amerikanische, die *Minutemen* sowjetische Waffen sein. Doch ist diese Überlegenheit, wenn sie überhaupt gegeben ist, nicht geeignet, um die »überlegene« Seite zu einem unglaublichen Abenteuer zu verleiten. Wirkt sich diese Überlegenheit, wenn schon nicht mehr militärisch, im diplomatischen Verlauf aus? Könnte ein amerikanischer Präsident das Kuba-Szenarium wiederholen und ein Quasi-Ultimatum an die sowjetischen Machthaber richten? Was die Raketen anbelangt, so behauptet N. S. Chruschtschow in seinen Memoiren, sein Ziel erreicht zu haben, nämlich die Vereitelung eines Angriffs auf das Kuba Fidel Castros, den die amerikanische Führung angeblich vorsah und vorbereitete. Auch wenn diese Interpretation einen Teil der Wahrheit beinhaltet, hat damals die ganze Welt die Rücknahme der Raketen als politischen Rückzug, sogar, wie die Chinesen, als Kapitulation interpretiert. Ich glaube durchaus an die Authentizität jener Bemerkung, die einem sowjetischen Diplomaten in den Mund gelegt wurde: Nie wieder werden wir in eine solche Lage geraten; nie wieder wird uns ein amerikanischer Präsident so behandeln, wie J. F. Kennedy 1962.

Das Katastrophenszenarium einmal beiseite, welche Konsequenzen wird das Patt zwischen beiden Großmächten auf den Verlauf der Diplomatie haben? Die Vereinigten Staaten haben den Vietnam-Krieg nicht verloren, weil die Sowjetunion Hunderte von Interkontinentalraketen besaß (die SS 18 waren damals noch nicht disloziert). Sie haben der Regierung in Hanoi auch nicht mit Atomwaffeneinsatz, sondern mit Bombardements gedroht, und sie haben in der Tat das Territorium der Volksrepublik Vietnam bombardiert. Diese Androhung, die von kanadischen Diplomaten den Kommunisten in Hanoi überbracht wurde, hat die Entschlossenheit Ho-Chi-Minhs und seiner Genossen nicht erschüttert. Sogar 1950, als die Sowjets noch keine Kernwaffen besaßen, versagten es sich die Amerikaner selber, die wenigen Atombomben zu verwenden, über die sie wahrscheinlich damals verfügten. Aus politisch-moralischen Gründen haben die Vereinigten Staaten nie nukleare Erpressung betrieben, die Sowjets übrigens auch nicht. Sie ließen die Chinesen mit der Entwicklung einer eigenen Industrie und eigener Atomwaffen gewähren.

Muß man daraus schließen, daß die Kumulierung dieser grauenhaften Waffen in letzter Analyse bar jeden Sinnes und jeder Wirkung ist, da keiner daraus gegenüber dem anderen einen sichtbaren, nicht-nuklearen Drittstaaten gegenüber aber einen entscheidenden Vorteil zieht? Die beiden atomaren Großmächte können diese Waffen nicht gegeneinander verwenden – weil jede die Mittel besitzt, die andere zu vernichten – und ebensowenig gegen nicht-nukleare Staaten, weil sie von ihrem eigenen Tabu daran gehindert werden.

Die letzten dreißig Jahre, die Jahre der Atomdebatte, erlauben keine endgültigen Schlußfolgerungen, weder in der einen noch in der anderen Richtung. In *Frieden und Krieg* habe ich das implizite Einvernehmen der beiden Großen unterstrichen, jede unmittelbare Konfrontation zu vermeiden, die in eine bewaffnete Auseinandersetzung führen könnte. Die Kuba-Krise, kurz nach Erscheinen des Buches, widersprach nicht der These der feindlichen Brüder. Die Vereinigten Staaten haben das sowjetische Imperium in Osteuropa sowie die Breschnew-Doktrin hingenommen. Sie haben gegen die sowjetische Invasion in Afghanistan protestiert und Sanktionen verhängt, ohne ihre Verbündeten zum Mitmachen zu veranlassen. Je nach Periode, je nach Präsident schwankte das Klima der sowjetisch-amerikanischen Beziehungen zwischen Entspannung, begrenzter Zusammenarbeit und Quasi-Abbruch mit einem Minimum an diplomatischem Austausch. Es ist dennoch nicht unmöglich, Konstanten festzustellen, die sich durch die Rationalität der Kollektiv-Akteure erklären lassen.

Bis jetzt und mit Ausnahme von Kuba haben sich beide Großmächte nie tödlich herausgefordert. In jeder Krise, in jedem im Inneren zerrissenen Land haben sie jeweils gegensätzliche Lager unterstützt. Die amerikanischen Präsidenten reagierten immer mehr oder weniger heftig auf das Risiko der Machtergreifung einer kommunistischen Partei in einem Land, sei es welches es wolle. Als die Sowjetunion Äthiopien Somalia vorzog, kehrte Somalia zu den Vereinigten Staaten zurück, die heute den Stützpunkt benutzen, den die Sowjets dort gebaut haben.

Die Rivalität zwischen den Vereinigten Staaten und der Sowjetunion dehnte sich über den gesamten Erdball in dem Maße aus, wie der Bär aus seiner Höhle herauskam und sich eine auf allen Weltmeeren präsente Hochseeflotte schuf. Nach der Katastrophe in Vietnam beschnitt der Senat den Präsidenten in seiner Freiheit, die Diplomatie selbst zu lenken, vor allem darin, in den von Revolutionären, ob Marxisten oder Anti-Marxisten, umkämpften Ländern selbst einzugreifen. So geschehen in Angola. Während die Sowjets ihre Hilfe zugunsten einer Befreiungsbewegung verstärkten, die sich mehr oder minder auf ihre Ideologie berief, verweigerte der Kongreß die Millionen, um die ihn H. Kissinger ersucht hatte. Das Vietnam-Syndrom war noch nicht abgeklungen. R. Reagan muß sich nun verpflichten, keine Truppen nach Mittelamerika zu entsenden, wenn er dem Kongreß die im übrigen recht limitierten Kredite entlocken will, die er braucht.

Im Detail unberechenbar, Gegenstand leidenschaftlicher Streitigkeiten unter den drei Teilstreitkräften und den verschiedenen staatlichen Institutionen, scheinen mir die diplomatischen Entscheidungen der Vereinigten Staaten einer gewissen und sicher nicht irrtumsfreien Rationalität zu folgen. Die amerikanischen Politiker haben bereits gegen Ende der vierziger Jahre auf den Einsatz ihrer Militärmacht verzichtet, um die Länder Osteuropas zu »befreien«. Ihre Losung hätte heißen können: bis hierher und nicht weiter. In Europa unproblematisch, hätte sie eine solche Losung in Asien, in Vietnam zum Beispiel, leicht zu kostspieligen und fruchtlosen Operationen verführen können; an anderer Stelle wiederum zwang sie

sie, Regime zu unterstützen, die alles andere als demokratisch waren und deren einziges Verdienst darin bestand, nicht- oder antikommunistisch zu sein.

Ob es sich um Vietnam oder um Angola, um Somalia oder um El Salvador handelt, das strategisch-nukleare Kräfteverhältnis der beiden Großmächte spielt keine wahrnehmbare Rolle beim Erfolg oder beim Scheitern der einen Macht oder der anderen. Gewiß verdanken die beiden Supermächte ihren Status in der Hierarchie des zwischenstaatlichen Systems ihrer Rüstung, sie ist ein Ausdruck ihres Wirtschaftspotentials. Aber dieses Potential bestimmt keineswegs den Ausgang von Konflikten im Inneren der Staaten selbst, ebensowenig wie die Parteinahme der unterschiedlichsten Staaten für die eine oder andere Seite.

Wo beeinflußt aber das nukleare Kräfteverhältnis unmittelbar die Ereignisse? Die deutsche öffentliche Meinung ist ohne Zweifel empfänglich für das Bild, das sich der gewaltige Nachbar vom fernen Beschützer macht und umgekehrt. In Europa befindet sich die größte Kumulierung von Atomwaffen, in Europa ist auch der Einsatz dieser Waffen vorgesehen. Die Tatsache, daß die Vereinigten Staaten ihre atomare Überlegenheit nicht beibehalten konnten, während die Sowjetunion über ein stets wachsendes Heer verfügt, scheint mir ein Grund für die moralische Verwirrung in der Bundesrepublik Deutschland zu sein.

Strategisch gesprochen hat der Begriff der atomaren Über- oder Unterlegenheit keinen Sinn, wenn man sich ausschließlich am totalen Krieg orientiert. Ich wiederhole es: Jedes der beiden Länder besitzt die Fähigkeit, die Gesellschaft des anderen zu vernichten. Gibt es eine solche Parität noch, wenn man sich komplexere Szenarien vorstellt, wie zum Beispiel Strafschläge, taktische Warnschüsse und ähnliches? Ich möchte es, trotz der SS 18, doch annehmen. Diese können zwar mehr feindliche Raketensilos vernichten als die *Minutemen*, doch ließe uns ein totaler Rundumschlag gegen alle Streitkräfte des Gegners bereits das Szenarium eines begrenzten Konfliktes verlassen. Der Bau der MX läßt sich mit psychopolitischen Argumenten rechtfertigen. Die russischen Raketen stammen aus den siebziger Jahren, die amerikanischen aus den sechzigern. Solche Waffen veralten nicht so schnell wie Artillerie oder Panzer. Die Raketen stehen sich nicht gegenüber, sie bekämpfen sich nicht gegenseitig wie Panzer oder Flugzeuge. Die einen wie die anderen erfüllen ihren mörderischen Zweck einfach, indem sie ihr Ziel erreichen. Dennoch läßt sich die Entscheidung, schwere moderne Trägerraketen zu bauen, wie die Sowjets sie disloziert haben, nicht ohne weiteres als Unsinn bezeichnen. Die Wahl des richtigen Verhältnisses zwischen diesen Streitkräften, die sich auf keinem Schlachtfeld begegnen müssen, läßt die wenigen, die die Verantwortung für diese Wahl zu übernehmen haben, offenbar nicht mehr los.

Was resultiert daraus in bezug auf den Stand der Sicherheit (oder der Unsicherheit) in Westeuropa? Ist die Doktrin der abgestuften Erwiderung durch den Verlust der amerikanischen Überlegenheit ungültig, anachronistisch geworden? In einem gewissen Sinne muß man darauf mit Ja antworten. Die ursprüngliche Idee der Eskalation – oder, in der Clausewitzschen Terminologie, des Aufstiegs zum Äußersten – wurde von der impliziten Annahme einer amerikanischen Überlegenheit auf höchster Ebene unterstützt, wenn nicht gar in die Welt gesetzt. Ohne es sich einzugestehen, gingen die Amerikaner in der Tat davon aus, daß die Sowjets die Eskalation mehr fürchteten als sie selbst. Für diese Illusion haben sie jetzt gar keinen Grund mehr. Die Frage stellt sich daher in klaren, unbarmherzigen Termini: Ist ein angedrohter Einsatz von Mitteln des »zentralen Gleichgewichts«* etwa zugunsten von Westeuropa noch glaubwürdig? Man könnte sagen, daß er es an dem Tag

---

* Dieser Terminus ist üblich geworden, um das strategische Kräfteverhältnis zwischen den Vereinigten Staaten und der Sowjetunion zu umschreiben.

nicht mehr war, als das Territorium der Vereinigten Staaten selbst verwundbar wurde. Die Zerstörungen, die atomare Gefechtsköpfe bewirken würden, könnten einen solch horrenden Grad erreichen, daß die Abschreckung, wie zu befürchten ist, nicht mehr funktioniert. Es glaubt ohnehin niemand mehr daran, könnte man einwenden. Doch die Replik darauf ergibt sich von selbst: Eine geringe Wahrscheinlichkeit genügt für die Abschreckung durchaus, um so mehr als die Umsetzung der Androhung selbst schrecklich wäre. Man zögert vor dem Risiko, auch wenn die Wahrscheinlichkeitsberechnung einem günstig erscheint, sobald die Diskrepanz zwischen Gewinn und Verlust ein gewisses Maß überschreitet. Man riskiert nicht, eine Million Francs zu verlieren, auch wenn man neunundneunzig Chancen von hundert hat, zehntausend zu gewinnen. Man zögert also, die in der Bundesrepublik Deutschland stationierte US-Army anzugreifen, auch wenn man nicht überzeugt ist, daß die Amerikaner Nuklearwaffen einsetzen würden.

Diese Bemerkungen versuchen, vor kategorischen Behauptungen, vor abstrakten und dogmatischen Theorien zu warnen, denen zufolge eine Androhung glaubwürdig oder unglaubwürdig ist, berechenbar bleibt oder nicht. Das Wort von der »Berechenbarkeit« erhebt lauter psychologische Spekulationen oder bloße Wahrscheinlichkeitserwägungen auf das Niveau der wissenschaftlichen Stringenz oder Pseudo-Stringenz. Wir stellen fest, daß die Amerikaner ein einziges Mal seit Hiroshima und Nagasaki durchblicken ließen, daß sie in letzter Instanz auf Atomwaffen zurückgreifen würden, um einen Waffenstillstand in Korea zu erzwingen. Zur Zeit der Suez-Krise haben Chruschtschow und Bulganin in ähnlicher Weise auf einen Einsatz von Raketen gegen die Aggressoren angespielt. Dieser willentlich vage und vieldeutig belassene Satz hat eine sofortige geharnischte Erwiderung aus dem Weißen Haus hervorgerufen. Wenn man von diesen beiden an sich recht zweifelhaften Fällen absieht, kann man sagen, daß Atomwaffen außerhalb von Europa weder von Diplomaten noch von Militärs verwendet wurden. Der endlose, unerschöpfliche Diskurs über die Atom-diplomatie bezog sich immer nur auf die Lage in Europa. Der Alte Kontinent ist geteilt in ein Militärimperium einerseits und eine Einflußzone andererseits. Beiderseits der Demarkationsli-nie wurden starke, über konventionelle und Atomwaffen verfü-gende Streitkräfte aufgebaut. Daher die Frage: Wenn das Impe-rium mit seiner Streitmacht angreift, aber ohne Atomwaffen-einsatz, was passiert dann? Kann die NATO-Streitmacht den Stoß auffangen? Welche Formen wird die Eskalation annehmen? Wenn die Invasionsarmeen bereits einen Teil des westli-chen Territoriums besetzt halten, werden die Atomgranaten und die Kurzstreckenraketen nicht das Territorium des Angrei-fers, sondern des Angegriffenen verwüsten: Zur Wahl stehen Deutschland bzw. die beiden deutschen Staaten, Polen oder die Tschechoslowakei.

Darüber hinaus soll ein abgestufter Einsatz eine Botschaft vermitteln und zugleich auf den Verlauf der Schlacht einwirken. Die »Botschaft« könnte besagen, daß die Vereinigten Staaten entschlossen sind, nicht zu kapitulieren und sich nicht mit einer endgültigen Niederlage in Europa abzufinden. Der militärische Impakt würde die sowjetischen Truppen der ersten oder zwei-ten Staffel oder aber ihre rückwärtigen Dienste und ihre Logi-stik treffen. Die Progression des Nukleareinsatzes könnte mög-licherweise die Glaubwürdigkeit der Bedrohung verstärken. Dagegen ist das Szenarium, das von der reinen Doktrin impli-ziert wird, nur schlecht vorstellbar. Die Russen würden das Monopol einer solchen Kampfesweise sicher nicht dem Westen überlassen. Auch sie würden mit dem Abschuß der Sprengla-dung eine »Botschaft« signalisieren wollen ... Wer würde als erster damit aufhören? Welches Chaos, welches Entsetzen durch ganz Europa und sogar über die Grenzen der Sowjet-union hinaus!

Die eurostrategischen Waffen verbessern das Szenarium der abgestuften Antwort ein wenig. Denn die Pershing II hat einen ausreichenden Aktionsradius, um sowjetisches Territorium zu erreichen. Der Angreifer würde diesmal den Schlag bekommen, nicht das Opfer. Außerdem würde die in dieser Hypothese unterstellte konventionelle Schlacht ihren Fortgang nehmen und sich weder mit der nuklearen »Botschaft« noch mit dem Atomschlag selbst vermischen.

Die Aufstellung der Pershing II auf europäischem Boden würde die Doktrin der abgestuften Antwort erneuern. Wenn wir annehmen, daß die konventionellen Kräfte der NATO einmal derart in Schwierigkeiten geraten könnten, daß der Rückgriff auf Atomwaffen unvermeidlich erschiene, würden diese Waffen diesmal das Territorium der Sowjetunion selbst treffen und nicht die unter der Herrschaft des Kreml stehenden Länder des europäischen Ostens. Würde dann die Sowjetunion gegen das Territorium der Vereinigten Staaten losschlagen? In diesem Fall würde sie das Risiko einer Erweiterung des Kriegsschauplatzes auf sich nehmen müssen, da sie mit dem Land jenseits des Atlantik in einen unmittelbaren Konflikt geraten würde. Mit anderen Worten, ein Angriff gegen Westeuropa würde aller Wahrscheinlichkeit nach Amerika mit hineinziehen. Im entsprechenden Jargon ausgedrückt hätte die Pershing II den Auftrag, einen auf den Alten Kontinent beschränkten Krieg auszuschließen, denn sie würde die Koppelung zwischen der europäischen Verteidigung und dem zentralen Gleichgewicht wesentlich verstärken.

Wie es François de Rose ausgezeichnet formuliert, besteht »das Ziel der sowjetischen Diplomatie in diesen Verhandlungen . . . darin, zu erreichen, daß kein amerikanisches Waffensystem, das die westliche Sowjetunion zu erreichen in der Lage ist, je auf europäischem Boden stationiert wird; damit bewirkt sie mit Sicherheit die Entkoppelung, ja den Bruch zwischen den Waffen zur Verteidigung des Alten Kontinents und den strategischen Interkontinentalraketen in den Vereinigten Staaten.«*

---

* F. de Rose, Contre la stratégie des Curiaces. Paris, Collection Commentaires. Julliard 1983. S. 93.

Ohne im Detail das Szenarium der abgestuften Antwort zu analysieren, das F. de Rose dort entwirft (soll man, in einer ersten Phase, Atomwaffen nur gegen feindliche Truppen im Felde, vorzugsweise sogar Neutronenwaffen einsetzen, um unerwünschte Nebenschäden möglichst gering zu halten?), ist sein Hauptgedanke vollkommen klar: Die eurostrategischen Waffen schließen die Möglichkeit von Feindseligkeiten auf dem Alten Kontinent aus, bei denen die beiden Supermächte selbst verschont blieben. Der nun amerikanischerseits gemachte Vorschlag, Mittelstreckenraketen in Deutschland, in den Niederlanden, in Belgien und in Italien zu stationieren, müßte eigentlich eine seit Jahren von den Europäern formulierte Angst beruhigen. Sie verstärkt die amerikanische Abschreckung – oder stellt sie gar wieder her –, die die Verwundbarkeit der Schutzmacht jenseits des Ozeans abgeschwächt hatte. Dieses klassische Argument – eine Entkoppelung zwischen den Kriegsschauplatzwaffen und den Waffen des zentralen Gleichgewichts zu vermeiden – geht nicht, zumindest nicht unmittelbar, auf die Bedrohung durch die SS 20 zurück. Denn als Entgegnung auf die SS 20 regte vor Jahren schon der deutsche Kanzler bei den amerikanischen Verantwortlichen in Washington an, neue Lenkwaffen mittlerer Reichweite zu dislozieren, um die westliche Unterlegenheit auf dem Gebiet dieser Waffensysteme ein wenig auszugleichen. Doch die implizite Vorstellung, die SS 20 durch die Pershing II »auszugleichen«, rührt aus einer vornuklearen Logik her.

Bereits Anfang der sechziger Jahre hatte die Sowjetunion mehrere hundert Mittelstreckenraketen, die SS 4 und SS 5, gegen Westeuropa aufgestellt. Diese Lenkwaffen sollten die sowjetische Unterlegenheit in bezug auf strategische Interkontinentalraketen kompensieren; Westeuropa diente als Pfand in der Konfrontation beider Großmächte. Diese Unterlegenheit wich einer Gleichheit, später wahrscheinlich sogar einer Überlegenheit auf diesem Sektor. Welches strategische Konzept liegt der SS 20 zugrunde? Welche Szenarien werden denkbar?

Einige Kommentatoren halten eine Eventualität für möglich, ja sogar für blutigen Ernst, die in der Nähe der Science-fiction anzusiedeln ist. Einige hundert nukleare Gefechtsköpfe auf SS 20-Trägern zerstören auf einen Schlag den gesamten Verteidigungsapparat der NATO (Befehlszentralen, Stäbe, Flugplätze, usw . . .), ohne die Städte und das platte Land zu verwüsten. Die Treffsicherheit dieser Lenkwaffen ließe also einen chirurgischen Eingriff zu. Ich glaube allerdings nicht, daß eine derartige Operation jetzt schon in den Bereich des Möglichen gehört. Die hier anzunehmende Abweichung der atomaren Einschläge, das ist die mittlere Abweichung zur Zielmitte (oder noch genauer: der Radius des Kreises, innerhalb dessen ein möglichst hoher Prozentsatz von Treffern liegt), überschreitet hundert oder zweihundert Meter nicht. Aber ein Drittel, vielleicht sogar die Hälfte der Einschläge läge außerhalb des Kreises, einige davon würden doch menschliche Siedlungen treffen. Ohne Zweifel verhängen die SS 20 über Westeuropa eine schlimmere Bedrohung als die SS 4 und SS 5, die weit weniger treffsicher und unzuverlässig waren und zur Verwüstung, nicht zur Eroberung dienten. Doch wie soll man einer solchen Bedrohung anders als durch Abschreckung, das heißt durch Gegendrohung begegnen?

Die Pershing II wurden als Beitrag zur Wiederherstellung des Gleichgewichts dargestellt. Doch hat der Begriff Gleichgewicht im Hinblick auf Atomwaffen nur wenig Sinn. Die sogenannte Null-Lösung, in der öffentlichen Meinung und, wie es scheint, für zahlreiche Politiker die beste Lösung, wird der Forderung nach Koppelung nicht gerecht. In Wirklichkeit und gegen einen gewissen Anschein sollte der Westen lieber einhundert Pershing II gegen dreihundertfünfzig SS 20 einem völligen und gleichzeitigen Verschwinden beider Raketentypen vorziehen. Diese Anmerkungen sind natürlich nur dann gültig, wenn man nicht über die Phase der Abschreckung hinausgeht und die – immerhin mögliche – weitere Phase einer Umsetzung der Androhung nicht mehr in Betracht zieht.

In diesem Fall scheint mir das Bestehen auf Abschreckung legitim. Die Präsenz der Pershing II, also einer Kriegsschauplatzwaffe, die das sowjetische Sanktuarium durchaus verletzen kann, schafft für die Sowjets – vorausgesetzt, daß sie einen Frontalangriff in Europa vorbereiten – ein zusätzliches Problem. Wenn sie nur mit konventionellen Waffen angreifen, wird ein amerikanischer Rückgriff auf Atomwaffen weniger unwahrscheinlich, sofern die Pershing stationiert sind. Im übrigen würden die Sowjets nicht das Risiko eines konventionellen Angriffs eingehen, ohne die Startrampen der Pershing vorher auszuschalten – was ein amerikanisches Eingreifen um so wahrscheinlicher machen würde –. Was den chirurgischen Eingriff angeht – vorausgesetzt, die Sowjets dächten ernsthaft daran –, so kann sich der Westen nicht dagegen schützen; er kann nur abschrecken, das heißt, anders ausgedrückt, Mittel in der Hand behalten, mit denen er einen Aggressor bestraft. Den Amerikanern wiederum fehlt es an solchen Mitteln nicht.

Warum rufen also die eurostrategischen Waffen derart viel Leidenschaft, ja, derartige Ängste hervor? Ich möchte erst später auf den Pazifismus, vor allem auf die deutsche Friedensbewegung eingehen. Einige Kommentatoren oder Politiker interpretieren die Bedeutung dieser Waffen *umgekehrt*; für sie werden sie zu Waffen eines auf Westeuropa beschränkten Atomkrieges; ein Szenarium, das sie vor allem befürchten. Andere, zahlreicher und hellsichtiger, befürchten, daß eine verstärkte Abschreckung zugleich die Wahrscheinlichkeit des Einsatzes dieser Waffen erhöht. Für sie geht es nicht darum, die Zahl der in Europa konzentrierten Lenkwaffen zu vergrößern, sondern darum, die Notwendigkeit zu beschränken, auf diese scheußlichen Waffen zurückgreifen zu müssen, also die Abschreckung mit konventionellen Mitteln zu verstärken. Über diesen Umweg kommen wir auf den Streit um »*no first use*« zurück.

Die Pershing II kann Ziele in der Sowjetunion treffen. Somit, sagen die Kritiker, ruft jedwede Feindseligkeit eine Eskalation hervor, also kommt zu jedem Atomwaffeneinsatz das verstärkte Risiko eines »Aufstiegs zum Äußersten« hinzu. Wenn die Drohung ernstgenommen wird, wird der Nicht-Krieg zwar wahrscheinlicher, wird sie aber nicht ernstgenommen und kommt es dann zur Umsetzung der Drohung in die Wirklichkeit, so verschlingt uns die Katastrophe alle, samt und sonders. Dieser Einwand ist gültig, aber er greift eine Antinomie wieder auf, die seit vierzig Jahren bekannt ist und unendlich kommentiert worden ist: Je ungeheurer die Drohung, um so unvorstellbar schrecklicher ihre Verwirklichung.

Ich glaube daher nicht, daß die Pershing II in dieser Hinsicht die Lage Europas verschlimmert. Entweder unternehmen die Europäer die erforderlichen Anstrengungen, um eine konventionelle Schlacht nicht zu verlieren. In diesem Fall können sie dem *»no first use«* ruhig das Wort reden. Oder sie halten sich nicht für fähig, es mit den sowjetischen Streitkräften aufzunehmen, dann müssen sie aber eine möglichst glaubwürdige nukleare Abschreckung aufrechterhalten, die, gerade weil sie progressiv ist, abgestuft bleiben sollte. Daß die Pershing II für die Sowjets eine möglicherweise entscheidende Etappe auf diesem Weg darstellt, will ich nicht bestreiten, gleichzeitig aber beseitigt sie andere Gefahren.

Der Widerstand in der Bevölkerung gegen die Dislozierung von Atomwaffen kann uns dennoch zum Nachdenken, sogar zum Zögern veranlassen. In einer Demokratie kann man ein Volk nur schwerlich gegen seinen eigenen Willen retten. Außerdem retten Nuklearwaffen ein Volk nur dann, wenn sie nicht benutzt werden. Die Franzosen haben sich an die offizielle Regierungsdoktrin gewöhnt. Sollte die Unverletzlichkeit des nationalen Territoriums bedroht sein, und sei es nur durch einen konventionellen Angriff, würde der Verantwortliche im Lande, also der Präsident der Republik, nicht zögern und auf den Auslöser drücken. Eigentlich müßten die Franzosen von einem solchen Szenarium zutiefst erschrocken sein. Sie sind es nicht, wahrscheinlich aus einem einfachen Grunde: Sie glauben nicht an einen sowjetischen Angriff, und sie glauben ebensowenig, daß Frankreich seine Androhung wahrmachen würde. Sie vertrauen auf den Bluff und gehen darüber hinaus zur Tagesordnung über.

Warum reagieren die Deutschen ganz anders? Der erste Grund dafür ist geographischer Natur: Die Bundesrepublik Deutschland befindet sich in vorderster Linie, ihr Territorium wäre das Schlachtfeld, wenn die Sowjets eines Tages ihre Panzer nach vorne werfen sollten.

Die Doktrin der »*flexible response*« hat in Deutschland nie überzeugt, weder die Kommentatoren, noch den einfachen Mann auf der Straße. Das amerikanische »*deterrent*« sollte die Deutschen vor dem Krieg bewahren, vor jedem Krieg. In dem Augenblick, als Abschreckung nicht mehr, wie in der französischen Lesart, als eine Weigerung zu kämpfen definiert wurde, begann der Verdacht bei den Europäern zu keimen. Wenn die Nuklearwaffen nur einen letzten Rekurs darstellen, riskiert der Alte Kontinent die Verwüstung erst durch die Panzer, dann durch die taktischen Atomwaffen, auch wenn man nicht annimmt, daß strategische Atomwaffen das Werk der Zerstörung vollenden würden.

Als die Debatte, die die Abkehr von der massiven Vergeltung (*massive retaliation*) auslöste, abgeklungen war, hörte die Polemik zwar auf, aber sie flammte mit verstärkter Vehemenz wieder auf, als es um die eurostrategischen Waffen ging. Strategische Überlegungen, auch wenn sie in jedem Lager angestellt werden, spielen letztlich eine nur begrenzte Rolle in der diplomatischen Auseinandersetzung. In Deutschland, in den Niederlanden, in Skandinavien wurde der Pazifismus wieder zu einer machtvollen Volksbewegung, die die Sowjets natürlich zu manipulieren versuchten, so gut sie konnten. Die Pazifisten folgen dem, was Max Weber »Überzeugungsethik« nannte. Sie bringen ihren Abscheu vor dem Krieg zum Ausdruck, ohne sich allzusehr um die Folgen ihres Diskurses zu kümmern. Sie verschließen die Augen vor evidenten Tatsachen: In der Sowjetunion ist jede Erscheinungsform des Pazifismus verboten. Im Westen dagegen sind die Kommunisten bei allen Demonstrationen in den ersten Rängen zu finden und prangern, Spruchbänder voran, mit großem Geschrei die Pershing an, so als ob es keine SS 20 gäbe, so als ob die einhundertsieben Gefechtsköpfe der Pershing den Frieden mehr gefährden würden als die tausend Atomsprengköpfe der SS 20.

Der Pazifismus kommt und geht, im Auf und Ab populärer Stimmungen. Der deutsche Pazifismus wird von den Umständen begünstigt. Die Bundesrepublik Deutschland ist nicht Herr ihres Schicksals: Ihre Sicherheit hängt von Entscheidungen ab, die in Washington gefällt werden. Die Franzosen zumindest hängen von sich selbst ab, von den Entscheidungen, die wiederum von Regierungen getroffen werden, die sie gewählt haben. Die Deutschen sind sich der Veränderung im Kräfteverhältnis wohl bewußt und haben ihr Vertrauen in das amerikanische »deterrent« teilweise oder völlig verloren. Die einen lehnen die Pershing ab, weil sie zur Abschreckung nichts hinzutut und ihr Einsatz von einer Entscheidung des US-Präsidenten abhängt, die anderen lehnen sie ab, weil sie das sowjetische Feuer auf sich zieht.

Über diese mehr oder weniger zutreffenden Argumente hinaus befindet sich der deutsche Pazifismus an der Nahtstelle zwischen den Grünen einerseits – die gegen die Gesellschaft, so wie sie ist, revoltieren – und den Neo-Nationalen, sogar Neo-Nationalisten andererseits, auch wenn sie sich selbst so nicht begreifen. Die Ostpolitik Willy Brandts hat die Teilung des deutschen Volkes anerkannt, sie hat die Existenz der DDR akzeptiert und mit ihr, bzw. mit der UdSSR, normale Beziehungen hergestellt. Sie hat einen politischen Preis dafür bezahlt und im Gegenzug »humanitäre« Zugeständnisse erhalten: Übersiedelungsmöglichkeiten in die Bundesrepublik, bessere Bedingungen für Besuche in der DDR, Stabilisierung des Verhältnisses zwischen beiden Teilen Berlins, usw . . . Pech für den Westen ist, daß die Konzessionen der Bundesrepublik endgültig sind; was sie als Gegengabe bekommen hat, kann von der anderen Seite jederzeit zurückgenommen werden.

Als ich *Frieden und Krieg* schrieb, schien die Bundesrepublik der Eckstein des diplomatischen Gebäudes zu sein, der »Musterschüler der Atlantischen Klasse«, sagten damals ironisch französische Journalisten. Allmählich zerfiel die deutschamerikanische Freundschaft. Die USA der Nachkriegszeit, zuerst von Ostküsten-Liberalen regiert, räumte später Männern wie Nixon, Carter, Reagan einen Platz ein, für die ein Helmut Schmidt beispielsweise weder Sympathie noch Respekt empfand. Der Vietnamkrieg, der Watergate-Skandal ließen den Glanz Amerikas stumpf werden. Doch all dies wiegt weniger schwer als die unwiderstehliche Anziehung des Ostens auf das »Reich der Mitte«. Nicht daß die Sowjetunion plötzlich attraktiver als die Vereinigten Staaten erschien oder aufhörte, abstoßend und bedrohlich zu sein: Doch in dem Augenblick, als Austauschbeziehungen zwischen beiden deutschen Staaten zu einem Element der Bonner Diplomatie wurden, ging es darum, die mit Moskau geknüpften Bande nicht wieder zu gefährden, um zugleich die ausgehandelten, aber widerruflichen Vorteile mit der DDR zu behalten. Von nun an hat jede bundesdeutsche Regierung die nationalen Interessen nach zwei Seiten hin zu gewichten: das Bündnis mit Washington, der Dialog mit Moskau.

Die eurostrategischen Waffen, vom Kreml zur Provokation erklärt, brachten die für dieses subtile Spiel Verantwortlichen in Verlegenheit, und dies um so mehr, als die öffentliche Meinung im Herbst 1983 – dem Zeitpunkt für die Stationierung der Pershing – sich in ihrer Mehrheit im Gegensatz zum Doppelbeschluß von 1979 befand. Hatte der normale Deutsche mehr oder weniger Angst vor den Sowjets? Mißtraute er einem martialisch redenden US-Präsidenten mehr als den Kreml-Greisen? Ertrug er den Verlust seiner nationalen Selbstbestimmung nicht mehr? Glaubte er, seine innere Freiheit und seine Unabhängigkeit in Osteuropa bzw. in Europa schlechthin behalten zu können, wenn es unter sowjetischem Schutz stehen würde? Je nach Individuum, je nach Milieu überwiegt dieses Gefühl, jene Illusion oder ein noch anderer Traum und dies alles mehr oder minder gut zu einem konfusen historischen Bewußtsein vermengt.

1961 schrieb ich: Unentschiedenes Spiel in Europa*. In gewissem Sinne könnte ich diese Überschrift wieder übernehmen: Die Teilung des Alten Kontinents, die in der Teilung Deutschlands integrierend versinnbildlicht ist, besteht fort, die Grenzen sind die alten. Doch an zwei Stellen ist die Konstellation doch anders geworden. Die Veränderung im nuklearen und konventionellen Kräfteverhältnis zwischen beiden Supermächten und die Veränderungen im deutschen Volk. Darf man von einer Wiederauferstehung des deutschen Volkes sprechen, das, nach erfolgtem wirtschaftlichem Wiederaufbau, eine Möglichkeit, sich anzuschließen, sucht? Oder von einer Renaissance linker, paramarxistischer Ideen unter den Intellektuellen, den Lehrenden, den Journalisten? Die Geschichte ist nicht 1955 bei der Bildung beider Blöcke stehengeblieben. Sie bewegt sich allerdings wenig, stotternd und mehrdeutig. Bleibt Europa das Zentrum des Ost-West-Wettbewerbs oder hat es, durch die Entspannung trotz der angehäuften Megatonnen endgültig befriedet, einen Tribünenplatz als Zuschauer der Geschichte eingenommen?

---

* Überschrift des Kapitels XVI von *Frieden und Krieg*.

IV
Die Rüstungskontrolle

1962 war »*arms control*« oder Rüstungskontrolle kaum mehr als ein akademischer Studiengegenstand. Die Kuba-Krise geht auf Oktober/November 1962, das erste amerikanisch-sowjetische Abkommen über die Teileinstellung von Atomversuchen auf Juli 1963 zurück. Ich hielt mich damals in meinen Äußerungen zu den Chancen von Abrüstung bzw. Rüstungskontrolle nicht zurück und äußerte meine Skepsis diesbezüglich. Die Ereignisse haben mich nicht widerlegt, doch auf diesem Gebiet noch eher als auf jedem anderen darf Amerika nicht mit einem persönlichen Einzelakteur identifiziert werden.

Bevor ich zu einigen Anmerkungen über »*arms control*« komme, möchte ich kurz auf die Kuba-Krise eingehen. G. T. Allison hat ein spannendes Buch über die wenigen Tage geschrieben, die zwischen der Entdeckung der sowjetischen Raketenstellungen auf Kuba und der Quarantäneentscheidung zuerst und der Beilegung der Krise später verstrichen sind. Das Buch zeigt, in welch hohem Maß einzelne Personen in die Debatte eingegriffen haben, und wie sehr jede von ihnen die Interessen des Dienstes verfolgte, dem sie angehörte. Vielleicht soll darin suggeriert werden, daß eine andere Entscheidung mit enormem Risiko möglich gewesen wäre. Friede und Krieg hingen vielleicht von diesen langwierigen Beratungen ab; die Administration stand nicht unter Zeitdruck. Überlegungen waren zulässig.

Aber auch in diesem für eine derartige Grundannahme günstigen Fall scheint mir eine andere Sichtweise der Krise völlig legitim. Der Präsident hatte erklärt, daß er Offensivwaffen auf Kuba nicht dulden würde. Klar war also von Anfang an, daß J. F. Kennedy den Abzug der Raketen verlangen und auch bekommen würde. Die Debatte ging darum, wie dieses Ziel mit einem Minimum an Risiko zu erreichen war. Der Präsident lehnte einen Schlag auf die Abschußrampen aus zwei Gründen ab: Jeder der Gründe für sich hätte wahrscheinlich ausgereicht, eine solche Lösungsmöglichkeit zu verwerfen. Die Luftwaffe konnte keine hundertprozentige Vernichtung garantieren, einige Berater verurteilten eine solche Operation als unmoralisch. Den chirurgischen Eingriff einmal ausgeschlossen, blieb diplomatischer Druck übrig, gepaart mit der Drohung einer ostentativ vorbereiteten Invasion. Die Sowjetunion gab einem halben Ultimatum nach, doch bekam sie im Gegenzug die Rücknahme der amerikanischen Raketen aus der Türkei und das amerikanische Versprechen, Kuba nicht anzugreifen (ein theoretisch obsolet gewordenes Versprechen, da Fidel Castro die von J. F. Kennedy als Gegenleistung zu seinem Versprechen verlangte Kontrolle ablehnte).

Der Präsident hing von seinen Informanten ab (es gab Irrtümer, wesentliche Informationen wurden bis zu drei Wochen lang zurückgehalten); er hing vom CIA, von den Generalstabschefs der drei Teilstreitkräfte und von seinen persönlichen Beratern ab. Doch, von Einzelheiten abgesehen, zeugt der Ablauf für die Rationalität des Handelnden: Die Sowjets mußten gezwungen werden, ihre Raketen auf möglichst zivile Weise wieder wegzuschaffen (obwohl sich ein solches Begehren auf keinerlei Regeln etwa des Völkerrechts gründet). Es gelang dem Präsidenten, doch ließ er sich auf einen Kompromiß ein, weil er es für gefährlich hielt, eine Großmacht zu demütigen, die zum Gegenschlag fähig wäre, wenn man sie bis zum Äußersten reizen würde. Wahrscheinlich waren diese Kompromisse nicht erforderlich, aber sie ergaben sich aus dem Interpretationsraster des Präsidenten und seiner Berater.

* * *

Die Beratungen, die jeder Etappe der Verhandlungen über strategische Rüstungskontrolle vorangingen, bestätigen die These Allisons in noch ganz anderer Weise als die Kuba-Krise.

Die Leitvorstellungen für Rüstungskontrolle (*arms control*) stammen aus den fünfziger Jahren. Von Akademikern oder »Think-Tank«-Forschern ausgearbeitet, drangen sie in offizielle Kreise, als Kennedy und seine Freunde aus Harvard oder aus der *Rand Corporation* ins Weiße Haus Einzug hielten. Rüstungskontrolle kann als eine Form der Abrüstung oder als ein Ersatz für eine unmögliche totale Abrüstung interpretiert werden.

Die Theorie gründet sich auf eine eher logische als historische Prämisse: Auch Feinde, ob Individuen oder Gemeinwesen, haben gemeinsame Interessen, sei es nur, um den Zusammenstoß oder den Zweikampf zu vermeiden, in dem sie beide umkommen würden. Autonarren, die sich gegenseitig zu einer Mutprobe herausfordern, wollen beide gewinnen, aber nicht einander umbringen; ebensowenig wollen sich Duellanten gegenseitig aufspießen. *A fortiori* müssen Staaten und Völker ein gleiches Interesse an der Vermeidung eines tödlichen Kampfes haben – was im Atomzeitalter buchstäblich den Tod aller bedeuten würde.

Die Dogmatiker von »*arms control*« bestehen allerdings auf einer anderen Prämisse: Die allgemeine und totale Abrüstung ist weder möglich noch überhaupt wünschenswert. Nicht möglich, weil keine der Großmächte auf Atomwaffen, und seien sie noch so ungeheuerlich, verzichten würde, allein aus Angst, die andere könnte sie im Geheimen weiter beibehalten. Nicht wünschenswert, weil die Atomwaffen, gerade weil sie so schrecklich sind, dazu beitragen, Kriege zu vermeiden oder zu beschränken.

Die Rüstungskontrolle bezog sich in der Vorstellung der Dogmatiker, zumindest in der ersten Phase, allein auf Atomwaffen. Eine solche Wahl erklärte sich von selbst: Die Amerikaner, mehr noch als alle anderen Völker, fürchteten einen Krieg, der von Autoren jeglicher Richtung als undenkbare Katastrophe beschrieben wurde. Die Rüstungskontrolle wurde in der öffentlichen Meinung zu einem Mittel, das Risiko einer solchen Gewaltorgie herabzusetzen, die dieselben Kommentatoren einmal als drohend, das andere Mal als unmöglich bezeichneten.

Als ich 1961 *Frieden und Krieg* schrieb, gab es Bücher über diese Doktrin, in der Praxis war sie noch nicht erprobt. In späteren Auflagen fügte ich einige Seiten über die ersten Rüstungskontrollabkommen hinzu.* 1983, nach der Unterzeichnung von SALT I (*Strategic Arms Limitation Treaty*) und SALT II (letzterer wurde vom US-Senat nicht ratifiziert), werden durch eine Bilanz der letzten zwanzig Jahre ein Rückblick, aber auch eine Vorausschau sowie einige vorläufige Schlußfolgerungen möglich.

Das rote Telephon, die direkte Verbindung zwischen dem Weißen Haus und dem Kreml, versinnbildlichte als erstes den gemeinsamen Willen der Gegner, auch in Krisenzeiten ein gewisses Maß an Kommunikation zu unterhalten und sich nicht durch ein Mißverständnis zu einer Kraftprobe hinreißen zu lassen, die keiner von beiden wünscht. Ein weiteres Abkommen über Rüstungskontrolle, nämlich über die Teileinstellung von Atomversuchen, wurde im Sommer 1963 in Moskau unterzeichnet. Sosehr das erste Abkommen von allen Völkern und allen Regierungen begrüßt wurde, sosehr warf wiederum das Verbot von Atomversuchen in der Atmosphäre Fragen über Fragen auf.

Es ist zwar gut, daß die Atmosphäre von Atomversuchen nicht mehr belastet wird, aber dieses Verbot stört jene Staaten, die eine eigene Nuklearmacht anstreben, mehr als diejenigen, die

---

* In Deutsch liegt nur die Übersetzung der ersten französischen Auflage vor (München 1963). (A. d. Ü.)

eine solche bereits besitzen und Hunderte von Versuchen durchgeführt haben. Und schon wurden die Verhandlungen über Rüstungskontrolle zwischen beiden Großmächten von Hintergedanken und politischen Implikationen belastet. Auf Anregung der Vereinigten Staaten spielten sich die großen Zwei als Wahrer eines gemeinsamen Gutes der ganzen Menschheit, der Atmosphäre, auf, obwohl gerade sie diesen leicht verderblichen Schatz bereits mehr als alle anderen zusammen strapaziert hatten. Vielleicht wollten sie Buße tun, indem sie anderen verboten, ihrem eigenen Beispiel zu folgen und ihre Fehler zu wiederholen. Die Verwandlung des Bocks zum Gärtner ist nicht ohne eine Spur Ironie. Außerdem zogen manche die Reinheit der Motive bei den ehemaligen Sündern in Zweifel. War es im Interesse sowohl der ganzen Menschheit als auch zugleich der beiden Großen, wenn der Atomclub künftighin geschlossen werden sollte? Die Washingtoner Behörden stiegen in den Kreuzzug gegen die Weitergabe mit noch größerem Eifer ein als in der Frage der Rüstungskontrolle.

Ist die »*Proliferation*« heute mehr als vor zwanzig Jahren zu befürchten? Muß sie vorbehaltlos, unter welchen Umständen auch immer, verurteilt werden? Oder müssen Unterschiede gemacht werden? Verstärkt der Zutritt eines weiteren Staates zum Atomclub das Risiko eines Krieges, zumal eines Atomkrieges, also des einzigen Krieges, auf den die Propheten der Apokalypse spekulieren? Wenn diese Waffen verwundbar wären oder zu sein schienen, könnte die zweiseitige Abschreckung unstabil werden; der Vorteil des Erstschlages, von weiteren Gegnern wahrgenommen, könnte den einen oder anderen veranlassen, auf den Auslöser zu drücken. Im Gegenzug kann man argumentieren, daß sogar der am irrationalsten reagierende Machthaber *nolens volens* eine Lehre in Rationalität in dem Augenblick bekäme, in dem er diese Waffen in den Händen halten und ihre Zerstörungskraft kennenlernen würde.

Einer der brillantesten US-Spezialisten auf diesem Gebiet, Kenneth N. Waltz, hat die Angstschwelle überschritten und einen Skandal entfacht. Unter dem Titel *The Spread of Nuclear Weapons: More May Be Better** nimmt er eine radikale Position ein. Die Atomwaffen haben sowohl die Sowjetunion als auch die Vereinigten Staaten zur Vorsicht veranlaßt: Die Großmächte haben diese Waffen nicht nur nicht eingesetzt, sie haben auch alle Zusammenstöße vermieden, die zu einem »Aufstieg zum Äußersten« hätten führen können. Warum sollen sich weitere Staaten, wenn auch sie über Nuklearwaffen verfügen, nicht ganz ähnlich verhalten? Warum sollte eine Waffe, auch wenn sie als Ungeheuer verschrieen ist, keinen Beitrag zu jener Erziehung zur Vernunft leisten, die einem Kant vorschwebte?

Diese Theorie gründet sich auf eine Wette. Ihr fehlt es nicht an Argumenten. Das zwischenstaatliche System überläßt traditionell jedem seiner Mitglieder die Verantwortung für sich selbst. Der englische Begriff »self-help« drückt genau das aus, was hier gemeint ist: Jeder muß auf sich selbst rechnen. Jeder Staat, der sich Atomwaffen zulegt, nähert sich dieser normalen Bedingung, wobei normal nicht ideal heißt. Wenn, in einer bestimmten Zone oder einem Subsystem, ein Abschreckungsgleichgewicht zustande kommt, werden die Großmächte von den »Kleinen« abrücken können. Angenommen, letztere ließen sich von ihren Leidenschaften hinreißen, würden sich die Großen nicht in diesen Wahnsinn einbeziehen lassen. Mit anderen Worten, die »Weitergabe« von Nuklearwaffen erschüttert tendenziell die Einheit des zwischenstaatlichen Systems. Die Supermächte würden den Akteuren im Subsystem die Verantwortung für Krieg und Frieden überlassen.

Welche sind die von K. N. Waltz zugunsten von *More May Be Better* angeführten Hauptargumente? Das erste habe ich bereits erwähnt: Das zwischenstaatliche System bleibt vom Prinzip der Selbsthilfe (self-help) bzw. der »Selbstbedienung« (self-service), von der Übernahme von Verantwortung durch jedes Mitglied gekennzeichnet; die Vergrößerung des Atomclubs

---

* Adelphi Papers Nr. 171, Institute for Strategic Studies, London 1981.

würde die Erhöhung der Zahl jener Staaten bedeuten, die die Verantwortung für ihr Schicksal selbst übernehmen. Das zweite: Beide Supermächte besitzen eine derartige Anzahl von atomaren Sprengköpfen, daß keine von beiden befürchten muß, durch einen Erstschlag des anderen entwaffnet zu werden; sie können mehr oder weniger von Verbündeten absehen; die Irrtumsrisiken nehmen entsprechend ab und gleichzeitig auch die Mißverständnisse und Fehleinschätzungen, die so oft schon Ursprung von Kriegen gewesen sind. Ist das Gleichgewicht des Terrors unerschütterlich und darf es von Dritten nicht gestört werden, so sprechen diese beiden Tatsachen zugunsten der Weitergabe.

Einschätzungsfehler werden kaum noch möglich, wenn sogar der stumpfsinnigste Machthaber sie erkennen kann. Das berühmte Buch von Norman Angell, *The Great Illusion**, das zu Beginn des 20. Jahrhunderts die Prophezeiung wagte, sogar ein Sieg würde sich nicht mehr lohnen, wurde bereits zweimal widerlegt. Für Frankreich wurde zwar der Sieg 1918 zur großen Illusion, 1945 war dies für Großbritannien der Fall, aber nicht für die Sowjetunion. Von nun an hat Norman Angell recht, weil die Regierungen selbst den unmäßigen Preis eines Nuklearkrieges nicht mehr verkennen dürfen.

Das dritte: Ein undurchdringliches Verteidigungssystem wird möglich. Die Maginot-Linie hat zwar einen schlechten Ruf davongetragen. Daraus resultiert jedoch nicht, daß ein Verteidigungssystem auf der Grundlage nuklearer Waffen nicht nahe an die Perfektion herankäme.

Zu guter Letzt sind Kriege seit dem Zweiten Weltkrieg ausschließlich in der Peripherie ausgebrochen, das heißt da, wo die regionalen »Akteure« keine Atomwaffen besaßen. Die Theorie und die Praxis der Nicht-Verbreitung haben die Verbreitung von immer teureren und mit großem technologischem Aufwand entwickelten, sogenannten »konventionellen« Waffen gefördert. Der Krieg ist just aus den Gegenden verschwunden,

---

* Deutsch 1913 (A. d. Ü.)

wo die Supermächte sich unmittelbar gegenüberstehen, da, wo beide mit Atomwaffen hantieren, deren Vorhandensein einen Einsatz vereitelt.

Die Diskussion dieser Argumente sei auf später vertagt; ohne zunächst der These »*More Is Better*« zuzustimmen, halten wir fest, daß die offizielle Theorie, die die Vereinigten Staaten zu der ihrigen gemacht und die die Sowjetunion übernommen hat, nicht unbedingt als erwiesen gelten muß. Die Kontroverse bleibt also offen.

Im Laufe der letzten zwanzig Jahre hat sich wahrscheinlich ein Staat eine Atomstreitmacht zugelegt: Israel. Ein anderer, Indien, hat eine Atombombe gezündet oder zumindest den Mechanismus einer solchen getestet. Das Mindeste, was man sagen kann, ist, daß die Industrieländer, die die Finanzkraft und das Fachpotential hierzu besitzen, keinerlei Ungeduld, nicht einmal Interesse an den Tag legen, ihrerseits dem »offensten« Club der Welt beizutreten.

Wahrscheinlich dagegen erscheint, daß gewisse arabische Staaten das fachliche Können erwerben wollen, um Atomkraftwerke zu betreiben, später wahrscheinlich, um Atombomben zu bauen. Pakistan und der Irak zeigen diesen Wunsch offener als die übrigen islamischen Staaten. Man kann nicht sagen, daß sie allein von der Sorge um ihre Verteidigung getrieben sind. Der erste fürchtet Indien, der andere haßte, vor dem Krieg mit dem Iran, den Staat Israel, dessen Existenz er nicht anerkannte. Die Israelis jedenfalls betrachten, anders als K. N. Waltz, die Einführung von Atomwaffen im Nahen Osten nicht als einen Beitrag zum Frieden. Sie haben eine nukleare Versuchsanstalt zerstört, die übrigens von Frankreich gebaut worden war. Sie sind fest entschlossen, es ein zweites Mal zu tun, sobald der Wiederaufbau beendet sein wird.

Im übrigen sieht es nicht so aus, als hätten die Bemühungen der Amerikaner oder der internationalen Behörde in Wien einen großen Anteil an diesem Erfolg gehabt, ich meine damit, an der Quasi-Schließung des Atomclubs. Die osteuropäischen

Staaten unter der Herrschaft der Sowjetunion haben nicht die Erlaubnis, diesen Weg zu begehen. Die westeuropäischen Länder – mit Ausnahme Frankreichs und Großbritanniens – verlassen sich auf den amerikanischen Schutz, solange sie keine günstigere Lösung ihrer Sicherheitsprobleme sehen. Möglicherweise entwickeln einige lateinamerikanischen Länder, Brasilien und Argentinien, eine Atomindustrie. Werden sie von der friedlichen Nutzung zum militärischen Einsatz übergehen? Die Erfahrungen des Falkland-Krieges könnten den Willen der Argentinier hierzu durchaus verstärken. Von diesem bizarren Vorfall einmal abgesehen, befinden sich weder Argentinien noch Brasilien in einer geopolitischen Lage, in der Atomwaffen von Nutzen wären, geschweige denn dringlich benötigt würden.

In Asien hat China, indem es sich eine atomare Bewaffnung zulegte, auch wenn sie höchstwahrscheinlich nicht an die der Sowjetunion heranreicht, mit Sicherheit das Risiko eines Krieges zwischen den beiden marxistisch-leninistischen Reichen gemindert. Das große Fragezeichen gilt Japan. Wird dieser Wirtschaftsriese trotz der Erinnerung an Hiroshima und Nagasaki den Weg der Nuklearbewaffnung einschlagen? Was käme für die Sachlage im nördlichen Asien dabei heraus? Ich sehe da eher Gefahren als die Verheißung eines sicheren Friedens. Weder die Sowjetunion noch Volkschina würde die Rückkehr des Reiches Nippon in den Kreis der großen Militärmächte gleichgültig registrieren. Die Konzentration von Industrie und Bevölkerung Japans auf engem Raum macht das Land extrem verwundbar.

Zwanzig Jahre nach J. F. Kennedys Einzug ins Weiße Haus, also nach Beginn einer tatkräftigen Diplomatie der Rüstungskontrolle und der Nicht-Verbreitung, haben die Ereignisse meinen gemäßigten Optimismus eher bestätigt. Die von den Vereinigten Staaten angeregten und von der Internationalen Wiener Behörde (IAEA) durchgeführten Maßnahmen haben die Schwierigkeiten für diese oder jene Länder vergrößert, die sich den Übergang von der friedlich nutzbaren zur militärisch einsetzbaren Atomkraft gewünscht hätten. Einige Amerikaner, die davon überzeugt sind, die Weitergabe bedrohe das Überleben der ganzen Welt, kritisieren die Bestimmungen der Wiener Behörde, die angeblich Lücken offenlassen, durch die findige Ingenieure schon schlüpfen könnten. Mir scheint vielmehr, daß die meisten Länder, die in der Lage wären, dem Club der Nuklearstaaten beizutreten, ihr eigenes nationales Interesse darin nicht erblickt haben. Die Übersicht der Industrieländer, die ich eben aufgestellt habe, gibt gewissermaßen die Antwort darauf. Die osteuropäischen Länder haben kein Recht dazu. Unter den Ländern Westeuropas ist die Bundesrepublik Deutschland nach wie vor an die selbst auferlegten Verpflichtungen gebunden. Die neuen Industrieländer Lateinamerikas nehmen keine Bedrohung wahr; wenn sich Brasilien zum Beispiel bemühen würde, seine eigene Bombe zu produzieren, würde es seiner technologischen oder diplomatischen Eitelkeit, kaum dagegen einem echten Bedürfnis oder seinem Machthunger nach »*power politics*« gehorchen. Wirkliche Unsicherheit besteht nur in bezug auf Südkorea.

Vielleicht sollten wir hier auf die von K. N. Waltz aufgeworfene Behauptung »*More May Be Better*« zurückkommen. Abstrakt erörtert setzt die These einer nicht endlosen, sondern begrenzten Weitergabe vor allem die Unverwundbarkeit der Nuklearmacht voraus. Wenn zwei Staaten einige Atombomben besitzen und jeder glaubt sich in der Lage, den anderen zu entmachten, würde die Geschichte eine wohlbekannte Situation wiederholen: Jeder Duellant würde den »antizipierten Schlag« des Gegners befürchten. Auch wenn das Bild der Gangster oder der Cowboys das Verhältnis zweier Staaten, die von der Furcht besessen sind, entmachtet zu werden, sofern der andere zuerst losschlägt, nicht ganz widerspiegelt, bezweifle ich, daß Waffen eine befriedende Wirkung auf zwei unversöhnliche Feinde haben.

Betrachten wir den Konfliktfall zwischen Israel und den arabischen Ländern. Die Regierungsvertreter in Jerusalem gehen sicherlich nicht davon aus, daß sich die Bagdader Machthaber durch den Besitz einiger Atombomben zu unserer westlichen Weisheit bekehren werden. Sicher ist Bagdad nicht weniger verwundbar als Tel Aviv oder Haifa. Die Araber würden die Heilige Stadt aus religiösen Gründen nicht einem Atomangriff aussetzen. Möglich ist allerdings, die Staatsgrenzen dieser Region einmal anerkannt, daß die Einführung von Atomwaffen zugunsten der Araber (Israel hat schon welche) eine wohltuende Wirkung auf die Stimmung in Volk und Regierung ausüben würde. Möglicherweise könnte der Friede aus gegenseitiger Angst allmählich entstehen, aber darauf wird niemand seinen Kopf verwetten. Auf jeden Fall werden die Israelis, so wie die Lage gegenwärtig ist und wohl noch ein paar Jahre bleiben wird, alles tun, um die Iraker an der Schaffung ihrer Atomindustrie zu hindern. Das Völkerrecht ermächtigt sie keineswegs dazu, aber auf eine solche Kritik pflegen sie zu antworten, das Recht zum Überleben breche das Völkerrecht.

Ist es unmöglich, eine mittel- und eine langfristige Schlußfolgerung zu ziehen? Es scheint mir wahrscheinlich – und hier stimme ich mit K. N. Waltz überein –, daß andere Staaten, daß andere Länder aus Sicherheits- oder Prestigegründen den Besitz von Nuklearwaffen anstreben. Gegenwärtig sind Indien und Pakistan, die arabischen Länder und Israel die frappierendsten Beispiele. Wenn ich eine Vorhersage machen müßte, würde ich annehmen, daß das Vorhandensein der Atomkraft im ersten Fall eher zur Befriedung gereichen würde; ich fürchte, daß die Wirkung im zweiten umgekehrt wäre.

* * *

Die Rüstungskontrolle sollte – so stellten sich ihre Urheber ihren Endzweck vor – tendenziell das Kriegsrisiko, die Rüstungskosten und die Zerstörungen eines allfälligen Krieges mindern. Ist dies nun, zwanzig Jahre später, erreicht worden? Mir scheint es gerechtfertigt, darauf kategorisch mit Nein zu antworten: Die Militärhaushalte nehmen ständig zu, der große Krieg ist heute nicht mehr, aber auch nicht weniger wahrscheinlich als gestern; kein Mensch weiß, welche Katastrophe ein »wirklicher Krieg« zwischen Atommächten hervorrufen würde. Wir wissen, daß die Rüstungskontroll-Vereinbarungen mitnichten zu einer Verringerung der möglichen und doch undenkbaren Verwüstungen beitragen.

Die wichtigsten Rüstungskontroll-Vereinbarungen (die über das hinausgehen, was ich bereits erwähnt habe: Teststopp, rotes Telephon, Kampf gegen die Weitergabe) betrafen hauptsächlich die strategischen Nuklearwaffen, wobei diese Waffen als solche definiert werden, die das Territorium der Vereinigten Staaten von sowjetischen Basen aus und umgekehrt, sowjetisches Territorium von US-Basen aus erreichen können. Diese Verhandlungen waren also doppelt eingeschränkt: Sie betrafen nur *eine* Kategorie von Atomwaffen, sie ließen sowohl die strategischen nicht-nuklearen wie auch die nicht-strategischen Nuklearwaffen beiseite.

Warum diese Auswahl? Sie hat, wie mir scheint, mehrere Gründe: Die Supermächte waren wahrscheinlich, zu Recht oder zu Unrecht, der Ansicht, daß die größte Gefahr von diesen aufeinander gerichteten Waffen drohte. Sie glaubten auch, daß sie sich identifizieren ließen ohne Rückgriff auf Verifizierungsverfahren, die den sowjetischen Souveränitätsvorstellungen widersprachen. Auch waren die Diplomaten zu Beginn der Gespräche von der scheinbaren Einfachheit des Problems eingenommen. Es würde ausreichen, die Waffenträger, die Flugkörper oder die Bomber zu zählen und darüber übereinzukommen, welche Anzahl davon jeweils dem anderen Lager zuzugestehen sei. Ich bin versucht, an das Washingtoner Abkommen nach dem Ersten Weltkrieg zu erinnern, in dem das Verhältnis der Seestreitkräfte der Vereinigten Staaten, Großbritanniens, Japans, Frankreichs und Italiens zueinander festgelegt wurde; die Zahl der Schlachtschiffe diente als Kriterium, sie bestimmte oder bemaß das Stärkeverhältnis der Kriegsmarinen zueinander. Dieses Abkommen hatte später keinerlei Einfluß auf die Rüstungspolitik. Japan ignorierte es, als es sich in sein Eroberungsabenteuer stürzte.

Wie man weiß, räumte das erste SALT-Abkommen 1971 der Sowjetunion eine numerische Überlegenheit ein, was die Zahl der Waffenträger anging: 1618 landgestützte Träger für die Sowjets gegen 1054 für die USA, 62 U-Boote gegen 41, insgesamt 2358 Waffenträger gegen 1720. Die Ungleichheit in der Zahl der zugelassenen Waffenträger rührte aus der Berücksichtigung eines technologischen Vorteils her, den die Amerikaner damals noch genossen, nämlich des sogenannten MIRV, das heißt des Einbaus von mehreren nuklearen Gefechtsköpfen in jeden ballistischen Flugkörper, wobei jeder für sich zielgerichtet ist. Die Vereinigten Staaten besaßen damals eine provisorische Überlegenheit, was die Zahl der Gefechtsköpfe angeht, die Sowjetunion, was die Zahl der Träger angeht. Außerdem verzichteten beide Signatarmächte auf die Weiterentwicklung der Systeme zur Abwehr ballistischer Raketen, der sogenannten ABM (*anti-ballistic missiles*), mit Ausnahme der unmittelbaren Stützpunktverteidigung (die Amerikaner machten nicht einmal Gebrauch von diesem rechtlichen Überbleibsel).

Vermag das Abkommen als solches, den Rüstungswettlauf zu verlangsamen? Ein solcher Wettlauf, falls dieser Ausdruck zutrifft, muß näher qualifiziert werden: Der qualitative Wettlauf ist höher zu bewerten als der quantitative. Der nukleare Mehrfachgefechtskopf machte die Unterschriftsleistung unter SALT I leichter; Satelliten erlaubten eine (mehr oder weniger zuverlässige) Kontrolle durch rein nationale Mittel; die erreichten Fortschritte in der Treffgenauigkeit der Flugkörper warfen alle Eventualszenarien eines Atomkriegs und damit auch die Bedingungen für eine Übereinkunft zwischen potentiellen Feinden über den Haufen.

In einer ersten auf Hiroshima und Nagasaki folgenden Phase, nach dem Scheitern des von den Vereinigten Staaten vorgeschlagenen Abkommens über eine Internationalisierung der Atomindustrie, riefen die quantitativen und qualitativen Fortschritte der Atombewaffnung in den Vereinigten Staaten zunächst kaum Kontroversen hervor. Der Gegensatz zwischen R. Oppenheimer und E. Teller hatte vor allem Gesichtspunkte der eher technischen als der moralischen oder strategischen Opportunität zum Objekt. Das von der Kennedy-Mannschaft entworfene Programm, 1000 *Minutemen* und 41 Polaris-U-Boote mit jeweils 16 Flugkörpern an Bord wurde kaum kritisiert. Das Pentagon unterschätzte die Fähigkeit und Entschlossenheit der Sowjets, rasch eine Streitmacht von – in der entsprechend definierten Bedeutung dieses Adjektivs – strategischen Flugkörpern zu schaffen. Die Problematik des qualitativen Fortschritts wurde vor allem beim Auftauchen der MIRV deutlich. Warum so viele Gefechtsköpfe, die den Gegner einen Erstschlag befürchten lassen? Die Begrenzung von strategischen Offensivwaffen kann sich nur auf Gleichheit oder Gleichwertigkeit gründen. Doch Gleichheit im Gleichgewicht des Schreckens wird durch die Fähigkeit beider Gegner, dem anderen unannehmbare Zerstörungen zuzufügen, definiert. Wenn aber einer von beiden die Möglichkeit erlangt, den größten Teil der Flugkörper (also der Vergeltungsmittel) des anderen zu vernichten, ist das Gleichgewicht des Schreckens gestört. Gleichgewicht wird mit M. A. D. (*mutual assured destruction*) näher bestimmt.

Wir können die Fehleinschätzungen der amerikanischen Unterhändler vernachlässigen. Sie verkannten die Zeit, die die sowjetischen Ingenieure brauchten, um den Stand der MIRV-Technologie zu erreichen, sie verkannten den Kampfwert der sowjetischen U-Boote. Aber diese Einzelheiten sind weniger wichtig als die Grundsätze selbst, auf denen ein solches Abkommen unter Feinden basiert.

Die erste problematische Entscheidung betrifft den Bereich der Begrenzung. Zwischen zwei Supermächten hängt das Kräfteverhältnis nicht allein von einer Waffenkategorie ab. Außerdem hat dieselbe Waffenkategorie nicht unbedingt den gleichen Stellenwert in den Arsenalen der jeweiligen Kontrahenten. Alle

Welt redete davon, daß die Sowjets auf dem Gebiet der konventionellen Waffen überlegen waren: Die Annahme eines Gleichgewichts auf dem Gebiet der strategischen Nuklearbewaffnung veränderte schon für sich das globale Kräfteverhältnis. Man kann zwar argumentieren, daß die Sowjetunion, hätte sie den festen Willen dazu gehabt, die Vereinigten Staaten auf dem Gebiet der strategischen Nuklearwaffen hätte einholen können. Ich akzeptiere diesen Einwand, doch sehe ich in diesem Fall kaum den Vorteil für die Vereinigten Staaten und für den Frieden, einen Vertrag zu unterzeichnen, der die militärischen Bestrebungen der Sowjetunion in keiner Weise gebremst und somit die Bescheidenheit des amerikanischen Programms offenbart hätte.

SALT I beinhaltete allerdings eine Klausel, die, zumindest dem Anschein nach, unmittelbar mit Abrüstung zu tun hatte: die Reduzierung von ABM auf einen einzigen Standort. Man sagt, die Sowjets hätten als erste an ABM gearbeitet, doch hätten die Amerikaner sie eingeholt, deren Technologie mehr hergab. In Wirklichkeit glaubten die Amerikaner nicht an die Wirksamkeit eines ABM-Systems. Somit haben sich die Vertragspartner gegenseitig untersagt zu tun, was keiner wirklich tun wollte. Außerdem fuhren sich die Amerikaner mit ihrer eigenen Doktrin fest.

Die Spezialisten, die man nukleare Strategen nennt, haben unermüdlich und mit ständig erneuertem Scharfsinn die unterschiedlichen Spielarten der Abschreckung analysiert: Gegen die Gefahr eines nuklearen Direktangriffs reicht eine Zweitschlagkapazität, mit anderen Worten eine unverwundbare Nuklearstreitmacht aus. Doch ist dieses Szenarium offensichtlich das unwahrscheinlichste von allen. Wenn die Vereinigten Staaten und die Sowjetunion kein anderes Ziel haben, als sich gegenseitig vor einem Atomangriff abzuschrecken, brauchen sie keine sieben- oder achttausend Atomsprengköpfe. In der Literatur der fünfziger und sechziger Jahre war von einer Minimalabschreckung, »*minimum deterrent*«, die Rede, die durch die

Fähigkeit definiert wurde, auf eine nukleare Aggression zu antworten, da die Abschreckung nicht auf andere Arten von Aggressionen oder Provokationen erweitert werden darf. Doch die meisten Autoren waren der Meinung, die Vereinigten Staaten könnten sich mit einem »*minimum deterrent*« nicht zufrieden geben, da sie Verpflichtungen gegenüber Verbündeten in Übersee eingegangen waren.

Während der siebziger Jahre, also in der Nixon-Kissinger-Ära, lief alles so, als würden sich die amerikanischen Führer doch mit einem »*minimum deterrent*« zufriedengeben; Präsident Nixon benutzte den Begriff »ausreichende (*sufficient*) Macht«. Die Doktrin der »*mutual assured destruction*« wurde mehr oder weniger offiziell. Man fragte sich zugleich, ob bei Annahme einer solchen Doktrin Übereinkünfte zwischen den Großmächten überhaupt noch nötig waren und ob der qualitative Vorsprung eingehalten werden könne.

SALT II ließ die Debatte wiederaufleben. 1971 suchten Nixon und Kissinger, die in Vietnam nicht mehr ein noch aus wußten, in Moskau um eine Übereinkunft nach, die die liberale Öffentlichkeit akzeptieren und den Kreml vielleicht veranlassen würde, auf Nord-Vietnam zugunsten des Friedens Druck auszuüben. Ich würde meine Leser langweilen, würde ich hier alle Einzelheiten von SALT II untersuchen, das von den Unterhändlern zwar unterzeichnet, aber vom US-Senat nicht ratifiziert wurde. Der Zahlenvergleich in bezug auf Waffenträger blieb, aber diesmal waren die qualitativen Unterschiede der Träger schuld an der komplizierten Ausarbeitung eines Textes, der beiden Parteien gerecht werden sollte.

Zuerst und vor allen Dingen gab der technologische Fortschritt dem Erstschlag eine neue Chance. Wenn die mittlere Abweichung der nuklearen Gefechtsköpfe vom genauen Zielpunkt auf wenige hundert Meter zurückgeht, werden die Raketensilos verwundbar. Die Sowjets haben riesige Flugkörper disloziert, die bis zu zwanzig Gefechtsköpfe mitführen. Die Kombination der beiden technischen Entwicklungen, MIRV und

Treffgenauigkeit der Flugkörper, läßt nun die Abschirmung der landgestützten Systeme prekär erscheinen.

Die amerikanischen Unterhändler wollten so schnell wie möglich die Zahl dieser riesigen Flugkörper und der nuklearen Gefechtsköpfe darin reduziert wissen. Sie bekamen eine Verringerung der SS 18 auf dreihundertacht und der Anzahl von Gefechtsköpfen pro Flugkörper auf zehn zugestanden. Dennoch schließen diese Zahlen die Möglichkeit eines massiven Angriffs auf die *Minutemen* nicht aus, der alle oder fast alle *Minutemen* auch ausschalten würde. Die Amerikaner wären deswegen keineswegs entwaffnet: Die von U-Booten oder von Bombern abgefeuerten Flugkörper würden völlig ausreichen, um der Sowjetunion unannehmbare Zerstörungen beizubringen.

Warum sollte also, wie manche behaupteten, der Friede in Gefahr und das Gleichgewicht des Schreckens gestört sein? Ich wiederhole es, wenn Nuklearstrategie in M. A. D., also in der Formel der »wechselseitigen sicheren Vernichtung« zusammengefaßt werden kann, so bleibt ein kaum gemindertes Gleichgewicht weiter bestehen. Doch haben weder Unterhändler noch militärische und zivile Führungspersönlichkeiten die Doktrin der massiven Vergeltung noch M. A. D. jemals buchstäblich verstanden. Selbst zu einer Zeit, als die Abschreckung einseitig war, als die Sowjetunion noch nicht in der Lage war, das amerikanische Territorium zu treffen, sahen die Einsatzpläne nie undifferenzierte Angriffe etwa gegen Städte vor. Solche apokalyptischen und wahnwitzigen Pläne entwirft nur der, der über derart zielungenaue Flugkörper verfügt, daß er sie auf großflächige Ziele wie zum Beispiel auf Städte richten muß.

Mit sehr treffsicheren Flugkörpern dagegen beschwört die gegenseitige Vernichtung, die von Zeit zu Zeit in den Reden von Regierenden ebenso wie durch die Feder von Kommentatoren wiederkehrt, eher die Alpträume der Völker als die Szenarien der Verantwortlichen herauf. Auch beim Zweitschlag – nach einem Angriff auf die landgestützten Systeme – wären die

Flugkörper der amerikanischen U-Boote oder der Bomber gegen militärische oder industrielle Ziele und nicht gegen die Bevölkerung gerichtet. Die von der amerikanischen Replik hervorgerufenen Nebenschäden würden die des sowjetischen Erstschlages wahrscheinlich übersteigen. Doch auf keiner der beiden Seiten würde man der M. A. D.-Doktrin folgen.

Ist also SALT II ein gutes oder ein schlechtes Abkommen? Gut für die Stabilität? Für die Verringerung des Kriegsrisikos? Für die Sowjetunion oder für die Vereinigten Staaten?

Kehren wir besser zum Grundgedanken der Rüstungskontrolle zurück. Haben die Verhandlungen, die Vereinbarungen die Stabilität verstärkt? Es zu behaupten, wäre zumindest gewagt. Die Bedingungen der Stabilität sind in einem fatalen Sinn durch die technische Entwicklung verändert worden, namentlich durch die kostengünstige Vermehrung der nuklearen Gefechtsköpfe in den MIRV und durch die Verwundbarkeit von landgestützten Systemen infolge der Zielgenauigkeit von Flugkörpern. Selbstverständlich tragen die Rüstungskontroll-Verhandlungen für diesen technologischen Fortschritt, für diesen, um einen anderen Ausdruck zu benutzen, qualitativen Rüstungswettlauf keine Verantwortung. Aber sie haben ihn auch nicht gestoppt oder auch nur abgebremst. Was die Quantitäten anbelangt, haben SALT I und SALT II Mindestquoten festgelegt, die kaum unter den Vorstellungen der sowjetischen oder amerikanischen Planer lagen. Vielleicht hätten die Sowjets noch mehr SS 18 gebaut, wenn sie sich keine Übereinkunft mit den USA gewünscht hätten? Im großen und ganzen kann man feststellen, daß beide Abkommen ein schon existierendes Kräfteverhältnis festgeschrieben haben. Die Mitglieder des Kongresses haben beim Studium von SALT die Verschlechterung des Kräfteverhältnisses zuungunsten der Vereinigten Staaten entdeckt. SALT I und SALT II haben diese Verschlechterung begleitet oder getarnt, aber nicht hervorgerufen.

In den Vereinigten Staaten gehen die landgestützten Raketen, die *Minutemen*, auf das Programm von R. McNamara, also auf die sechziger Jahre zurück; einige sind durch den Einbau von drei nuklearen Gefechtsköpfen in ihrem Kampfwert gesteigert worden.

Die B 52-Bomber sind auch zirka 30 Jahre alt. Die U-Boot-gestützten Flugkörper sind jüngeren Datums. 304 »Poseidon« waren 1970 disloziert, 264 »Trident« kamen bis 1980 hinzu. Die sowjetischen Interkontinentalraketen wurden im Laufe der siebziger Jahre, die erste Version der SS 18 1975, die Versionen 3 und 4 1979 bzw. 1982 disloziert. Die letzten Modelle der SS 18, seit 1982 einsatzfähig, tragen zehn Gefechtsköpfe in ihrer Spitze. Daß fast alle atomaren Waffensysteme der Sowjets im Laufe des letzten Jahrzehnts aufgestellt worden sind, während die amerikanischen, mit Ausnahme der »Trident«, etwa zehn Jahre früher entworfen, entwickelt und produziert wurden, bedeutet noch nicht, daß die sowjetischen Systeme im Vergleich zu den amerikanischen überlegen sind. Die Amerikaner haben »Wiedereintrittskörper mit einzeln vorprogrammierten Mehrfachgefechtsköpfen« (MIRV) früher als ihre Rivalen entwickelt, ebenso haben sie die hohe Treffgenauigkeit einige Jahre vor den Sowjets erreicht. Diese kurzen Angaben sollen auf eine an sich kaum anfechtbare Feststellung hinweisen: SALT I hat den qualitativen Rüstungswettlauf weder gestoppt noch verlangsamt. Anders ausgedrückt: Da die zahlenmäßige Decke für Interkontinentalraketen sehr hoch angesetzt war, 2358 Flugkörper allein für die Sowjetunion, brauchte sie sich eine Erhöhung dieser Decke nicht angelegen sein zu lassen. Sie konzentrierte vielmehr alle ihre Bemühungen auf die qualitative Verbesserung dieser Waffen, namentlich auf die Mehrfachgefechtsköpfe und auf die Treffgenauigkeit.

Es scheint mir unmöglich zu behaupten, daß, mit der zweifelhaften Ausnahme der ABM, die Rüstungskontrolle das sowjetische Programm in nennenswerter Weise verändert hat. Sie hat vielleicht die Rüstungsanstrengungen in eine bestimmte Richtung gelenkt. Und auch diese Hypothese ist unwahrscheinlich. Die Sowjets sind einfach dem Beispiel der Amerikaner gefolgt, da, wo letztere vorangegangen waren. Sie sind aber da auf ihrer Linie geblieben, wo sie eine unterschiedliche Doktrin vertreten: Sie stellen wesentlich schwerere Flugkörper mit erheblich höherem Startgewicht her. Die »Titan«, die schwerste amerikanische, 1962 dislozierte Rakete hatte ein Startgewicht von 8,3 Tonnen; von diesen veralteten Schwergewichtlern einmal abgesehen, haben die schwersten amerikanischen Flugkörper, die *Minutemen III*, ein Startgewicht von 2,4 Tonnen; das Startgewicht der SS 17, 18 und 19 liegt dagegen zwischen 9 und 12 Tonnen. Die zehn Gefechtsköpfe der SS 18 haben einen Detonationswert von je 500 Kilotonnen.

Wäre die Verschiebung des Kräfteverhältnisses anders ausgefallen, wenn es keine Rüstungskontroll-Verhandlungen gegeben hätte? Ich glaube nicht. Vielleicht hätten die Sowjets Geld für ABM ausgegeben. Und damit fehlinvestiert. Im übrigen ist der sowjetische Verteidigungshaushalt Jahr für Jahr um 3 bis 5 Prozent gestiegen. Der für Nuklearwaffen bestimmte Ansatz scheint durch SALT I nicht beeinflußt worden zu sein. Während der jahrelangen Verhandlungsperiode um SALT II behielt die Sowjetunion die Progression ihres Militärhaushaltes bei.

SALT II wurde vom amerikanischen Kongreß nicht ratifiziert, obwohl J. Carter und R. Reagan für sich beschlossen haben, seine Bestimmungen stillschweigend zu respektieren. Ich möchte hier dieses Vertragswerk nicht im einzelnen untersuchen; diese Arbeit ist schon mehrfach geleistet worden. Ich möchte mir nur einige Anmerkungen gestatten, die Licht in die Paradoxien der Rüstungskontrolle überhaupt bringen sollen.

Nach SALT I hatten sich beide Parteien auf das Prinzip der Gleichheit verständigt, was die Zahl der Träger anbelangt: ICBM, SLBM, Bomber. Doch der Anteil der jeweiligen Trägergattung war bei den Sowjets und den Amerikanern jeweils unterschiedlich. Hinzukommt, daß eine Gattung, die ICBM, in sich nicht äquivalent ist, da ein ICBM-Typ bis zu zehn Gefechtsköpfen, ein anderer aber nur einen einzigen befördern kann. Daher kamen die Unterhändler zunächst bei 2400 an eine

Decke für alle Waffenträger, eine dem gegenüber der Sowjetunion 1971 gemachten Zugeständnis sehr nahekommende Zahl.
Es gab aber eine zusätzliche Decke von maximal 1320 MIRV-
Trägern, gleichgültig ob ICBM, SLBM oder bombergestützte
Marschflugkörper. Innerhalb dieser Zahl von 1320 waren die
ICBM und SLBM mit MIRV auf höchstens 1200 begrenzt,
davon wiederum durften die ICBM mit MIRV 820 nicht übersteigen. Ein letztes Limit bestand für die SS 18, die höchstens
308 Stück erreichen durften (und da jeder dieser Träger mit
zehn nuklearen Gefechtsköpfen bestückt ist, können also 308
SS 18 über 3000 nukleare Sprengladungen befördern).

Die ersten Theoretiker der Rüstungskontrolle dachten an
eine Decke für die Waffenträger, die hoch genug lag, um einen
Erstschlag auszuschließen oder, was auf das gleiche hinausläuft,
beiden Großmächten eine Zweitschlagkapazität zu garantieren.
Ich glaube nicht, daß die Vereinigten Staaten durch den massiven Einsatz aller 308 SS 18 entwaffnet werden könnten. Wenn
nicht gerade ihr gesamtes Kommando- und Kommunikations-
system zerschlagen und funktionsunfähig wird, behalten die
Vereinigten Staaten auch ohne ihre landgestützten Raketen
immer noch die Möglichkeit, einem Aggressor »unzumutbare«
Zerstörungen beizubringen.

Aber diese Kapazität stellt nur eine Minimalabschreckung
dar, die die Amerikaner ohne Mühe und Verhandlungen mit
der Sowjetunion behalten können. Gründet sich aber diese
Kapazität auf die M. A. D.-Doktrin? Ursprünglich erhofften
sich die frisch aus den Universitäten hervorgegangenen Theoretiker einiges mehr: Reduzierung der Verteidigungshaushalte
und Niederhaltung des Rüstungswettlaufs auf niedrigem
Niveau. Warum also der Mißerfolg? SALT räumte der Sowjetunion eine viel zu hohe Decke ein. Die Kombinierung von
maximal 2400 Trägern mit MIRV (bzw. die steigende Anzahl
von Marschflugkörpern in jedem Bomber) war der Ursprung
für die sieben- oder achttausend nuklearen Sprengladungen,
über die mittlerweile beide Großmächte jeweils verfügen.

Die Konzentrierung auf die Zahl der Träger begünstigte also die Vermehrung der nuklearen Gefechtsköpfe. Die Konzentrierung auf das bipolare Gleichgewicht, das heißt auf das reine sowjetisch-amerikanische Kräfteverhältnis, bedingte zugleich eine scheinbare Indifferenz hinsichtlich der Implikationen der SALT-Vereinbarungen für Europa. Um nur ein Beispiel zu nennen, verlangten die Amerikaner eine formelle Zusicherung, daß der »Backfire«-Bomber nicht als strategische Waffe eingesetzt wird, was gleichzeitig bedeutete, daß ein »Backfire«-Einsatz auf den europäischen Kriegsschauplatz beschränkt bleibt. Die Europäer haben sich zu Recht gefragt, ob sie durch den »Backfire« nicht viel bedrohter sind als es die Amerikaner je sein könnten.

Hätten die Amerikaner dem Machtanstieg der Sowjetunion reaktionslos zugesehen? Auf eine solche Frage kann ich keine kategorische Antwort geben. Ich neige dazu zu sagen, daß die Regierenden in Washington am Ende der sechziger bzw. Anfang der siebziger Jahre, erst im Vietnamkrieg festgefahren, später von ihrer Niederlage traumatisiert, nicht anders gehandelt hätten, auch wenn es keine Verhandlungen mit den Männern im Kreml gegeben hätte. R. Nixon und H. Kissinger hätten vielleicht besser daran getan, die Bestimmungen von SALT I nicht hinzunehmen, aber hätten sie auch vom Kongreß die zusätzlichen Mittel für die B 1, die MX oder die »Trident« bekommen?

Was man den Regierungsmannschaften, die sich im Weißen Haus abgelöst haben, vorwerfen kann, ist die Tatsache, daß sie keine klaren Ziele ins Auge fassen konnten. Wenn sie ehrliche Anhänger der M. A. D.-Doktrin gewesen wären, hätten die Einzelheiten der Vereinbarungen kaum eine Bedeutung gehabt. Aber sie waren es nie wirklich, weil die M. A. D.-Doktrin, vermittelt über die Vorstellung der unvermeidlichen Eskalation, das *»no first use«* logisch impliziert. In Wirklichkeit kann man hier, und sei es nur in methodischer Vereinfachung, nicht von *den* Amerikanern als von einem einheitlichen Gemein-

120

wesen mit einem gemeinsamen Bewußtsein der Lage, der Ziele und der Mittel sprechen.

In jeder Verhandlungsetappe hatten die verschiedenen zuständigen Organisationen, das *State Department*, die besondere *Arms Control Agency*, das Pentagon, gemeinsam die Klauseln des ersten Vertrags mitzubestimmen bzw. zu akzeptieren. Doch brauchte jeder Präsident, bevor er einen Vorschlag ausarbeiten konnte, Monate Zeit, nicht etwa für die eigene Reflexion, sondern für Kompromisse, die sich zwischen seinen verschiedenen Bürokratien und Beratern als notwendig erwiesen. Welche Absicht spricht aus diesen Kompromissen? Zur Zeit von SALT I leistete sich sogar das Pentagon eine Fehleinschätzung im Hinblick auf den technologischen Vorsprung der Vereinigten Staaten gegenüber der Sowjetunion. Die MIRV-Überlegenheit verschwand sogar vor Ablauf des vorläufigen Abkommens von 1971. Die Amerikaner, ganz gleich welcher politischen Couleur, mußten sich im Laufe der siebziger Jahre über die potentielle Drohung klarwerden, die die schweren sowjetischen MIRV-Flugkörper für ihre landgestützten ICBM darstellten. Die amerikanischen Unterhändler hatten sich die zahlenmäßige Beschränkung dieser sowjetischen Ungeheuer zum vorrangigen Ziel gesetzt. Sie konnten die Festsetzung einer Höchstquote für die SS 18, für alle Interkontinentalraketen mit MIRV erreichen. Doch diese Decken waren derart hoch, daß die Gefahr einer Erstschlag-Zerstörung aller amerikanischen ICBM nicht ausgeschlossen war. Aber warum sollte ihnen die Beseitigung dieser Gefahr auch gelingen? Die Sowjets hatten sich einen Vorteil gesichert, warum sollten sie ihn wieder aus der Hand geben? Die Amerikaner hatten nicht viel im Gegenzug anzubieten (außer der Anzahl der Marschflugkörper pro Bomber und der Reichweite der land- oder seegestützten Systeme).

Hat die Rüstungskontrolle vielleicht mehr Übles als Gutes geschaffen? Ihre Anhänger machen ihre günstigen Auswirkungen geltend: Diplomaten und Experten lernen sich kennen, sie tauschen Informationen aus, sie teilen sich ihre Projekte mit. Ich bin allerdings nicht sicher, ob die Sowjets den Amerikanern irgend etwas mitteilen, was diese nicht schon wissen. In *Frieden und Krieg* behauptete ich, daß die Sowjets niemals Verifikationsmethoden im Gelände sowie sonstigen internationalen Verfahren zustimmen werden, sofern sie dem sowjetischen Verständnis von nationaler Souveränität widersprechen. Zu Beginn der Verhandlungen haben die Moskauer Repräsentanten es stets den amerikanischen Diplomaten überlassen, Art und Anzahl der sowjetischen Flugkörper näher zu bestimmen.

Die meisten Kommentatoren, die ich im Westen ernst nehme, bejahen die Rüstungskontroll-Anstrengungen, insbesondere die Beschränkung der strategischen ·Offensivwaffen. Diese Bejahung beruht auf einem einfachen und wahren Gedanken: Es ist gut, wenn die Supermächte den Dialog miteinander aufrechterhalten. Da beide kein Interesse daran haben, sich einen großen Krieg zu liefern, dürfen sie sich auch nicht ignorieren und müssen sich an Begegnungen gewöhnen. Die direkte telephonische Verbindung, das Verbot von Kernwaffenversuchen in der Atmosphäre, die progressive Senkung des Höchstdetonationswertes für unterirdische Versuche scheinen dennoch nicht die Verbesserung der existierenden Waffensysteme oder die Aufstellung neuer zu bremsen. Nur das rote Telephon dient unmittelbar der Rüstungskontrolle, indem es das Risiko eines Kriegsausbruchs aus einem Mißverständnis oder einem Unfall heraus mindern soll. Die übrigen Abkommen erhöhen eher die Hürden für die Kandidaten auf dem Wege zum Atomclub, als daß sie den qualitativen Rüstungswettlauf beschränken. Im Laufe der beiden letzten Jahrzehnte hat die Technologie die Anhänger der Rüstungskontrolle stets begünstigt: Satelliten ersetzen die U 2. Jagdflugzeuge können den sowjetischen Luftraum zwar gegen indiskretes Eindringen schützen, aber die Satelliten haben alle Staaten gezwungen, die Photospionage aus dem Weltraum, weit oberhalb der Atmosphäre, zu dulden, und niemand versucht sie auch in Friedenszeiten zu beseitigen.

Dabei überwindet die Verifizierung mit nationalen Mitteln, vor zwanzig Jahren noch unmöglich, heute die sowjetische Geheimniskrämerei. Gibt sie aber alle erforderlichen Garantien? Experten räumen die Grenzen in der Genauigkeit der durch Photographien aus dem Weltraum gewonnenen Daten durchaus ein. Diese Photos, so sagt man uns, lassen Flugzeuge auf dem Rollfeld mit ihren äußeren Charakteristika schon erkennen. Was aber Atomwaffen angeht, werden Startrampen und nicht Flugkörper selbst verifiziert. Im Kaltstart können mehrere Flugkörper von derselben Rampe aus starten, die Flugkörper selbst werden in Schuppen gelagert und sind somit nicht sichtbar. Es kann also durchaus sein, daß die Sowjets mehr Flugkörper besitzen als sie deklariert haben.

Warum unter diesen Bedingungen der Rüstungskontrolle so viel Gewicht beimessen? Drei Leitvorstellungen beschäftigen, und das zu Recht, die Geister: Vermeidung des Krieges aus einem Unglücksfall heraus durch die Schaffung einer augenblicklichen Kommunikationsmöglichkeit, Aufrechterhaltung des Dialogs zwischen den Großmächten über »unorthodoxe« Waffen und schließlich die Hoffnung, eines Tages von der Beschränkung zur echten Abrüstung überzugehen. Ist diese Hoffnung nur eine andere Form der Illusion?

V

Das Wesen des Sowjetregimes

Wie soll man das sowjetische Regime definieren? Als »totalitär«, als »stratokratisch«? Keine dieser beiden Bezeichnungen schafft Einhelligkeit; die eine ist seit Jahrzehnten im Gebrauch, die andere ist neu und nur einer kleinen Elite vorbehalten. Die erste unterstreicht die Rolle der Ideologie, den *ideokratischen* Charakter des Regimes; die zweite spielt auf den Primat des Militärapparates in der Gesellschaft, in der Regierung, in der Diplomatie der Sowjetunion an. Die Kontroversen, die diese Begriffe hervorrufen, sind nicht von den Fragen zu trennen, die man sich zu dem künftigen sowjetischen Agieren nach innen und nach außen hin stellen mag.

Das Wort »totalitär«, so wie ich es verstehe, so wie die meisten Kommentatoren es auch definieren, bezeichnet zwei Hauptzüge des marxistisch-leninistischen »Sozialismus«: Eine Weltanschauung (oder eine Doktrin bzw. eine Theorie) wird offiziell vertreten und vom Staat zu einer jeder Diskussion enthobenen Wahrheit hochstilisiert; die Gesellschaft wird vom Staat vereinnahmt. Der Pluralismus der Ideologien ebenso wie der der sozialen Gruppen wird mehr oder weniger radikal zurückgedrängt, unter Umständen sogar abgeschafft.

Nach dieser banalen Definition war das national-sozialistische Regime kaum »totalitär«, jedenfalls wesentlich weniger als die Sowjetunion unter Stalin, ja sogar unter Breschnew. In Sachen Ideologie nahm der Nationalsozialismus nie die systematische, dogmatische Form des Marxismus-Leninismus an. Es gab nie einen NS-Katechismus, verglichen mit Stalins »Geschichte der Kommunistischen Partei der Sowjetunion«. Der Rassismus, das Kernstück des Hitlerschen Glaubensbekenntnisses, verdarb nicht das gesamte Denken im Lande, wie es der Stalinismus in seiner schlimmsten Zeit tat. Hitler hat nie die Zeit gehabt, ein zu seiner Wahrheit bekehrtes Hochschulwesen zu schaffen; er »säuberte« zwar die deutschen Universitäten und warf Juden, Sozialisten und Liberale hinaus, wenn er aber alle Nicht-Nazis hätte mit verjagen wollen, hätte er nie genügend Wissenschaftler und Gelehrte gefunden, um die entstandenen Lücken zu stopfen.

Die große Frage für die Sowjetologen und die Osteuropa-Spezialisten ist die Rolle, der Stellenwert des Marxismus-Leninismus in der sowjetischen Wirklichkeit, im Denken der sowjetischen Hochschulabsolventen, der Physiker, der Historiker. Die wertvollsten Zeugnisse hierzu stammen von den Dissidenten und sind, zumindest scheinbar, widersprüchlich. Sacharow entwickelt in seinen Büchern Gedanken über die Welt und das Leben, die sich im wesentlichen kaum vom gemäßigten »Liberalismus« amerikanischer Wissenschaftler unterscheiden. Er hat die Männer gekannt, die in der Nomenklatura an höchster Stelle rangierten, und stellt sie als bar jeder authentischen Überzeugung dar, einzig vom Interesse und machtpolitischen Kalkül getrieben und der marxistisch-leninistischen Orthodoxie gegenüber völlig gleichgültig. Solschenizyn seinerseits verbindet zwei Behauptungen, die sich zwar nicht widersprechen, deren Verbindung jedoch erstaunlich anmutet. Der sowjetische Bürger (bzw. Untertan) verachtet den Marxismus-Leninismus von früher Jugend an; er hat schon lange aufgehört, ihn ernst zu nehmen, auch wenn er dessen Wortschatz benutzt. Die Kreml-Männer dagegen bleiben Gefangene ihrer Ideologie, da sie »Gläubige« verfolgen, die aber den Gesetzen des Staates gehorchen und dem Gemeinwesen ehrlich dienen. Kann aber eine Ideokratie überleben und sich sogar entwickeln, wenn sie von Skepsis völlig ausgehöhlt ist?

Paul Veyne fragt sich heutzutage, ob die alten Griechen an ihre Götter glaubten. Die Ethnologen fragen sich, ob und auf welche Weise archaische Menschen an Geister, Mythen, an »Tiermenschen« glauben (oder glaubten); muß man ihnen einen in unseren Augen völlig irrationalen Glauben zubilligen oder aus Nachsicht eine Art zu glauben zusprechen, die sie uns ganz nahebringt? Der Marxismus-Leninismus hat keine Ähnlichkeit mit den olympischen Göttern, mit »Geistern« oder mit »Tiermenschen«, die für alle den Sterblichen widerfahrenden Übel verantwortlich sind. Es gibt mehrere Arten, an den Marxismus-Leninismus zu glauben oder nicht zu glauben.

Die Greise des Politbüros wissen heute, was die Kommunisten und gelegentlich auch die Nichtkommunisten im Westen vor fünfundzwanzig Jahren nicht wußten. Sie manipulieren zwar öfters die Zahlen in ihren Reden und ihrer Propaganda, aber sie studieren und akzeptieren Statistiken, die von internationalen Organisationen ausgearbeitet werden und sich auf die Produktion bzw. den vergleichenden Lebensstandard der wichtigsten Länder beziehen. N. S. Chruschtschow prahlte noch damit, die Vereinigten Staaten »einzuholen und zu überholen«, L. Breschnew sprach nicht mehr davon und J. Andropow denkt eher daran, die Planwirtschaft zu reformieren, statt ihr unerreichbare Ziele vorzugeben. Ohne die amerikanische Überlegenheit auf dem Gebiet der Wissenschaft und der Spitzentechnologie zu leugnen, stellen sie jedoch fest, daß sie mehr Stahl und mehr Öl produzieren und in etwa fünfzehn Jahren mehr Interkontinentalraketen disloziert haben als die USA, während Kriegsschiffe aller Art, U-Boote, Zerstörer, Kreuzer, die einen zu Hunderten, die anderen zu Dutzenden ihre Werften verließen. Mit anderen Worten, die Moskauer Machthaber können ruhig die Schwächen ihrer Wirtschaft eingestehen und sich zugleich eines Handlungsspielraumes erfreuen, der im Westen unbekannt ist. Wenn man davon ausgeht, daß ihr Primat in ihrer Macht, vor allem in ihrer militärischen Macht liegt, kann man nur sagen, daß keine liberale Demokratie in Friedenszeiten derartige Anstrengungen hätte unternehmen und in so wenigen Jahren solche Resultate hätte erzielen können.

Muß man daraus schließen, daß die Männer im Politbüro keine andere Sorge als die militärische Macht haben und, als Herren eines Imperiums, im wesentlichen ideologieindifferent handeln? Ich zögere, die Behauptung bis dahin zu treiben. Die Rüstungsanstrengungen der dreißiger Jahre haben Rußland und den Kommunismus gerettet. Die Moskauer Machthaber sind jenseits aller ideologischen Rücksichten einfach durch die Logik der zwischenstaatlichen Rivalität schlichtweg genötigt, die Vereinigten Staaten als ihren Feind, das heißt als den einzigen Staat anzusehen, der ihnen Paroli bieten kann. Sie streben Gleichheit mit Amerika auf allen Gebieten an: zu Lande, zu Wasser und im Weltraum. Ist dieser Ehrgeiz etwas typisch Russisches oder etwas spezifisch Kommunistisches? Wahrscheinlich hat diese Frage keinen rechten Sinn.

Denn in ihren Augen und in ihrem Gefühl verschmilzt die Sowjetunion mit dem ewigen Rußland. Einige von ihnen sind keine Russen, aber vorbehaltlos der Sache des Reiches ergeben, dessen herrschendes Volk die Russen sind. Bauen diese Oligarchen ihre Macht zum Triumph des Sozialismus oder zum größeren Ruhme Rußlands auf? Viel eher dürften sie sich dieser Unterscheidung verschließen – was um so verständlicher ist, als das Schicksal des Marxismus-Leninismus von dem der Sowjetunion abhängt. Im übrigen wird in der marxistisch-leninistischen (wenn auch nicht in der rein Marxschen) Schau die Verbreitung des Sozialismus ebenso, wenn nicht gar viel mehr, durch den Krieg als durch den Klassenkampf befördert: Genauer gesagt, trägt der Klassenkampf innerhalb der Staaten zu einer Verschiebung des Kräfteverhältnisses zwischen beiden Lagern bei. Der Ausgang des historischen Kampfes zwischen beiden Lagern wird aber über das Schicksal der Menschheit entscheiden.

Diese Analyse führt uns zu einer Frage, die die Kommentatoren ebenso wie die Politiker in den Vereinigten Staaten wie in Europa entzweit: Muß die Sowjetunion als Großmacht wie jede andere behandelt werden, die ihre Interessen verteidigt und die Vergrößerung ihrer Einflußzone anstrebt, oder ist sie eine Großmacht, die gleichzeitig ihr revolutionäres Endziel beibehält und grenzenlos Eroberungen plant? Haben Entspannung, symbolische oder Teilabkommen, Rüstungskontrollverträge einen anderen Zweck, als nur die öffentliche Meinung im Westen irrezuführen und sie glauben zu machen, die friedliche Koexistenz sei wünschenswert und möglich? Auch hier werden diese beiden Deutungen zu Gegensätzen, wenn man sie simplifiziert, verhärtet, karikiert. Eine vom missionarischen Geist beseelte Großmacht bleibt nicht von allein stehen. Doch denken die Führungspersönlichkeiten eines ideokratischen Reiches nicht mehr wie der revolutionsbesessene Lenin, der nur der Sache verpflichtet war. Auch wenn sie weiterhin die Welt im Lichte des Marxismus-Leninismus begreifen, auch wenn sie sich als Revolutionäre im Weltmaßstab verstehen, verhandeln sie über Rüstungskontrolle, weil sie darin einen Vorteil sehen, und sind zu »Freundschafts«-Gesten bereit; der Westen hat keinen Grund, zum zwischenstaatlichen Handel (im weitesten Sinne des Wortes) *a priori* Nein zu sagen. Natürlich unter einer Bedingung: Daß die westliche öffentliche Meinung sich nicht betrügen läßt. Die Führer des sowjetischen Reiches sind noch Marxisten-Leninisten genug, um unbegrenzte Ambitionen zu nähren und die Möglichkeit einer zeitlich nicht befristeten friedlichen Koexistenz zwischen beiden Lagern auszuschließen.

Die Innenpolitik unter Chruschtschow und Breschnew weist die gleiche Unschärfe wie die poststalinistische Diplomatie auf. Ich würde gern die Vokabel »Normalisierung«, aber in einem anderen Sinne als die Sowjets selber, gebrauchen, um die Wiedereinfügung eines von der Freiheit zeitweilig angefochtenen Satelliten zu bezeichnen (die sowjetische »Normalisierung« hat starke Ähnlichkeiten mit der »Gleichschaltung« Hitlers). Die Konzentrationslager bleiben bestehen, aber mit zwei bis drei Millionen und nicht mehr mit zirka zehn Millionen Häftlingen wie zur Zeit der großen Säuberungen oder unmittelbar nach dem Krieg. Die großen Säuberungen haben sich auch nicht mehr wiederholt. Etwas wie den Lyssenko-Skandal hat es auch nicht mehr gegeben. Genetiker werden nicht mehr drangsaliert. Der ideologische Zwang hat ein wenig nachgelassen, doch laufen Verteidiger der Menschenrechte Gefahr, die Strenge des »Gesetzes« zu spüren. Je nach dem Augenblick und der Laune der Oligarchen verschlechtert oder verbessert sich die Lage der Intellektuellen. Wenn man diese Frage in wenigen Worten zusammenfassen will, kann man sagen, die ideologische Wahrheit besteht fort und wird von der Polizei vor Anwürfen geschützt. Zumindest wird man sagen können, daß die Oligarchen diese Staatsideologie als für die Stabilität des Regimes notwendig erachten.

Ein Argument Solschenizyns verstärkt noch diese These. Obwohl die atheistische Propaganda, je nach politischer Phase, mehr oder weniger intensiv betrieben wird, finden sich Gläubige unterschiedlicher Sekten und Glaubensrichtungen in großer Zahl in den Lagern wieder: Die Oligarchen sind nicht gleichgültig gegen Religionen der Transzendenz, also gegen Rivalinnen der säkularen Religion, in deren Namen sie herrschen.

Wie steht es um die Wirtschaftsführung? Es sieht so aus, als würden die Wirtschaftswissenschaftler, auch die orthodoxen oder konformistischen, keineswegs die Gründe für die Schwächen der Produktion im zivilen Sektor verkennen. Sie können nicht darauf verzichten, den Ertrag auf dem den Bauern überlassenen Stück Land mit der Ineffizenz der Kollektivlandwirtschaft, trotz der Traktoren, trotz der landwirtschaftlichen Maschinen und trotz der Millionen investierter Rubel miteinander zu vergleichen. Das Scheitern aller bisherigen Reformversuche erklärt sich, zum Teil mindestens, durch ideologische Skrupel oder Überzeugungen. Für Lenin war der bäuerliche Kleinbetrieb, der Handel, gleichbedeutend mit der Wiedereinführung des Kapitalismus. Die kleinen Landparzellen, von Eigenbauern bebaut, die ihre Erzeugnisse in den Städten auf dem freien Markt verkaufen, kann man als ein Zugeständnis der offiziellen Lehre an die »Erbschaft des Kapitalismus« oder an die Überbleibsel der »Bourgeoisie« hinstellen. Eine Infragestellung von Sowchosen und Kolchosen ist ausgeschlossen.

Der Widerstand dieser Institutionen gegen Reformansätze rührt nicht nur aus der Treue der Oligarchen zum Leninschen Marxismus. Lenin hat ohnehin das Problem aller Ökonomie nie verstanden, nämlich die Umverteilung der Ressourcen eines Gemeinwesens auf unterschiedliche Bereiche, auf unterschiedliche Bedürfnisse in der Spannung zwischen Staat und Individuum. Zwischen der Verwaltung der Eisenbahn und der der Gesamtwirtschaft sah er keinen prinzipiellen Unterschied. Heute sind sich Oligarchen wie Ökonomen der Schwierigkeiten einer zentralen Planwirtschaft bewußt geworden. Einige davon, am zahlreichsten sind sie unter den Ökonomen, denken daran, die Marktmechanismen zu nutzen, ohne das etablierte System umzustürzen. Unter den osteuropäischen Staaten hat Ungarn diesen Weg eingeschlagen und fühlt sich wohl dabei.

Schwierig ist allerdings, von außen her herauszubekommen, wo das Haupthindernis liegt: in der Ideologie oder in den Institutionen (bzw. in den Menschen innerhalb dieser Institutionen). Die sowjetische Wirtschaft hat seinerzeit Fortschritte gemacht, indem sie immer mehr Produktionsmittel, Arbeitskräfte und Investitionen eingesetzt hat. Sie verfügt aber heute nicht mehr über diesen Arbeitskräfteüberschuß, vor allem nicht im eigentlichen Rußland; die Rentabilität der Investitionen sinkt. Die Wachstumsraten fallen. Muß man daraus schließen, daß die Sowjetunion in dem Augenblick, da Juri Andropow an die Macht kommt, einer großen Krise entgegensieht und daß sie, auf welche Art auch immer, ernsthafte Maßnahmen ergreifen muß, die mit dem Konservativismus Breschnewscher Prägung brechen?

Ich halte es persönlich für unumgänglich, mit folgenden

aberwitzigen Vorstellungen gleich aufzuräumen: Daß die Sowjetunion vor dem Zusammenbruch stehe und daß sie in die Enge drastischer Reformen bzw. zu auswärtigen Abenteuern getrieben werden könne. Sicher, im Vergleich zum Marxschen Ideal oder zu den Chruschtschowschen Prahlereien ist der Versuch einer sozialistischen Wirtschaft ein Mißerfolg. Er ist kein Mißerfolg an sich und noch weniger, wenn man von der Vorstellung ausgeht, die Kommunistische Partei habe sich die Militärmacht zum Hauptziel gesetzt. Noch einmal: Wenn man die Statistiken akzeptiert – und ich sehe keinen Grund, es nicht zu tun –, verfügt die Sowjetunion siebzig Jahre nach der Machtergreifung durch die bolschewistische Partei über Kriegsmittel, die quantitativ die der Vereinigten Staaten übertreffen.

Sollte man hier Alain Besançons Theorie wieder aufgreifen und gewissermaßen die sowjetische Wirtschaft negieren?* Demnach gäbe es eine exklusive Kriegsindustrie, die besten Betriebe würden ausschließlich für die Streitkräfte arbeiten, sozusagen ohne Rückkoppelung mit den Produktionsstätten des zivilen Konsumsektors, die Statistiken des globalen Stahlausstoßes oder der Stromerzeugung wären bar jeder Aussagekraft. Was bedeuten einhundertfünfzig Millionen Tonnen Stahl, wenn landwirtschaftliche Maschinen, weil es keine Ersatzteile gibt, verrotten und nutzlos auf dem Acker neben dem Weizen herumstehen, der auf dem Halm verdirbt, weil er nicht zur rechten Zeit abgeerntet wird? Wohin verschwinden die Millionen Tonnen von Stahl und von anderen Rohstoffen, wenn Hausfrauen jeden Tag mehrere Stunden brauchen, um Besorgungen zu machen und nicht immer dann eine Glühbirne oder eine Sonnenbrille kaufen können, wenn sie sie brauchen? Ich stimme der These zu – über die alle Beobachter heute einer Meinung sind –, daß es eine erschreckende Diskrepanz zwischen Zivil- und Militärwirtschaft gibt, zwischen der relati-

---

* Alain Besançon: *Anatomie d'un spectre. L'économie politique du socialisme réel*, Calmann-Lévy, Paris 1981.

ven Armut in der Bevölkerung und der unglaublichen sowjetischen Überrüstung. Doch hat die Formel »In der Sowjetunion gibt es keine Wirtschaft« keine präzise oder aber eine vielfache Bedeutung.

In einer ersten Bedeutung mag es keine Wirtschaft geben, weil Wirtschaft, nach einer klassischen Begriffsbestimmung, die Verwendung begrenzt vorhandener Güter unter Zugrundelegung eines Rentabilitäts- oder Maximierungskalküls voraussetzt. Der die Wahl zwischen verschiedenen Verwendungsmöglichkeiten bestimmende Kalkül verschwindet aber zugunsten des politischen Willens oder der Verwaltungswillkür. Doch alle Regierungen zweigen einen Teil der gemeinsamen Ressourcen ab, um Bedürfnisse zu befriedigen, deren Dringlichkeit und Notwendigkeit in ihrem Ermessen steht. Die Vereinigten Staaten haben zwar versucht, Haushaltsentscheidungen zu »rationalisieren«, insbesondere den Gesamthaushalt für die nationale Verteidigung in Abhängigkeit von der angenommenen strategischen oder taktischen Effizienz auf die verschiedenen Waffengattungen zu verteilen. Ohne die Möglichkeit der Rationalisierung von Haushaltsentscheidungen hier beurteilen zu wollen, sei aber gesagt, daß die Zweckbestimmung des Gesamthaushalts sich jedem ökonomischen Kalkül entzieht. Das gleiche gilt für etliche einzelne Haushaltstitel. In allen Staaten, die sogenannten liberalen Staaten inbegriffen, nimmt die Regierung das Recht für sich in Anspruch, Einnahmen nach ihrer Vorstellung von Gerechtigkeit oder Wählerinteresse umzuverteilen und einen mehr oder weniger hohen Anteil des Bruttosozialprodukts auf Ziele hin zu verwenden, die sie selbst bestimmt. Der vom ökonomischen Prinzip bestimmte Sektor ist in allen Ländern der Welt nur ein Teil der Gesamtwirtschaft, der Gesamtheit aller produktiven und kommerziellen Tätigkeiten im Gemeinwesen. Auch eine total verwaltete Wirtschaft bliebe eine Wirtschaft, die Verwalter wären genauso gezwungen, mehr oder weniger ernsthaft darüber nachzudenken, wie sie die begrenzt vorhandenen Güter verwenden wollen.

Alain Besançon negiert die Realität der sowjetischen Wirtschaft methodisch gewissermaßen »gegen den Strich«. Was bedeutet ein jährlicher Ausstoß von einhundertfünfzig Millionen Tonnen Stahl in einem Land, in dem für die meisten Bewohner die meiste Zeit einfach Elend herrscht? Sogar die Kriegsindustrie kann derartige Stahlberge nicht absorbieren. Wo geht also der Stahl hin? Ist ein Teil davon so schlechter Qualität, daß er gleich zum Ausschuß kommt? Wird ein weiterer Teil zu Erzeugnissen verarbeitet, die wiederum wegen grober Mängel unbrauchbar sind? Wird noch ein anderer Teil davon zum Bau von Betrieben verwendet, die dann ihrerseits diese Rohstoffe weiter vergeuden? Auf diese Fragen kann beim Stand unserer Informationen niemand eine kategorische Antwort geben. Wir müssen mit dem gesunden Menschenverstand vorliebnehmen: Globale Statistiken über Basisproduktion sind kritisierbar, auch wenn sie richtig sind. Außer den Entnahmen für das Militär lassen schlechte Qualität und falsche Verwendung von Materialien und Produktionsmitteln keine Schlüsse darüber zu, wie der Reichtum der Sowjetunion aufgrund der Statistiken für Stahl, Kohle oder Erdöl einzuschätzen ist.

Das alles verbietet uns aber auch nicht, die sowjetische Wirtschaft mit der Wirtschaft westlicher Länder zu vergleichen, nicht, um den Graben dazwischen zuzuschütten, sondern um seine Tiefe näher zu bestimmen. Die sowjetische Wirtschaft ist auch in westliche Begriffe zu fassen. Sie ist zunächst durch die Eckdaten des Verteidigungshaushaltes gekennzeichnet, zwischen 12 und 15 Prozent des Bruttosozialproduktes, also höher als in den Vereinigten Staaten. Es sieht auch so aus, als verfügten die drei Teilstreitkräfte über – was noch bedeutsamer ist – einen industriellen Sektor, der nur für sie arbeitet. In dieser Perspektive könnte man sich den Militärsektor der Industrie als vollkommen vom zivilen Konsumsektor getrennt tätig vorstellen... Was diese Trennung für das letzte Stadium – das der Herstellung von Fertigfabrikaten, ob

Kampfpanzer oder Kochtöpfe – auch bedeuten mag, beide Sektoren müssen in früheren Stadien untereinander kommunizieren. Beide Sektoren verbrauchen Energie, Rohstoffe, industrielle Grundprodukte sowie Teile, die in beiden Sektoren vonnöten sind (Kugellager zum Beispiel). Das Militär entnimmt für sich das Beste der verwendungsfähigen Produktion beider Sektoren, aber beide gehören dem einen und selben Ganzen an.

Der Westen läßt die Sowjets jedesmal da weit hinter sich, wo ein Industriezweig sich rasch entwickelt, vor dreißig Jahren die chemische Industrie, heute die Elektronik. Für die Olympischen Spiele besaßen die Sowjets nicht den erforderlichen Computer, aber ihre Luft- und Raumfahrtelektronik, auch wenn sie der amerikanischen unterlegen ist, nimmt dennoch einen ehrenwerten Rang ein. Die Weltraumfahrt verlangte das Zusammenspiel mehrerer Zweige der Industrie, vom Hüttenwesen bis zur Elektronik. Diese Zweige sind aus der zivilen Gesellschaft nicht ausgegliedert worden, obwohl staatliche Aktivitäten immer das Beste für sich bekommen.

Der Fall der Sowjetunion erscheint uns deshalb aberwitzig, weil er gar nicht mit unserer Vorstellung von moderner Gesellschaft übereinstimmt. Von der amerikanischen Erfahrung abgeleitet, folgern wir etwas vereinfacht, daß Reichtum mit Macht einhergehe: Eine hochleistungsfähige Industrie begründe zugleich den hohen Lebensstandard der Bevölkerung und das Militärpotential des Staates. Ohne eine solche Industrie sterbe die Gesellschaft ab und der Staat werde siech.* Wir konnten uns bisher nicht vorstellen, daß ein despotischer Staat in Friedenszeiten Prinzipien und Methoden der Kriegswirtschaft anwendet. Kriegswirtschaft wiederum wird definiert durch die Mobilisierung der kollektiven Ressourcen für den Krieg,

---

* Ich lasse hier den Ausnahmefall der an Rohstoffen und Landwirtschaft reichen Länder beiseite, die über einen weiten Raum für eine geringe Bevölkerung verfügen.

solange ein für die Bevölkerung akzeptables (oder besser: von ihr akzeptiertes) Mindestniveau im Lebensstandard noch erhalten bleibt.

In Kriegszeiten gibt es auch im Westen zwei Sektoren; dem einen schanzt man das Meiste und Beste zu, dem anderen gesteht man das Lebensnotwendige oder alles, was eben noch übrigbleibt, zu. Beide Sektoren stehen dennoch weiterhin in Verbindung miteinander. Wird dieser Mechanismus nun ganz anders nur, weil er permanent funktioniert, so als ob der Ausnahmezustand in der anderen Hälfte Europas der Normalzustand wäre? Daraus resultiert zweifellos ein Duell, das wir gern in vergangene Jahrhunderte verbannt hätten. In diesem Duell, Sowjetunion gegen Vereinigte Staaten, stehen sich zwei Staaten gegenüber, beide mit den ausgeklügeltsten Waffen ausgerüstet; der eine zwingt seiner Bevölkerung den Primat der Militärmacht auf, der andere kann und will dies aber nicht. So entsteht das Paradox, daß das reichere Land die größte Mühe hat, beim Rüstungswettlauf mitzuhalten. Die amerikanische Regierung schafft es einfach nicht, aus dem Steueraufkommen einen Verteidigungshaushalt zu finanzieren, der 6 % des Bruttosozialproduktes erreichen soll. Die Kremlführer finanzieren dagegen ohne Inflation einen Verteidigungshaushalt, der, in Prozenten des Bruttosozialproduktes ausgedrückt, doppelt so hoch liegt.

An diese unbestreitbaren Tatsachen zu erinnern, wirft neue Probleme auf. Warum genießen die Moskauer Oligarchen eine derartige Autonomie? Sind die Parteiführer heute noch die wirklichen Obligarchen oder sind die Militärführer nicht die wahren Herren geworden? Was ist langfristig die auswärtige Strategie der Sowjetunion, und in welchen Charakterzügen des Regimes oder der Gesellschaft finden wir den Ursprung oder die Erklärung der Kreml-Strategie?

Die Vorstellung, die wir uns von der Sowjetgesellschaft machen, hat sich, wie mir scheint, gewandelt. Persönlich habe ich nie daran gezweifelt, daß die Bolschewiki sich einzig und allein durch Terror und Indoktrinierung an der Macht gehalten haben. Unverdächtige Historiker haben uns beigebracht, daß die Deutschen im Krieg in den westlichen Teilen der Sowjetunion, vor allem von den Bauern, wie Befreier empfangen worden sind, daß sie aber mit ihren Greueltaten einen Volkswiderstand erzeugten, den sie später wieder bekämpfen mußten. In keinem anderen kriegführenden Land hat es einen Wlassow gegeben. Doch 1941 begann auch der »Große Vaterländische Krieg« und damit allem Anschein nach die Stabilisierung des Regimes. Solschenizyn beschreibt die Völker der Sowjetunion, und in erster Linie das russische Volk, als von den Kommunisten unterdrückt. Alexander Sinowjew beschreibt seinerseits den vom Kommunismus selbst hervorgebrachten »*homo sovieticus*«, der der Gesellschaft, in der er zu leben verurteilt ist, völlig angepaßt ist. Gewisse Philosophen gehen soweit zu schreiben, daß die Gesellschaft, weit davon entfernt, vom Staat aufgezehrt zu werden, diesen Staat vielmehr regelrecht absondert.

Der außenstehende Kommentator macht sich lächerlich, wenn er in allzu souveräner Manier über Probleme entscheidet, deren Formulierung allein schon Zweifel hervorruft. Man kann allerdings kaum leugnen, daß es in der Intelligenzia eine latente Opposition gibt. Die Dissidenten, die den Samisdat und anderes mehr im Untergrund veröffentlichten, sind allerdings praktisch liquidiert worden. Einige, die bekanntesten, sind ins Exil geschickt worden, andere kamen ins Lager. Aber außer den erklärten Dissidenten streben viele Intellektuellen, Schriftsteller, Wissenschaftler nach mehr konkreter Freiheit für ihre Publikationen oder ihre Forschungen. Sie haben sich dennoch nicht auf die Seite der Dissidenten, also des aktiven Widerstandes begeben. Sie bleiben weiterhin gezwungen, in der Einheit oder Entität mitzumachen, deren Mitglied sie sind. In jedem Labor, jedem Institut, jeder Redaktion sind die Individuen in eine hierarchische Organisation integriert, in der die Vorgesetzten in der Regel nicht vom Denken oder von der Kreativität, sondern von der Vertretung der ideologischen oder politischen Macht her die Besseren sind.

Da die Gesamtgesellschaft, wie eine russische Puppe, aus kleinen, hierarchisch strukturierten Entitäten besteht, die ineinander verschachtelt sind, bedarf der von uns verwendete, allzu einfache Gegensatz zwischen Masse und Elite zahlreicher Korrekturen.

Die Nomenklatura gibt ungefähr den Elitebegriff wieder, so wie er von Pareto ausgearbeitet worden ist, doch mit einem wesentlichen Unterschied: die sowjetische politisch-soziale Elite ist in sich streng hierarchisch gegliedert. Entscheidungen, wenn sie von einiger Bedeutung sind, werden an der Spitze von einer kleinen Anzahl Personen getroffen, den Mitgliedern des Politbüros der Kommunistischen Partei. Aber diese wenigen sind die Emanation jener Millionen Parteimitglieder, die gegenüber Normalbürgern einige Vorteile genießen, auch wenn sie ihnen nahestehen oder in dieselbe Entität integriert sind.

Die Kommunistische Partei ist der Autorität des Politbüros unterworfen, das wiederum die Spitze der Pyramide darstellt. Theoretisch von den Militanten an der Basis indirekt gewählt, wird es in Wirklichkeit von denjenigen gewählt, die es selbst ernannt hat: Die Leiter der Parteiorganisationen auf allen Ebenen sind es durch die Autorität der Spitze, die sich wiederum, in einer Art ideologischer Fiktion, als Ausdruck des Willens der gesamten Partei, der Militanten selbst betrachtet. Diese Struktur wird in den unzähligen Zellen wiederholt, in denen die Sowjets irgendwie Mitglied sind. So wie die Orthodoxie der kommunistischen Militanten Gegenstand permanenter Überwachung ist, kennen und erdulden die Sowjetbürger, die nicht Parteimitglieder sind, die Allgegenwart des KGB. Aus diesem Grund behaupten einige, die Sowjets würden sich gegenseitig neidvoll ausspionieren, so als wären sie alle von der Leidenschaft zur Gleichheit beseelt, so als unterdrücke sich die sowjetische Gesellschaft selbst. Diese Deutung ist meiner Meinung nach falsch. Der Parteistaat hat vielmehr den »*homo sovieticus*« erschaffen, der, zum Überleben verurteilt, mit der Überwachung aller durch alle vorliebnimmt, von dem für jedes soziale

Wesen normalen Ehrgeiz getrieben, die Leiter der Gesellschaft und des hierarchischen Machtapparates zu erklimmen.

Als sie die Macht an sich rissen, haßten die Bolschewiki den Zarismus und träumten von der klassenlosen Gesellschaft. Aus ideologischen Gründen Anhänger der Gleichheit, aus den Erfahrungen einer langjährigen Untergrundsekte aber zur Autorität neigend, haben sie eine Gesellschaft nach dem Bilde ihrer Praxis, nicht ihrer Träume geschaffen. Ihr Traum verfiel nicht zu einer Unterdrückung aller durch alle in einer Neidgesellschaft. Sie haben die Entstehung horizontaler Gruppen, Intellektueller oder Arbeiter, die sich sowohl gegen die Nomenklatura in ihrer jeweiligen Zelle als auch gegen die Nomenklatura des Regimes insgesamt auflehnen könnten, zwar nicht unmöglich, aber doch sehr schwierig gemacht.

Wenn diese Analyse auch nur in etwa richtig ist, welchen Sinn hat dann noch der Begriff »Totalitarismus« in seinen beiden Bedeutungen: Absorbierung der Gesellschaft durch den Staat und Orthodoxie, als öffentliche Wahrheit verkündet? Das Verhältnis zwischen Gesellschaft und Staat ist offensichtlich eng; die Partei, die Polizei sind integrierende Bestandteile des gesellschaftlichen Alltags. Deshalb waren wir geneigt, von der Absorbierung der Gesellschaft durch den Staat zu sprechen. Wenn man aber zur Reihenfolge der Genese zurückkehrt, haben Staat, Partei-Staat, Partei-Ideologie die sowjetische Gesellschaft geformt, doch in dem Augenblick, in dem der Staat allgegenwärtig ist, wird er seinerseits von der Sozialordnung absorbiert, die er geschaffen hat.

Einige Soziologen stellen von anderer Seite her den Totalitarismusbegriff in Frage. Die Sowjetgesellschaft, heute hochindustrialisiert, kann eine Ausdifferenzierung nicht mehr vermeiden. Industriewerke werden auch dort von Managern geleitet, die die Amerikaner gern mit ihren eigenen vergleichen. Die Industriezweige bekommen eine Mindestautonomie, denn jeder wird von einem besonderen Amt oder einem Fachministerium geleitet. Das Produktionssystem ertrotzt also den politischen Verantwortlichen die Reformen, die ihren Bedürfnissen entsprechen. Das Bild eines totalen Staates, der alle Organisationen außerhalb von sich selbst zerstört, war gestern schon simpel, aber heute völlig falsch.

In Wirklichkeit haben aber die Totalitarismus-Theoretiker die sowjetische oder die nationalsozialistische Gesellschaft nie so dargestellt. Hannah Arendt zum Beispiel betonte gerade die Vermehrung der Bürokratien, die sich überlagerten, sich bekämpften und sich gegenseitig eher lähmten als ergänzten. Diese Analyse trifft vor allem für eine Gesellschaft Hitlerscher Prägung zu, die zuwenig Zeit hatte, ihre Form, ihre Grundlagen, ihre Verfassung zu finden. Die Sowjetunion hat 1983 vielleicht immer noch nicht ihre endgültige Form bekommen (aber welches Regime hat das schon?), doch von revolutionärer Gärung getrieben ist sie auch nicht mehr. N. S. Chruschtschow hatte zwar eine Reorganisierung der Partei versucht und diese in zwei Abteilungen geteilt, die eine für die Landwirtschaft, die andere für die Industrie. Doch diese Form wurde von seinen Nachfolgern wieder beseitigt, die seitdem unaufhörlich die Verwaltung neu organisieren. Die Sowjets suchen neue Gliederungsformen, die die Effizienz steigern, unnütze Wiederholungen und Rivalitäten zwischen den Bürokratien vermeiden. Auf der Suche nach dem unauffindbaren Erfolg streben die Parteiführer eine Beseitigung der beobachteten Mängel vergebens an.

Diese kritischen Ansätze, auch wenn sie seriöse Argumente geltend machen, und unwiderlegbare Tatsachen anführen, können mich alle nicht dazu bewegen, den Totalitarismusbegriff fallenzulassen. Dieser Begriff hat in meinen Augen einen deskriptiven und keinen theoretischen Wert. Er bezeichnet die Einsetzung einer Ideologie oder einer Staatswahrheit, die der freien Diskussion entzogen ist. Er bezeichnet auch die Ununterschiedenheit von Staat und Gesellschaft, von Staat und Partei. Die charakteristischen Züge des sowjetischen Totalitarismus bestehen fort, auch wenn sie in mancherlei Hinsicht schwächer geworden sind.

Der Marxismus übte auf das Denken Lenins eine ganz andere Wirkung als auf das Juri Andropows aus. Lenin glaubte an die Ideen, die er in seinen Büchern entwickelte, auch und vor allem in seinem mit Utopie am schwersten befrachteten Werk *Staat und Revolution*. Diese Ideen hinderten ihn aber nicht, als Realist, in den Augen seiner Feinde gar als Zyniker zu handeln, ganz gleich, ob er die Machtergreifung, die Auflösung der Konstitutionellen Versammlung oder die Errichtung von Konzentrationslagern beschloß. Weit davon entfernt, ihn zu lähmen, verschafften ihm diese Ideen ein gutes Gewissen: Gerade weil die Partei die Avantgarde des Proletariats war und weil er in dessen Namen und zu dessen Gunsten handelte, schaffte er, ohne zu zögern, die Freiheiten wieder ab, die das Proletariat verlangt hatte. Am Vortag hatte er noch ganze Provinzen Rußlands dem Vertrag von Brest-Litowsk geopfert, nur um die Revolution zu retten. Der vierte Nachfolger Lenins glaubt nicht an den Marxismus in der gleichen Weise wie der Mann, der, von keinerlei Ahnung über die gewaltigen Schwierigkeiten der Wirtschaftsplanung angekränkelt, *Staat und Revolution* zu Papier brachte.

Wir wissen, wie undeutlich, ja kaum wahrnehmbar die Grenze zwischen Glauben und Skepsis verläuft. Wir fragen uns wohl, wie unsere Zeitgenossen, unsere Landsleute, an die Unbefleckte Empfängnis oder an die Göttlichkeit Christi glauben. Die wenigen Sowjetmenschen, denen ich begegnet bin, waren weder Skeptiker noch wirklich Glaubende. Ein Student, der ein Stipendium der französischen Regierung bekommen hatte, um in unserem Land Geschichtsphilosophie zu studieren, glaubte an die marxistische Theorie der Geschichte ein wenig im Stil der ersten Marxisten-Generation zur Zeit der II. Internationale: Der Primat der Basis, die Dialektik zwischen Produktionskräften und Produktionsverhältnissen, die Selbstzerstörung des Kapitalismus, usw... Er zweifelte nicht daran, daß der Marxismus-Leninismus in der Nachfolge der Marxschen Theorie stand und daß das Sowjetregime die Phase des Sozialismus durchlief, ehe es die letzte Phase, den Kommunismus, erreiche. Gleichzeitig war er erstaunt darüber, daß meine Tür immer für ihn offen war, und daß sich ein Mensch wie ich, der hierarchisch so hoch rangierte, mit einem Studenten ohne jede soziale Auszeichnung unterhielt. Er nahm keinen Widerspruch zwischen einer so überhierarchisierten Gesellschaft wie seiner und der Gesellschaft wahr, die Marx erträumt oder prophezeit hatte.

Vielleicht stellt sich J. Andropow die gegenwärtige und zukünftige Welt durch die marxistisch-leninistische Brille gesehen vor: die beiden Lager, die unausweichliche Zerstörung des kapitalistischen Lagers und den Sieg der Sowjetunion, von ihrem Partei-Staat als dem Ausdruck des Proletariats regiert. Teilweise stimmt diese Vorstellung, weil die Sowjetführer sie durch ihren Glauben selbst schaffen. Sie hindert sie nicht daran, die von internationalen Instituten zusammengestellten Statistiken, die Ineffizienz ihrer Landwirtschaft, das Scheitern einer autoritären Zentralplanung zur Kenntnis zu nehmen. Die Tatsachen stimmen mit den Dogmen nicht überein, ohne sie deswegen zu widerlegen. Es fällt auf, wie hartnäckig sie Landwirtschaft und Staatsverwaltung nicht reformieren wollen, aber man kann nur schwer sagen, ob ihre Ideologie ihnen diesen Konservativismus diktiert oder ob sie lediglich vor den notwendigen Anstrengungen zurückschrecken, um diese Bastionen zu erschüttern. Sehr wahrscheinlich scheint mir, daß sie immer noch genug an die heldische Bestimmung des Proletariats und der marxistisch-leninistischen Partei glauben, um in ihrem Geist einen klassischen Frieden innerhalb eines homogenen zwischenstaatlichen Systems auszuschließen.

Ob richtig oder falsch, läßt uns diese Hypothese allerdings nicht das Handeln des Kreml nach außen voraussehen. Im Verlaufe der letzten fünfzehn Jahre hat die Sowjetunion eine stetige Steigerung ihres Verteidigungshaushalts, nach westlichen Schätzungen zwischen 3 und 5 Prozent, durchgehalten. Dank dieser Milliarden Rubel hat die Sowjetunion die amerikanische

Herausforderung zu Wasser und in der Luft angenommen. Dieser Satz dürfte allerdings jeden amerikanischen Leser überraschen, der ganz im Gegenteil der Meinung ist, daß Moskau die amerikanische Nation herausfordert: durch den Bau einer großen Hochseeflotte, die der *US Navy* durchaus die Seeherrschaft streitig machen kann; durch die Dislozierung der SS 18, die die in Silos verbunkerten US-Systeme zerstören können; durch die Errichtung von Luftwaffen- und Marinestützpunkten, wo auch immer möglich. Die Amerikaner haben den Eindruck, herausgefordert zu werden, weil sie bisher die Seeherrschaft innehatten und ihnen das legitim und völlig normal erschien. Sie sind von Admiral Gorschkows Herausforderung zur See ebenso traumatisiert, wie die Briten es zu Beginn dieses Jahrhunderts durch die Herausforderung des Großadmirals von Tirpitz waren. Warum sollte die stärkste Landmacht die See ihrer Rivalin überlassen, wenn sie ausreichende Mittel für die Unterhaltung der erforderlichen Waffen auf allen Kriegsschauplätzen besitzt? Die SS 18 sind erstschlagfähig, aber auch die Amerikaner behaupteten während der sechziger Jahre, Flugkörper zu besitzen, die zahlreich und treffsicher genug wären, um die meisten sowjetischen Interkontinentalraketen auszuschalten. Genausowenig wie die Amerikaner ihre Erstschlagkapazität je eingesetzt haben, als sie sie vielleicht noch hatten, benutzen die Sowjets ihre SS 18, obwohl die Bedrohung durch diese riesigen Raketen schwer auf den diplomatischen Beziehungen zwischen beiden Großmächten lastet. Kurzum, die sowjetische Überrüstung beweist nicht unbedingt einen Willen zur Aggression, zur Auslösung eines Krieges. Sie läßt sich mit dem Ehrgeiz der Großmacht erklären, die entschlossen ist, ihrer Rivalin keinerlei Überlegenheit auf irgendeinem Gebiet zu gestatten. Sie läßt sich allerdings auch durch die marxistisch-leninistische Doktrin erklären, derzufolge der Kampf zwischen beiden Lagern durch Schwert und Feuer entschieden wird. Und sogar eine dritte Interpretation ist möglich: Um den historischen Konflikt zwischen beiden Lagern zu entscheiden, besteht die beste Methode darin, soviele Waffen wie möglich anzusammeln, soviele Teilerfolge wie möglich zu erringen, bis der Westen in völliger Zerfallenheit auf jeden bewaffneten Widerstand verzichtet und der Sozialismus ohne das Risiko eines Dritten Weltkrieges den Sieg davonträgt.

Wir kommen hier zur Kardinalfrage: Wird sich das auswärtige Handeln des Kreml im Laufe der kommenden Jahre grundsätzlich von dem unterscheiden, was es seit dem Bruch der Anti-Hitler-Koalition gewesen ist? Offensichtlich erstreckt sich der Einfluß der Sowjetunion allmählich auf die ganze Welt, ihre Militärmacht dehnt sich auf alle Kontinente, auf alle Weltmeere aus. In den Jahren 1947–1953, also im sogenannten Kalten Krieg, war der Korea-Krieg eine Ausnahme, ein Unfall. Die Sowjetunion war vor allem eine Landmacht, die im Nahen Osten so gut wie abwesend war, ohne Flotte, ohne Stützpunkte entlang der wichtigsten Welthandelsrouten. Man kann nie genug betonen, daß die Sowjetunion erst heute eine Weltmacht im eigentlichen Sinne des Wortes geworden ist. Sie verdankt ihren Aufstieg ihrer Militärmacht, aber diese wäre ohne eine Großindustrie, die in bestimmten Bereichen qualitativ durchaus mit der westlichen vergleichbar ist, undenkbar geblieben. Also verdankt die Sowjetunion ihren Aufstieg nur indirekt ihrer Militärmacht.

Viel verdankt sie Fidel Castro; durch ihn entstand ein Staat in der westlichen Hemisphäre, der den Marxismus-Leninismus für sich in Anspruch nimmt, wirtschaftlich von Moskau abhängt und, *nolens volens*, den Projekten des Kreml Vorschub leistet. Kubanische Truppen kämpfen in Angola und in Äthiopien für Moskaus Interessen. Die Propaganda Fidel Castros ist auf die Bevölkerung in der Karibik oder in Zentralamerika besser zugeschnitten als die Propaganda aus Moskau. Von Afghanistan abgesehen, haben sich die Sowjets Stützpunkte nicht *manu militari* verschafft, sondern sie haben sie sich von »fortschrittlichen« oder »marxistischen« Regierungen einräumen lassen. Moskauhörige Parteien oder Agenten Moskaus haben vielleicht zum Siege des Obersten Mengistu in Äthiopien oder der marxistisch-leninistischen Partei in Süd-Jemen beigetragen; in Mozambique haben dagegen kubanische Truppen bei der Machtergreifung einer »marxistischen« Partei höchstens eine zweitrangige Rolle gespielt. Mit anderen Worten: Die sowjetischen Eroberungen sind meistens das Ergebnis eines Sieges, den eine progressive oder marxistische Partei in einem mehr oder weniger blutigen Befreiungs- oder Bürgerkrieg davongetragen hat.

Manche würden darauf hinweisen, daß die Vereinigten Staaten mit ihren Fehlgriffen zu den sowjetischen Eroberungen ihren Beitrag geleistet haben. Wenn sie ihn anders behandelt hätten, hätte Fidel Castro vielleicht sein Versprechen gehalten, wieder das Volk zu Wort kommen zu lassen und den demokratischen Pluralismus zu bewahren. Das gleiche geht in Nicaragua vor sich, dem durch Washington unterhaltene oder unterstützte »Contras« hart zusetzen und das in ein fidelistisches Modell hineinschliddert. Was mich angeht, bezweifle ich, daß es der amerikanischen Diplomatie gelungen wäre, Fidel Castro zu verführen und von seinem Weg abzubringen. Wenn er eine pluralistische Demokratie mit freien Wahlen eingesetzt hätte – hätte er diese Wahlen gewonnen? Oder besser gesagt: Wieviele Jahre hindurch hätte er sie gewonnen? Der Chef einer Revolution bringt es selten über sich, die Macht, die er erobert hat, wieder abzugeben. Die Koalition, die das Somoza-Regime gestürzt hat, enthielt außer den Sandinisten auch echte Demokraten; aber der sandinistische Stab bestand aus Castristen, die oft ihre Bindungen zum sowjetischen Lager betont hatten und als erstes auch das Datum für die nächsten Wahlen auf fünf Jahre vertagten. Wie dem auch immer sei, und ganz gleich, ob meine Analysen stimmen oder nicht, bleibt festzuhalten, daß die Sowjets ihre Luft- und Seestützpunkte der Zustimmung von Männern an der Macht verdanken, die ihrerseits im Hinblick auf Unterstützung, Waffen oder Propaganda in der Schuld der Sowjetunion standen. Festzuhalten bleibt auch, daß die sowjetischen Eroberungen das Werk von Progressiven oder Marxisten gewesen sind, die in sozialen oder revolutionären Kämpfen gesiegt haben.

Sind diese Eroberungen endgültig? Sie sind es nur in Ländern, in denen die Einheitspartei auch Staatspartei geworden ist und die Bevölkerung völlig durchdringt. Ägypten hat sich auf die Seite Amerikas gestellt, weil die sowjetischen Instrukteure sich unbeliebt gemacht haben und die Sowjetunion die Territorien nicht zurückbrachte, die es wiederhaben wollte. Sogar die Regierung Somalias wechselte das Lager an dem Tag, als die Sowjetunion die äthiopische Revolution zu unterstützen begann, sie untersagte den Sowjets die Benutzung des Stützpunktes, den sie selbst gebaut hatten, und stellte ihn den Amerikanern (gegen Dollar, versteht sich) zur Verfügung.

Von solchen immer möglichen Umwälzungen abgesehen, werden die sowjetischen Eroberungen von einem radikalen Defizit der Sowjetunion wieder in Frage gestellt, ja sogar ausgehöhlt: Sie verfügt über keine wirtschaftlichen Überschüsse für ihre Klienten oder Verbündeten. Kuba ist auch da wieder die Ausnahme, denn diese Insel kommt der Sowjetunion teuer zu stehen; sie muß Kuba mit fast allem, sogar mit Benzin, versorgen; sie hat sich verpflichtet, Kubas Zuckerrohrernte abzukaufen, die heute noch den vorherrschenden Reichtum und die fast ausschließliche Exportmöglichkeit, mithin auch die einzige Einnahmequelle frei konvertibler Devisen für die Insel darstellt. Weder Guinea noch Angola, weder Mozambique noch Süd-Jemen oder Äthiopien haben Wirtschaftshilfe aus dem sowjetischen Lager bekommen. Das bedeutet aber auch nicht, daß solche Regimes, auch wenn sie ihre Beziehungen zum Weltmarkt und zu den Vereinigten Staaten wiederaufnehmen, ihre Ideologie verleugnen und ihre russischen, ostdeutschen oder tschechischen Berater wieder nach Hause schicken. Sie treiben Handel mit dem Westen, lassen aber auch sowjetische Schiffe ihre Häfen anlaufen; sollte der Westen dieses doppelte Spiel, oder, wenn man will, diese Doppelfreundschaft mitmachen?

Die Antwort hängt von den Umständen ab. Manchmal ist die Fortschrittlichkeit eines Landes rein verbal, ohne für die westlichen Interessen abträgliche Handlungen oder Konsequenzen; in diesem Fall spricht nichts dagegen, in ihm ein unterentwickeltes Land zu sehen, das die gleichen Anrechte auf Austauschbeziehungen und auf auswärtige Hilfe besitzt wie jedes andere auch. Manchmal können Länder, die ein dringendes Bedürfnis nach westlicher Hilfe haben, aber im sowjetischen Lager engagiert sind, allmählich durch die wirtschaftliche Waffe »umgedreht« werden. Es gibt vorderhand keinen Grund, über ein Land, das sich als marxistisch-leninistisch proklamiert hat, eine Quarantäne zu verhängen und ihm eine Wirtschaftsblockade aufzuzwingen. Es wäre aber ebenso absurd, keine Unterscheidung mehr zwischen Regierungen zu treffen, die uns übelwollen, und solchen, die sich auf unsere Seite stellen, auch wenn die realen Regimes der »Progressiven« und »Gemäßigten« sich weniger scharf voneinander unterscheiden als ihre Ideologien.

Vielleicht würde hier ein Skeptiker weitergehen und eine noch grundlegendere Frage stellen: Wozu diese weltweite Rivalität, die fortwährend innerhalb der meisten Staaten Afrikas oder sogar Lateinamerikas tobt? Was geht es uns an, ob dieser oder jener Staat sich marxistisch-leninistisch proklamiert oder nicht? Was interessiert die Vereinigten Staaten die politische Farbe des Regimes, das in Santiago oder in Managua regiert? Diese Länder besitzen ohnehin keine ausreichende Kraft, um in einer militärischen Auseinandersetzung eine Rolle zu spielen. In Friedenszeiten werden sie in den kapitalistischen Weltmarkt ein- oder wiedereintreten.

Einer solchen Gleichgültigkeit gegen Revolutionen, sogar marxistische, in Ländern, aus denen die USA nichts zu erwarten und wenig zu befürchten haben, wird ein Diplomat als erstes das Kontaminierungsrisiko entgegenhalten. Fidel Castro ist zu einem Modell geworden, das zur Disposition aller Revolutionäre Lateinamerikas steht, die vom Aufstand gegen die

»Yankees« und ihre »nationalen Statthalter« träumen. Das Kontaminierungsrisiko nimmt mit jeder siegreichen Revolution zu. Eines Tages wird dieser Virus geopolitische Positionen von lebenswichtiger Bedeutung erreichen. Zum Beispiel nähern sich die Feinde dem Panama-Kanal. Auf wirtschaftlichem Gebiet besitzen bestimmte Regionen Ressourcen, auf die der Westen im Krieg wie im Frieden nicht verzichten kann: das Erdöl des Mittleren Ostens oder die Rohstoffe des südlichen Afrika, insbesondere Südafrikas. Ich will daraus nicht schließen, daß die Vereinigten Staaten jedes castristische oder prosowjetische Regime mit der gleichen Heftigkeit bekämpfen sollten. Ich sehe sehr wohl die Logik dieses Stellvertreterkrieges ein, den sich beide Großmächte da liefern und dessen Ausgang die Weltkarte verändern dürfte, vorausgesetzt, daß er nicht einen der beiden Kandidaten auf die Weltherrschaft ausschaltet.

Vor mehr als dreißig Jahren stellte ich die Frage: »Ist der Kalte Krieg eine Vorbereitung oder ein Ersatz für den totalen Krieg?« Der Begriff »Kalter Krieg« ist außer Gebrauch geraten, die Frage aber bleibt gültig. Oder sollte sie doch etwas aktueller formuliert werden? Ist die Sowjetunion dabei, den Kalten Krieg zu gewinnen und ihren Rivalen zu übertrumpfen? Macht ihre Überlegenheit einen traditionellen Krieg überflüssig oder gibt sie ihr vielmehr die Mittel, ihn zu gewinnen, ohne einen unangemessenen Preis dafür zu bezahlen? Muß nun die Sowjetunion aus ihren ohne Krieg errungenen Erfolgen den Schluß ziehen, daß ein Krieg nutzlos, oder daß er opportun geworden ist? Die aktuelle Sachlage scheint einem eher »*nutzlos*« als »*opportun*« nahezulegen. In Wirklichkeit ist keines der beiden Adjektive für die gegenwärtige Situation adäquat.

Hat denn die Sowjetunion überhaupt so viele Erfolge, so viele folgenschwere Siege davongetragen, daß die Rivalität (oder: der Konflikt, oder: der nicht erklärte Krieg) schon zugunsten des »Sowjetismus« entschieden wäre? Eine solche Frage beantworte ich ohne Zögern mit Nein, und dies auch angesichts von Tatsachen und Argumenten, die eine gegenteilige Antwort rechtfertigen könnten und deren Gewichtigkeit ich ebenfalls anerkenne.

Wer die geopolitische Weltkarte von 1945 mit der von 1983 vergleicht, ist ohne Zweifel vom Rückzug des Westens, besonders Europas, frappiert. Bei Kriegsende existierte das Britische Weltreich noch, es kontrollierte mit Hilfe der Indien-Armee den Nahen und zugleich den Fernen Osten. Die Befreiung Indiens hat Großbritannien die einzige Streitmacht weggenommen, über die es auch in Friedenszeiten verfügte. Die Folgen ereigneten sich nacheinander, unausweichlich: 1956 die Suez-Expedition, die als vergeblicher Versuch, ein weiteres Mal das imperiale Spiel zu spielen, für die Ambitionen des Vereinigten Königreiches die Todesstunde einläutete. Die anderen europäischen Reiche fielen mehr oder weniger rasch: das holländische in zwei, drei Jahren; das französische in weniger als zwanzig Jahren; das portugiesische leistete den längsten Widerstand. Es bedurfte einer von Offizieren eingeleiteten und von politischen Parteien weitergeführten Revolution, um Portugal von seinem lusitanischen Traum abzubringen. Wenn man die europäischen Reiche für den Einsatz hält, um den es in einem Dritten Weltkrieg ginge, so hat ihn der Westen in der Tat bereits verloren. Doch in diesem Krieg befanden sich die Vereinigten Staaten im selben Lager wie die Sowjetunion. Die Rückkehr der Franzosen ins Mutterland, der Briten auf ihre Insel, der Portugiesen in ihren Teil der Iberischen Halbinsel minderte zwar die Handlungsreichweite des Westens außerhalb seines eigenen Territoriums. Aber die Entkolonisierung als solche stellt keinen Sieg der Sowjetunion dar. Sie hat ihr allerdings zusätzliche Möglichkeiten verschafft, während Westeuropa erbarmungslos in seine eigenen Grenzen zurückschrumpfte.

Wieviele dieser Möglichkeiten vermochte die Sowjetunion auszunutzen? Vietnam, Süd-Jemen liefen, das eine nach einem dreißigjährigen Krieg, das andere ohne jeden Befreiungskrieg, ins sowjetische Lager über und gaben sich ein beim Großen Bruder abkopiertes Regime. Andere Länder, einmal unabhängig geworden, näherten sich im Inneren mehr oder weniger dem sowjetischen Modell, in der auswärtigen Politik der Moskauer Diplomatie an. Andere Länder wieder – der Iran ist das wichtigste – revoltierten gegen die westliche Zivilisation und damit auch gegen die amerikanische Allianz, ohne deswegen ins andere Lager zu geraten.

Zwingt also die geopolitische Karte dem Beobachter eine Diagnose auf, in der Hoffnung ausgeschlossen ist? Ich glaube nicht. Westeuropa scheint trotz Krise gegen den sowjetischen Virus immun zu sein. Im Nahen Osten schwelt der arabisch-israelische Konflikt weiter, aber Ägypten hat sich vom Schlachtfeld zurückgezogen. Syrien kann Israel weder allein, noch im Bündnis mit Jordanien, ernsthaft gefährden. Das gegenwärtige Regime im Irak wird eine Weiterführung des Krieges gegen den Iran Chomeinis nur schwerlich durchstehen, aber der Imam wird mit Präsident Saddam Hussein keinen Frieden schließen. Wir sagten es schon: Die Golfregion, für die europäische Wirtschaft von lebenswichtiger Bedeutung, bleibt unstabil und dem Zufall von Attentaten oder Rebellionen ausgesetzt.

In der westlichen Hemisphäre bedroht das Kuba Fidel Castros – zu dessen Sieg die Sowjetunion nichts beigetragen hat – die Inselposition der Vereinigten Staaten. Nicaragua wird wahrscheinlich in ein castristisch beeinflußtes, den Vereinigten Staaten feindlich gesinntes Regime abrutschen. Die sowjetische Flotte wird dann über Stützpunkte verfügen, die ihre Präsenz, vielleicht sogar Aktionen im Südatlantik ermöglichen könnten.

Wenn ich meinen Blick in Richtung Fernen Osten wende, komme ich zum gleichen Schluß. Die Sowjetunion besetzt wichtige, aber nicht unbedingt entscheidende Positionen; sie stößt an erhebliche, aber nicht unüberwindliche Hindernisse. Der Kreml könnte es sich nicht leisten, die aktuelle Sachlage in Asien als derart günstig zu interpretieren, daß er sich sagen müßte: Jetzt oder nie. Ebensowenig dürfte er sie als so gefährlich einschätzen, daß er glaubte, militärisch intervenieren zu müssen, solange noch Zeit sei. Japan rüstet zwar regelmäßig auf, doch wiederum so langsam, daß es die Oligarchen in Moskau nicht beunruhigen muß. China hat sich eine Nuklearstreitmacht mittlerer Reichweite zugelegt. Vielleicht haben die Sowjets daran gedacht, sie durch einen »chirurgischen Eingriff« auszuschalten, doch darüber wissen wir nichts. Tatsache ist, daß sie es bisher nicht getan haben und daß eine solche Operation daher immer unwahrscheinlicher wird.

Man kann zusammenfassend sagen, daß es der Sowjetunion nach außen hin an verführerischen Perspektiven nicht mangelt; sie hat keinen Grund, schnell und risikoreich handeln zu müssen. Daraus können wir nicht schließen, daß Pakistan oder die Emirate nichts Schlimmes ereilen könnte; die Strategie der Destabilisierung und der Subversion gehört zu den Konstanten der sowjetischen Diplomatie. Diese Strategie wird vielleicht eine politische oder nationale Krise in Pakistan oder einen Umsturz in Saudi-Arabien hervorrufen. Ich will nur sagen, daß die Situation in keiner Region der Welt, Zentralamerika vielleicht ausgenommen, so beschaffen ist, daß die Sowjets veranlaßt werden könnten, eine entscheidende Aktion zu starten, um errungene Vorteile auszubauen oder um eine unwiederbringliche Gelegenheit wahrzunehmen.

Hier und dort höre ich, wie die Theorie oder die Hypothese der *»Entscheidungsjahre«* formuliert wird, um den Spenglerschen Ausdruck vom Anfang der dreißiger Jahre aufzugreifen. Die kommenden achtziger und neunziger Jahre werden angeblich »entscheidend« sein. Vor zirka zehn Jahren sagte mir ein Gesprächspartner, Mitglied einer Akademie, sehr ernsthaft, 1984 dürfte ein Jahr äußerster Gefährdung werden. Ich habe an die Gründe, die er mir dafür nannte, keine präzise Erinnerung mehr – doch meine ich trotz allem, daß der Hauptgrund in zwei Sätzen bestand: Um das Jahr 1984 herum werde die Sowjetunion den Höhepunkt ihrer Macht erreichen, auf dem sie sich aber nicht halten werde, sei es, weil sie außerstande sei, eine gleichbleibende Wachstumsrate ihres Verteidigungsbudgets zu garantieren, sei es, weil der Westen allmählich seinen Rückstand einholen werde.

Betrachten wir zunächst das bipolare Gleichgewicht, das Verhältnis zwischen den strategischen Nuklearwaffen beider Großmächte, jener Waffen also, denen das SALT-Abkommen galt. Die allgemeinen Argumente, die ich im Kapitel über Abschreckung gegen das Katastrophen-Szenarium angeführt habe, scheinen nicht widerlegt zu sein, sie sind mit dem Begriff *window of opportunity* aufgekommen und stellen das strategische Äquivalent der *Entscheidungsjahre* dar. Wenn zunächst die »wechselseitig gesicherte Zerstörung« (M. A. D.) wirklich die Doktrin der Amerikaner wäre, wäre das Gleichgewicht keineswegs bedroht. Wenn diese Waffen keinen anderen Zweck haben, als Städte zu zerstören und die Bevölkerung auszurotten, wozu müssen die jedem Kontrahenten zur Verfügung stehenden, verschiedenen Trägersysteme derart akribisch zusammengezählt werden? Die Atom-U-Boote mit ihren »Poseidon«-Raketen reichen aus, um im Falle eines sowjetischen Angriffs auf die *Minutemen* die meisten industriellen und demographischen Ballungsgebiete der Sowjetunion zu zerstören. Ein etwas weniger simples Szenarium geht von dem ganz anderen Gedanken aus, daß es kein Verantwortlicher je auf sich nehmen wird, die »*Mutual Assured Destruction*« auszulösen. Wenn also die *Minutemen* außer Betrieb gesetzt werden, werden die weniger treffgenauen U-Boot-gestützten Systeme eben jene wechselseitige Zerstörung hervorrufen, die sich niemand wünschen, nicht einmal halbwegs vernünftig vorstellen kann.

Um dieses Szenarium wirklich ernstzunehmen, muß man der sowjetischen Führung die Psyche eines Abenteurers unterstellen. Die 308 SS 18-Flugkörper würden nicht alle ihr Ziel erreichen, einige würden im Meer, andere aber über amerikanischen Städten verlorengehen. Die Hoffnung der sowjetischen Oligarchie oder besser, ihr strategisches Kalkül wäre die Kapitulation der durch eine solche Katastrophe und die ungeheuerlichen

Menschenverluste völlig traumatisierten amerikanischen Führung. Die japanischen Generäle spekulierten darauf, nach wenigen Monaten bzw. Jahren einem durch Pearl Harbour traumatisierten Amerika einen Kompromißfrieden abtrotzen zu können. Ich zweifle aber daran, daß die Moskauer Oligarchen auf die Resignation Amerikas angesichts einer Niederlage spekulieren.

Gefährliche Jahre, wird man einwenden, lassen sich aber nicht allein durch eine den Sowjets über ihre großen MIRV-Raketen sichere strategische Überlegenheit definieren. Es reicht eine Parität oder, besser ausgedrückt, eine Gleichwertigkeit auf dem Gebiet der interkontinentalen Flugkörper aus, damit die Sowjetunion ihre konventionelle Überlegenheit ausspielen kann. Diesen abstrakten, allgemeinen Satz kann man mühelos akzeptieren, aber die Fragen fangen jenseits dieser Formel an: Was heißt ausspielen? Wo? Auf welche Weise?

Ich habe die europäische Situation in einem früheren Kapitel erörtert. Das militärische Ungleichgewicht beiderseits der Grenzen zwischen den sowjetischen Ländern und den westlichen Demokratien scheint zuungunsten der NATO noch zugenommen zu haben. Es dürfte im Laufe der kommenden Jahre wieder abnehmen, wenn die von Präsident Reagan begonnenen Rüstungsanstrengungen weiter anhalten. Die Gründe, weshalb die Sowjets ihre Streitkräfte in Europa eingesetzt haben, namentlich die Aufrechterhaltung ihrer imperialen Zone etwa in Ungarn und in der Tschechoslowakei, bzw. die Einschüchterung des Westens, sind bis heute unverändert geblieben. Oder aber sie lösen den in ihrem Militärschrifttum gelegentlich erwähnten Großangriff mit allen Waffen, konventionellen und nuklearen, aus, und in diesem Fall müssen sie einen nuklearen Gegenschlag der Vereinigten Staaten befürchten; in jedem Fall riskieren sie die Verwüstung der westlichen Länder, bei denen sie schlüsselfertige Anlagen und Spitzentechnologie einkaufen. Das Endziel des Kreml heißt Kontrolle im politischen Sinne des Wortes, Kontrolle über Randgebiete der eurasiatischen Landmasse: Im Osten erstreckt sie sich bis zum Pazifik, im Westen reicht sie bis zur Linie Stettin-Triest (nach H. G. MacKinder). Die Kontrolle, die die Sowjets anstreben, bestünde zuerst oder zumindest in einem amerikanischen Rückzug. Sie haben die Hoffnung nicht verloren, diesen Rückzug zu bewirken oder, eher noch, diejenigen zu ermuntern und zu bestärken, die dies- oder jenseits des Atlantiks, bewußt oder unbewußt, an derselben Aufgabe arbeiten. Auch da wird man eine politische und moralische Zersetzung der NATO-Länder voraussetzen müssen, wenn man sich dieses Unterfangen nicht als reines Abenteuer vorstellen will.

Was den Gedanken eines lokalen Schlages »chirurgischer« Natur durch die SS 20 gegen die militärischen Anlagen der NATO angeht, so habe ich bereits gesagt, warum er mich gegenwärtig als Science-ficition anmutet.

Man könnte folgendes einwenden: Angenommen, dieser chirurgische Eingriff sei möglich, hätte er dann nicht gerade in den kommenden Jahren die besten Erfolgschancen? Die Treffsicherheit und die Zuverlässigkeit der Flugkörper kann in Zukunft verbessert werden. Die NATO könnte, im Gegenzug, Maßnahmen treffen, um die lebenswichtigen, verwundbaren Punkte in ihrem Verteidigungssystem besser zu schützen. Keine dieser beiden Hypothesen scheint mir wahrscheinlich. Allenfalls könnte man annehmen, daß der Westen in einigen Jahren über Mittelstreckenraketen ähnlich der SS 20 verfügen wird. Die Pershing II und die Marschflugkörper sind quantitativ und qualitativ aber noch sehr weit von der SS 20 entfernt. Und außerdem würden die Sowjets die SS 21 und SS 22 dislozieren, die moderner und effizienter sind als amerikanische Flugkörper ähnlichen Typs.

Was folgt daraus? Wenn die Sowjets daran denken, Westeuropa zu erobern, ohne es zu verwüsten und dabei Nuklearwaffen einsetzen wollen, sind in der Tat, wie mir scheint, die kommenden Jahre, die achtziger und auch die neunziger, die besten – bis zu dem Augenblick nämlich, sofern er überhaupt kommen wird, in dem Flugkörper mit der Perfektion eines Rolls Royce funktionieren werden. Die kommenden Jahre sind vermutlich keine kurzfristige Gelegenheit, kein Ausnahmefall, den man nicht verpassen darf. Mich beunruhigt eher eine Entwicklung, die ich für gleichzeitig gefährlich, unvermeidlich und, vielleicht, paradoxerweise, für wünschenswert halte: die Banalisierung der Nuklearwaffen.

Als ich vor zwanzig Jahren *Frieden und Krieg* schrieb, ließ ich mich noch von der gängigen amerikanischen Doktrin beeinflussen: Atomwaffen sollten Waffen der letzten Instanz sein; der Gegenschlag sollte im Verhältnis zur Aggression erfolgen; die Skala der Gewalt hatte unter Hermann Kahns Feder mehrere Stufen bekommen, doch eine einzige war entscheidend: der Ersteinsatz von Atomwaffen. Nie konnte ich der damals unter Strategen vorherrschenden These zustimmen, derzufolge, wenn einmal die Atomschwelle überschritten war, der »Aufstieg zum Äußersten«, wenn nicht unvermeidlich, so doch sehr wahrscheinlich sei.

Lassen sich Gründe für die These der »Entscheidungsjahre« in anderer Richtung finden? Ein Argument könnte man aus einem Vergleich zwischen den Verteidigungshaushalten in den Vereinigten Staaten und in der Sowjetunion ableiten. Seit mehr als fünfzehn Jahren steigt das sowjetische Verteidigungsbudget jedes Jahr um real 3 bis 5 Prozent. In eben dieser Zeit haben die Amerikaner Dutzende von Milliarden Dollar für die Bombardierung des Ho-Chi-Minh-Pfades ausgegeben und verloren; nach den Pariser Abkommen stagnierte ihr Militärhaushalt um 5 % des Bruttosozialproduktes, bis der Einmarsch der sowjetischen Truppen in Afghanistan Präsident Carter die sowjetische Wirklichkeit offenbarte. Daher die Frage: Wird denn die Sowjetunion nicht ungeduldig, weil sie allmählich an den Kulminationspunkt kommt, an dem die Anforderungen der Rüstung mit denen der Investitionen, also des Wachstums, unvereinbar geworden sind?

Amerikanische Autoren haben häufig dargelegt, daß eine

zweckmäßige Strategie darin bestünde, den Rüstungswettlauf solange zu forcieren, bis die Sowjetunion das Tempo nicht mehr halten kann oder den Bankrott riskiert. Diese makroökonomische Schlußfolgerung war einfach und schien einzuleuchten. Wenn das Bruttosozialprodukt der Vereinigten Staaten ungefähr das Zweifache des sowjetischen Bruttosozialproduktes ausmacht, muß die Sowjetunion einen doppelten Prozentsatz ihres Bruttosozialproduktes aufwenden, um ebensoviel für Rüstung ausgeben zu können wie ihr Rivale. Diese Art von Überlegung gibt Anlaß zu zahlreichen Einwänden. Das Bruttosozialprodukt ist ein Aggregat unterschiedlicher Werte; seine Zusammensetzung variiert sehr stark von einem Land zum anderen. Die Dienstleistungen, von denen der Kaufleute bis hin zu denen der Anwälte und Steuerberater, stellen einen erheblichen Anteil des amerikanischen Bruttosozialproduktes dar (der tertiäre Sektor als statistische Verlegenheitskategorie macht über 60 % des amerikanischen Bruttosozialproduktes aus!). Die Industrie entwickelt sich nicht im gleichen Tempo wie die Gesamtwirtschaft. Anders ausgedrückt: Das für die Finanzierung des Verteidigungshaushaltes notwendige Aufkommen an Sachgütern und Dienstleistungen ist im Gesamtvolumen beider Wirtschaften proportional ganz erheblich verschieden. Offensichtlich ist der Anteil der Güterproduktion in der sowjetischen Wirtschaft höher als in der amerikanischen.

Wir sollten aber diesen Einwand nicht weiter berücksichtigen, denn man könnte leicht folgendes darauf erwidern: Gewiß erhöhen die Sowjets ihren Kanonen-, Panzer- und Raketenausstoß ohne Schwierigkeiten, weil die für die Waffenproduktion zuständigen Industriebereiche entwickelter sind als deren amerikanische Pendants; aber die überentwickelten Bereiche mindern die für die Bevölkerung übrigbleibenden Ressourcen. Die industrielle Gleichheit beider Großmächte, was Rüstungsanstrengungen angeht, macht folgende statistische Tatsache dennoch nicht ungültig: Die Industrie hat offensichtlich einen höheren Anteil am sowjetischen Bruttosozialprodukt als am amerikanischen. Diese statistische Tatsache hat wiederum nicht die Bedeutung, die ihr die Amerikaner gern verleihen. Jede Zentralverwaltungswirtschaft ist tendenziell eine Kriegswirtschaft: Das Planungsorgan als Herr über die Gesamtheit der nationalen Ressourcen bestimmt die Endzwecke und ihre Prioritäten zueinander. In der Sowjetunion genießt die Rüstung eine solche Priorität, danach kommen die Investitionen, der zivile Konsum kommt am Ende. Auf dem Papier halten jedenfalls die Planer im Rüstungswettlauf mit, ganz gleich, in welchem Tempo die Vereinigten Staaten ihn bestreiten wollen. In Wirklichkeit haben sich die Dinge ganz anders zugetragen: Die Sowjetunion steigerte den der Verteidigung gewidmeten Prozentsatz ihres Bruttosozialproduktes auch dann, wenn die Vereinigten Staaten das Gegenteil taten.

Man wird einwenden, daß diese Überrüstung schließlich das Wirtschaftswachstum insgesamt beeinträchtigen und eine normale Erhöhung des Lebensstandards verhindern dürfte. Das Wachstum der Sowjetwirtschaft wurde, wie man weiß, durch eine systematische Vermehrung der Produktionsmittel, Maschinen und Arbeitskraft, erwirkt; heute sinkt die Investitionsrentabilität wieder, die Überschüsse an Arbeitskraft gehen zu Ende. Ist der Moment nicht gekommen, wo eine Fortführung der Überrüstung die gesamte Wirtschaftsentwicklung gefährdet?

Die westlichen Wirtschaftswissenschaftler betonen seit Jahren die regelmäßige Abnahme der sowjetischen Wachstumsrate. Der gleich hoch bleibende Anteil des Bruttosozialproduktes zugunsten des Militärs könnte zu der Annahme verleiten, das Bruttosozialprodukt wachse jährlich etwa im gleichen Verhältnis wie der bereinigte Nettohaushalt für die Verteidigung. Wenn aber das Bruttosozialprodukt nicht steigt, dürfte der Militärhaushalt, da er real jedes Jahr zunimmt, einen immer höheren Anteil der nationalen Ressourcen für sich beanspruchen. Auch die sowjetischen Planer befürchten einen im

Westen wohlbekannten Teufelskreis: Ein übermäßiger Konsum läßt nicht genug für Investitionen übrig. Auch in der Sowjetunion läuft ein solcher Mechanismus ab, aber man muß klärend hinzufügen, daß es um einen militärischen, nicht um einen zivilen Konsum geht. Es ist kaum notwendig zu betonen, daß der Teufelskreis im Westen die zu hohen Löhne und die übermäßigen Abzüge des Staates miteinbezieht; in der Sowjetunion dagegen droht die Priorität des militärischen Konsums die Quelle für Investitionen zum Versiegen zu bringen.

Wir sollten unsere Diagnose über die Gefährlichkeit der sowjetischen Wirtschaftskrise an dieser Stelle noch eine Weile zurückhalten. Bisher waren es die Vereinigten Staaten, nicht die Sowjetunion, die das Tempo des Wettlaufs nicht mithalten konnten. Im Gegensatz zur landläufigen Meinung hängen die Kapazitäten zur Waffenproduktion in Friedenszeiten nicht von dem Volumen des Volkseinkommens ab, jedenfalls nicht ausschließlich. Tatsache ist, daß die Sowjetunion 12 bis 15 % ihres Bruttosozialproduktes der Verteidigung zukommen läßt, die Vereinigten Staaten aber nur 5 %. Um von 5 auf 6 % zu kommen, mußte Präsident Reagan die Finanzierung einiger Sozialgesetze antasten und riskierte damit die Entstehung einer starken Opposition im Kongreß und in der öffentlichen Meinung. Nicht also das Volumen des Volkseinkommens, sondern das Wesen des politischen Regimes verbreitert oder verringert die Handlungsfreiheit der Verantwortlichen.

Das amerikanische Beispiel ist in dieser Hinsicht lehrreich. Als der Koreakrieg 1950 begann, betrug der Verteidigungshaushalt 15 Milliarden Dollar. Der Mannschaft um Truman gelang es, diesen Ansatz innerhalb von achtzehn Monaten fast um das Dreifache zu erhöhen, ohne der Zivilbevölkerung irgendwelche Einschränkungen aufzubürden. Die Militäranstrengungen zogen ganz im Gegenteil die Mobilisierung brachliegender Ressourcen nach sich, ohne eine Inflation hervorzurufen, die mit der vergleichbar gewesen wäre, die später durch die Entsendung einer großen Streitmacht nach Vietnam verursacht wurde. Gewiß sprach man damals von einer »Korea-Inflation«, bei der die Preise für Rohstoffe einem einfach davonflogen, doch hielt ein Preiskontrollsystem die Inflation im Inneren in Grenzen.

Anders ausgedrückt: Das amerikanische Gemeinwesen, das in den vergangenen dreißig Jahren immer reicher geworden ist, hat 1982 größere Schwierigkeiten, den der Verteidigung gewidmeten Anteil seines Bruttosozialproduktes von 5 auf 6 % zu erhöhen, als es sie im Jahre 1950 hatte, als es diesen Anteil von 3,5 auf 10 % brachte. Was ist der Grund für diese Paradoxie? Hauptsächlich liegt es wohl an der Entwicklung der amerikanischen Gesellschaft und an der Erhöhung der steuerlichen Abzüge. In einem liberalen oder halbliberalen Wirtschaftssystem wird die Rüstung über die Steuern finanziert. Solange der US-Haushalt in normalen Zeiten nichts als die traditionellen Dienstleistungen des Staates zu berücksichtigen hatte, behielt die Washingtoner Regierung ihren Handlungsspielraum; von heute auf morgen konnte sie den Verteidigungshaushalt verdoppeln oder verdreifachen, ohne die Sozialgesetzgebung anzutasten, ohne den Steuerzahler auszupressen. In der Zwischenzeit haben aber auch die Vereinigten Staaten den Weg des Fürsorgestaates eingeschlagen. L. B. Johnson hat die Inflation ausgelöst, als er den Vietnam-Krieg und zugleich die Verwirklichung der »Great Society« vorantreiben wollte. Ronald Reagan will innerhalb von vier Jahren den Verteidigungshaushalt um zwei Prozent des Bruttosozialproduktes verstärken. Er hätte allerdings auch die Steuern, insbesondere die direkten Steuern, erhöhen können, die jenseits des Atlantiks viel niedriger als in Europa liegen, aber er wollte gleichzeitig wiederaufrüsten und die Einkommensteuer senken. Dies alles vorausgeschickt, bleibt die Formel richtig: Die Fähigkeit, im Rüstungswettlauf mitzuhalten, hängt weniger vom Volumen des Volkseinkommens als vom politischen Regime ab. Ein den Prinzipien der

Kriegswirtschaft nahestehendes Zentralplanungsregime kennt nur zwei unüberwindliche Hindernisse: die Weigerung der Bevölkerung, eine zusätzliche Senkung ihres Lebensstandards hinzunehmen, und die Stagnierung des Volkseinkommens aufgrund fehlender Ressourcen für Investitionen.

Es scheint, sogar nach sowjetischen statistischen Daten, als wäre die sowjetische Wirtschaft eher von der Stagnierung bedroht, wobei diese Bedrohung wiederum mit dem riesigen Ausmaß des Verteidigungshaushaltes zusammenhängt. Eine Kriegswirtschaft im Frieden findet irgendwann einmal ihre Grenzen. Es ist also durchaus möglich, daß die Sowjetwirtschaft langsam an ihre Grenzen stößt, während die amerikanische noch Ressourcen zur Verfügung hat, vorausgesetzt, daß der Wille der Regierungsmannschaft nicht verfälscht oder verwässert wird. Die Zunahme des Verteidigungshaushaltes um ein Prozent des Bruttosozialproduktes kann sie verkraften. Unter der Bedingung, daß diese Analyse zutrifft und daß die Vereinigten Staaten und nicht die Sowjetunion den Rüstungswettlauf der kommenden Jahre gewinnen, muß man außerdem noch die Unterhaltskosten der Bürger in Uniform und ihrer Waffen miteinbeziehen. In der Sowjetunion gewährleistet hauptsächlich die Wehrpflicht den Personalbestand aller Teilstreitkräfte. Die Vereinigten Staaten dagegen sind zu einer Berufsarmee zurückgekehrt, die vergleichsweise teurer ist als eine Rekrutenarmee. Die amerikanischen Kampfflugzeuge sind technisch besser und raffinierter als die sowjetischen, aber sie kosten dafür auch mehr Geld. Mit der gleichen Milliarde Dollar kann man (bei gleichbleibendem Wert) immer weniger Flugzeuge kaufen. Kann die technische Überlegenheit allein den zahlenmäßigen Nachteil ausgleichen? Die Frage ist um so angebrachter, als der »Perfektionismus« der amerikanischen Hersteller nicht allein vom Gesichtspunkt des Kampfwerts gerechtfertigt wird: Er ist ein guter Vorwand für Preiserhöhungen.

Auf dem Papier erscheinen die achtziger Jahre sehr günstig

für die Sowjetunion, aber nicht so, daß Abenteurer davon ermutigt werden könnten. Eine Verringerung des gegenwärtig zugunsten Moskaus ausschlagenden Ungleichgewichts kündigt sich weder als so wahrscheinlich noch als so erheblich an, daß die Männer im Kreml veranlaßt werden könnten, ihre legendäre Vorsicht fallenzulassen. Einmal mehr rechtfertigen weder die achtziger noch die neunziger Jahre die Spenglersche Formel von den »Entscheidungsjahren«.

Bleibt noch ein Argument, das schwerstwiegende und am wenigsten bewiesene von allen: die Transformation des sowjetischen Regimes selbst. Demzufolge hätten wir es nicht mit einem Partei-Staat, sondern mit einem Streitkräfte-Staat, einem Militärstaat zu tun, der auf Krieg hin organisiert und für seine Durchführung bestimmt sei. Wenn wir uns nach unserer bisherigen Erfahrung der Leninschen und Stalinschen Sowjetunion richten, begehen wir, dieser Argumentation zufolge, einen Kardinalfehler: In Moskau haben keineswegs die Mitglieder des Politbüros, sondern die Heerführer die Macht. Diese These gründet sich allerdings auf wenig Faktisches.

N. S. Chruschtschow soll gestürzt worden sein, weil er angeblich die Absicht hatte, die Militärausgaben zu verringern. Die Heerführer hätten bei der Wahl des Mannes an der Spitze sowie bei der Aufstellung des Staatshaushaltes ein Vetorecht. Vielleicht enthalten diese Behauptungen einen Teil Wahrheit. Die Partei hätte sicher Bedenken, sich das Offizierskorps der drei Teilstreitkräfte zu entfremden. Was aber unbewiesen bleibt, ist, daß die obersten Befehlshaber von Heer, Luftwaffe und Kriegsmarine regelrechte Beziehungen untereinander unterhalten, und damit so etwas wie eine »politische Entität« darstellten, um sich bei der offiziellen Sowjethierarchie durchzusetzen. Ich bezweifle, daß es eine derartige Gegengewalt zur Partei gibt.

Stalin kontrollierte die Partei und terrorisierte mit Hilfe des NKWD seine Gefährten und das ganze Volk. Berija wurde von den anderen Mitgliedern des Politbüros hingerichtet, weil er als

Herr über die Polizei den Parteimitgliedern Angst und Schrek-
ken einjagte. Stalin hatte mit Hilfe der Polizei regiert, aber er
hatte zuerst die Partei »stalinisiert« und alle möglichen Rivalen
ausgeschaltet. Hätte Berija die Partei auf sich einschwören können, nur weil er die Polizei leitete? Wir wissen es nicht; sicher
aber ist, daß die Oligarchen dieses Risiko nicht eingehen wollten. Der Aufstieg Chruschtschows, sein Sturz, der Aufstieg
Breschnews liefen nach ungeschriebenen Parteiregeln ab.
Chruschtschows Mehrheitsentzug im Politbüro und der Rückgriff auf das Zentralkomitee waren Ausnahmefälle; dabei soll
Marschall Schukow, der kurz danach von der politischen
Bühne verschwand, eine gewisse Rolle gespielt haben.

Die doppelte Unterstellung unter ein militärisches und ein
politisches Kommando innerhalb der Streitkräfte bleibt bestehen. Viele Generäle gehören der Partei an; einige davon sitzen
im Zentralkomitee. Die Partei behandelt die Militärs gut, man
kann sogar sagen, ausgesprochen großzügig. Vielleicht, weil sie
Reaktionen der Verantwortlichen in den Streitkräften fürchtet;
wahrscheinlich ist, daß die Parteiführer mit den Generälen über
den Primat der Macht einer Meinung sind. Nichts gestattet die
Behauptung, daß die Kreml-Oligarchen die SS 18, SS 20, 21,
und 22 nur deswegen weiterhin dislozieren, weil sie eine
Revolte derjenigen befürchten, die sie bisher immer zur Räson
gebracht und als Erfüllungsgehilfen benutzt haben. Ich will
gerne glauben, daß eine Säuberung, vergleichbar mit der, die
die Armee (wie andere Staatsorgane auch) 1937 heimsuchte, in
der Sowjetunion unter Breschnew und Andropow unmöglich
geworden ist. Ebenso scheint eine große Säuberung der Partei
im Stalinschen Stil ausgeschlossen, auch wenn Andropow
ungefähr fünfzehn Jahre lang Herr des Staatssicherheitsdienstes
gewesen ist. Seit Stalins Tod sind die Unterlegenen innerpartei-
licher Kämpfe, mit der Ausnahme von Berija, nicht mehr
umgebracht worden; sie haben den politischen, keinen physi-
schen Tod erlitten. Die »Blutsbruderschaft« wurde, nach
Lenins Formel, wieder beachtet.

Meine Schlußfolgerung wird meine Leser enttäuschen und sie so unsicher zurücklassen, wie ich es selber bin: Wozu diese riesigen Rüstungsanstrengungen, wozu der Bau einer, im Vergleich zur amerikanischen, aus geopolitischen Gründen andersartigen Kriegsflotte, die dennoch mit dieser rivalisiert? Warum so viele Panzer, Flugzeuge, Raketen, Divisionen? Um die Westeuropäer einzuschüchtern, die Tschechoslowakei und Polen zu normalisieren, Afghanistan zu besetzen – und weiter nichts? Der Verstand schwankt zwischen zwei Meinungen, die beide unbefriedigend sind. Entweder: Die Sowjetunion hat versucht, mit den Vereinigten Staaten auf allen Gebieten gleichzuziehen, und in ihrem Eifer hat sie ihren inzwischen träge gewordenen Feind eingeholt. Oder: Die Sowjetunion erwartet von den ihren Streitkräften dargebrachten Opfern eine entsprechende politische Rendite. Eines Tages, und warum nicht in den kommenden, für sie günstigen Jahren, wird sie ihr Glück in der entsprechenden Größenordnung versuchen.

Von diesen beiden Hypothesen halte ich vornehmlich an der ersten fest. Die Strategie des Militärstaates wird die des Partei-Staates bleiben. Im Augenblick jedenfalls zeichnet sich die Strategie des Militärstaates in Europa und im Nahen Osten durch einen unmilitärischen Charakter aus: Die Sowjetdiplomatie wiederholt in Sachen Pershing II die Tricks, die sie beim Stockholmer Appell schon einmal angewandt hat, aber diesmal unter Bedingungen, die ihr eigentlich jeden Erfolg versagen dürften. Gegen Ende der vierziger Jahre besaßen allein die Vereinigten Staaten die Atombombe (jedenfalls glaubte dies die öffentliche Meinung). Heute sind es die Sowjets, die mit ihren SS 20 Hunderte von nuklearen Gefechtsköpfen auf Westeuropa richten, die die Friedensbewegungen in Westeuropa manipulieren, so gut sie es können, und es finden sich Intellektuelle von hohem Rang, die bei den Kampagnen gegen die Pershing II meinungsbildend dabei sind! Im Nahen Osten wurden in ähnlicher Weise sowjetische Waffen in Syrien disloziert, um den Israelis zu bedeuten, eine bestimmte Grenze nicht zu überschreiten.

Ansonsten hat die Sowjetunion, außer Radar und Boden-Luft-Rakten zu installieren, eine große Kampagne gestartet, auf die sie sich versteht: den Antisemitismus.

Versuchen wir einmal, uns die Welt vorzustellen, wie sie die Sowjetunion sieht. In Europa wird es für die Deutschen immer schwerer, die Teilung ihres Volkes und den amerikanischen Schutz zu ertragen. Für eine Diplomatie, die langfristig denkt und handelt, wäre es unvernünftig, das Risiko eines großen, vielleicht gar atomaren Krieges auf sich zu nehmen, wenn das gleiche Ziel schlicht durch die Schwerkraft des Bestehenden zu erreichen ist, die man noch mit den üblichen Methoden der Propaganda und des Terrorismus verstärken kann. Im Nahen Osten hat die Sowjetunion derzeit keinen Verbündeten oder Satelliten, mit dem sie rechnen kann. Seitdem Ägypten aus dem Krieg gegen Israel ausgeschieden ist, müssen die Russen warten, währenddessen untergraben sie aber die moralischen und politischen Fundamente der israelischen Legitimität. Doch werden sich, vom Nahen Osten bis nach Pakistan, noch ungezählte, im Detail unvorhersehbare, aber durchaus mögliche Gelegenheiten bieten. Der Westen ist genötigt, traditionalistische Regime zu unterstützen, in denen überlebte Praktiken vergangener Zeiten fortbestehen und die auf kurz oder lang zum Verschwinden verurteilt sind. Die Revolutionäre sind nicht immer prosowjetisch (das hat der Iran gezeigt), aber sie sind antiamerikanisch, weil das Regime, das sie gestürzt haben, sich mit dem Washingtoner »Imperialismus« eingelassen hatte. In Zentralamerika ist die gleiche Dynamik am Werke. Die Vereinigten Staaten kommen aus einem Widerspruch nicht heraus, den sie zwar wahrnehmen, aber nicht auflösen können. Sie verdanken ihr Prestige, ihre Autorität den Freiheiten, die ihre Bürger im Inneren genießen. Aber nach außen sind sie, mit der Ausnahme Europas, häufig mit despotischen Regimes verbündet; sie unterstützen sie oder geben ihnen das Gefühl der Unterstützung aus Furcht vor einer Revolution, die diese Länder nach links, zum Castrismus oder gar zum Sowjetismus, treiben könnte. Aber damit, so denken die Männer im Kreml, stehen sie auf verlorenem Posten. Lassen wir sie ruhig in ihre eigene Falle tappen.

Wenn die Oligarchen im Kreml ihre Zukunft rosig sehen, so nährt ihr Optimismus den unsrigen: Der Frieden ist unmöglich, aber der Krieg ist unwahrscheinlich.

VI
Die geopolitische Weltkarte

Das zwischenstaatliche System hat sich im Laufe der vergangenen zwanzig Jahre verändert: Dies zu leugnen wäre unsinnig. Die beiden Großmächte haben nach wie vor ihre Sonderstellung inne. Die amerikanische Überlegenheit auf dem Gebiet der strategischen Nuklearwaffen ist einer Gleichwertigkeit oder gar einem gewissen Übergewicht der Sowjetunion gewichen: Die Sowjets fordern die Amerikaner zur See heraus, wie es das Wilhelminische Reich gegenüber dem Britischen Empire zu Beginn dieses Jahrhunderts tat. Der Wille der Sowjetunion, zur See ebenso stark wie die Amerikaner zu erscheinen, beweist nicht notwendigerweise einen Willen zur Aggression. Warum sollte das Weltmeer, wie aus einem Erstgeburtsrecht heraus, immer nur den Vereinigten Staaten gehören?

Andererseits gehört China nicht mehr zum Sowjetblock und treibt eine eigene Großmachtpolitik, die von ideologischen Gesichtspunkten nur schwach beeinflußt ist. Dagegen gehören Äthiopien, Süd-Jemen und das wiedervereinigte Vietnam endgültig zur sowjetischen Seite. Diese Endgültigkeit hängt mit der inneren Struktur der Staaten zusammen: Sobald der Partei-Staat steht, ist eine erneute Umwälzung sehr unwahrscheinlich. In Zentralamerika haben die Sandinisten höchstwahrscheinlich die Grenze des »no return« überschritten. Die antisandinistischen »Contras« fassen sowohl Anhänger des ehemaligen »Caudillo«, Somoza, als auch enttäuschte Sandinisten zusammen, die ein

Regime castristischen Zuschnitts nicht hinnehmen wollen; auch mit Unterstützung der Vereinigten Staaten haben sie kaum Chancen durchzukommen, es sei denn, die amerikanische Armee würde selbst unmittelbar eingreifen.

Die Veränderungen im zwischenstaatlichen System kamen entweder durch militärische Operationen oder durch den Ausgang bewaffneter Auseinandersetzungen innerhalb bestimmter Länder zustande. Der große Krieg dieser Epoche, der Vietnam-Krieg, erinnert an die Rolle der Waffen, aber auch des Wortes im zwischenstaatlichen System. Sogar im Falle Vietnams, wo Panzer den entscheidenden Stoß unternahmen, durchdrang die Politik die Feindseligkeiten von Anfang bis Ende, das heißt, vom Angriff des Vietminh gegen das französische Expeditionskorps im Dezember 1946 bis zur Einnahme Saigons im Frühjahr 1975. Zuerst war es ein nationaler Befreiungskrieg unter der Führung eines kommunistischen Generalstabs gegen die Armee einer fernen Metropole; nach einem Waffenstillstand und der Teilung des Landes wurde es ein von der kommunistischen Regierung des Nordstaates unterstützter und unterhaltener Aufstand gegen das Regime im Süden; später griff die amerikanische Armee direkt ein, worauf der Norden durch die Entsendung von Truppen antwortete, die als Guerilleros im Süden kämpften; neues Friedensabkommen zwischen den Vereinigten Staaten und Nord-Vietnam (das mit dem Regime im Süden nicht verhandelt hat) und schließlich die siegreiche Invasion des Südens durch die reguläre Nord-Armee. Die Expeditionskorps, das französische und das amerikanische, blieben unfähig zum entscheidenden Sieg gegen die Revolutionäre und unfähig zur Schaffung eines Regimes, das dem Norden standgehalten hätte.

Diese Kriege wurden von transnationalen Phänomenen beeinflußt: der Verbreitung der sowjetischen Ideologie; der freiwilligen Akzeptierung Moskaus als Leitzentrale einer weltweiten Revolutionsbewegung; der Sympathie, die der Kampf gegen die Macht der Weißen, gegen die Verbündeten des

Westens in der Dritten Welt, da, wo es ihn noch gibt, in den europäischen und in den Vereinigten Staaten hervorruft.

In Afrika ließ sich die Befreiungsbewegung da, wo sie in Angola und in Mozambique den Sieg sowohl gegen die Portugiesen als auch gegen ihre eigenen Rivalen davontrug, von marxistisch-leninistischen Ideen leiten; sie erbat und bekam auch die militärische und technische Hilfe der sowjetischen Welt und kubanische Truppen gewährleisteten in Luanda die Machtergreifung der MPLA.

Diese Anmerkungen dürften ausreichen, um die extremistische These zu widerlegen, derzufolge militärische Gewalt in den Interaktionen des zwischenstaatlichen Systems eine immer unbedeutendere und sogar minimale Rolle spiele. In Vietnam, in Äthiopien, in Angola, in Mozambique hat Waffengewalt den Ausgang historischer Auseinandersetzungen entschieden. Die Vietnamkriege, vor allem der zweite, von den Vereinigten Staaten geführte Krieg, haben zwar nicht die Ohnmacht von Waffengewalt bewiesen, aber doch bestimmte Umstände näher beleuchtet, unter denen eine Supermacht in Schach gehalten werden kann. In Südvietnam haben sich die Amerikaner an die Regeln gehalten, die ihnen der Feind oktroyiert hatte. Sie haben das Unmögliche versucht, eine von außen unterstützte Guerilla auszuschalten, aber sie wurden nicht gezwungen, vor Ort das Feld ihrem Feind zu überlassen. Mit ihrer Luftwaffe und dem Kern eines Expeditionskorps hätten sie 1975 den nordvietnamesischen Triumph vereiteln können.

1983 ebenso wie 1962 bietet das weltweite zwischenstaatliche System immer dieselbe Originalität im Vergleich zum europäischen Mächtekonzert – was ins Auge springt und nicht lange kommentiert werden muß –, aber auch im Vergleich zu jedem anderen System in der Vergangenheit. Diese Originalität hat folgende Gründe:

1. Das System erstreckt sich über fünf Kontinente: Waren, Ideen, Währungen werden über die Grenzen, sogar über die verschiedenen Kulturbereiche hinweg getauscht.

2. Es hat sich selbst in zwei Subsysteme unterteilt, die sich gegenseitig beeinflussen, aber jeweils anderen Regeln zu gehorchen scheinen.

3. Die vorherrschende Ideologie des zwischenstaatlichen Systems ist und bleibt die des europäischen 19. Jahrhunderts; jedes Volk – oder jede ethnische Gruppe, die sich ihrer Identität bewußt wurde und ihre Unabhängigkeit verlangt – findet Unterstützung in der westlichen Welt; doch findet es die Sympathie und die Unterstützung der Dritten Welt nur, wenn der Unterdrücker zum europäisch-amerikanischen Kulturbereich gehört. Die Kurden wecken keine Anteilnahme, kein Intellektueller ergreift die Feder für einen Appell zu ihren Gunsten, jedenfalls nicht in dem Maße, wie es für nationale Befreiungsbewegungen geschieht, sofern sie die koloniale oder ehemals koloniale Herrschaft von Weißen aus reichen Mutterländern bekämpfen.

4. Diese nationale Ideologie wird allerdings durch folgende Faktoren widerlegt oder stark beeinträchtigt:

a) Die Weltreiche oder die Quasi-Reiche – das ideokratische Reich der Sowjetunion und das unter dem Schutz der amerikanischen Abschreckung stehende Gebiet – beschneiden die nationale Souveränität, deren absoluter Wert aber von der UN-Charta verkündet wird.

b) Die transnationale Verbreitung der Ideologien macht zahlreiche Länder tendenziell zu Schlachtfeldern; die im Streit befindlichen nationalen Parteien stehen meistens mit dem einen oder anderen Lager in Verbindung, entweder weil sie, ob Geld oder Waffen, Hilfe benötigen, oder weil sie aufgrund ihres eigenen Bekenntnisses dem Ideal der »Volksdemokratie« oder der liberalen Demokratie die Treue geschworen haben.

5. Die meisten afrikanischen Staaten und zahlreiche Länder im Nahen und Mittleren Osten sowie in Asien haben, im Gegensatz zu den europäischen Nationen, kein einheitliches (oder zumindest relativ homogenes) Staatsvolk. Die staatlichen Apparate überstülpen ethnische oder religiöse Gruppen, die sich nicht immer mit den Herrschenden identifizieren.

6. 1983 wie 1962 frappiert der gleiche Kontrast den Beobachter: Die anscheinende Stabilität eines anomalen »*status quo*« in Europa und die zahlreichen, unterschiedlichen, manchmal raschen Veränderungen in der restlichen Welt.

Betrachten wir zunächst das, was ich vor einundzwanzig Jahren mit »Unentschiedenes Spiel in Europa« überschrieb, nämlich die politische, aber nicht militärische Konfrontation beider Pakte, des Atlantischen und des Warschauer. Der Territorialstatus bleibt sich gleich: Jugoslawien zwischen beiden Lagern, Albanien weiterhin im Gewande des einsamen Dogmatikers und allem Revisionismus abhold, den es übrigens in beiden Metropolen der marxistisch-leninistischen Kirche vermutet. Die Stabilität, das Beharrungsvermögen von Demarkationslinien, auch mitten durch eine Stadt, bedeutet aber nicht, daß sich seitdem nichts ereignet hat.

Vor 1962 hatte es N. S. Chruschtschows Diplomatie noch nicht zur Raketenkrise auf Kuba, aber auch noch nicht zu den ersten »*arms control*«-Abkommen kommen lassen. 1953 bedeutete Stalins Tod das Ende einer durch einen Quasi-Abbruch jeder Art von Ost-West-Beziehungen gekennzeichneten Phase. Die sowjetischen Sportler begannen, an internationalen Veranstaltungen, die Wissenschaftler an Kongressen teilzunehmen; die Grenzen wurden für Touristen aus den kapitalistischen Ländern geöffnet. Die Jahre 1962–1963 leiteten eine dritte Phase ein, die *Ostpolitik* der sozial-liberalen Regierung in Bonn, und 1975 kam die Unterzeichnung der Schlußakte von Helsinki. Der Westen erkannte die Folgen des Zweiten Weltkrieges, die Deutschen die Existenz der DDR an, ohne auf das Recht zur Wiedervereinigung zu verzichten.

Außerhalb der diplomatischen Sphäre im strengen Sinne des Wortes veränderte sich auch das Klima in den Beziehungen beider Teile Europas, beider deutschen Staaten zueinander. Das Handelsvolumen nahm zu. Trotz der Abgrenzungsparolen, das heißt, trotz der von den ostdeutschen Behörden gewünschten Verstärkung aller möglichen Hindernisse, um die Bevölkerung der DDR nicht dem verderblichen Einfluß aus dem Westen auszusetzen, kam sich die Bevölkerung hüben und drüben, da man sich besser kannte, immer näher: Die politischen Regimes blieben sich freilich weiterhin nicht geheuer, nicht aber die Völker oder, besser, das geteilte Volk. Die Westdeutschen besuchen nunmehr ihre Verwandten auf der anderen Seite der Demarkationslinie und das westdeutsche Fernsehen erreicht vier Fünftel des DDR-Territoriums. Die sowjetische Herrschaft ist deswegen nicht in Frage gestellt. Das Bündnis mit Amerika hingegen ist umstritten – mit dem entsprechenden Risikofaktor für den Westen. Sicher ist, daß die Deutschen in der Bundesrepublik in ihrer erdrückenden Mehrheit ihre politischen Institutionen bejahen und nicht gerade rebellieren würden, wenn sich die amerikanischen Truppen wieder jenseits des Atlantiks zurückzögen. Das gleiche dürfte für das Regime im Osten nicht zutreffen. Sich selbst überlassen und frei zu wählen, würden die Ostdeutschen mit ihrem abgemilderten Stalinismus nicht länger vorliebnehmen. Ein beide deutschen Staaten wiedervereinendes Deutschland dürfte eher Bonn als Pankow gleichen.

Heute sieht also alles etwas anders aus: Die Ostdeutschen befürchten nicht, daß Moskau das eroberte Terrain wieder preisgibt; eine Entsowjetisierung der DDR würde den imperialen Machtbereich insgesamt erschüttern. Eine Verbesserung ihres Loses erwarten sie vom Westen. Die Deutschen in der Bundesrepublik genießen eine ganz andere Freiheit. Sie können sich vorstellen, daß Moskaus Haltung gegenüber beiden deutschen Staaten milder werden würde, wenn entlang der Demarkationslinie keine amerikanische Armee Wache halten würde. Die Westdeutschen, nicht die Ostdeutschen, kommen immer wieder in die Versuchung, ihre Bindungen zum großen Verbündeten, zur Schutzmacht, in der Hoffnung auf eine, wenn nicht politische, so doch moralische Wiedervereinigung zu lockern. Die von einem erklecklichen Teil der öffentlichen Meinung abgelehnte Stationierung der Pershing II versinnbildlicht die

Kontinuität und zugleich die Diskontinuität der europäischen Geschichte der letzten zwanzig Jahre.

Beide Lager fahren fort – vielleicht aus Gewohnheit –, ihre Arsenale so zu modernisieren, als stünde die Kraftprobe irgendwann bevor. Den Anfang machten die Russen, die im Laufe der siebziger Jahre ihre Panzerwaffen immer weiter verstärkten, die Speerspitze ihres für einen plötzlichen und brutalen Angriff ausgerüsteten und geschulten Heeres, während der Westen, einschließlich Amerika, seine Anstrengungen verminderte. Die Europäer antworteten nur schwach auf diese Herausforderung, in der inneren Überzeugung, daß die sowjetischen Streitkräfte weniger zum Losschlagen als vielmehr zur Einschüchterung da seien.

Aber diplomatisch-strategische Unbeweglichkeit – obwohl die Ostpolitik, die Abkommen der Bundesrepublik mit der Sowjetunion und Polen, die Vereinbarungen von Helsinki die rechtlichen Bedingungen des *status quo* schon verändert haben – hält die Entwicklung weder in den Köpfen noch in den politischen Sitten auf. Der Prager Frühling fiel zeitlich mit den studentischen Revolten im Westen zusammen und wies eine gewisse Verwandtschaft zwischen beiden Europa, zwischen beiden Gedankenwelten auf. Allerdings versinnbildlicht die (ich glaube es wenigstens) authentische oder nur symbolische Begegnung der Revoltierenden zu Prag und zu Berlin schon die Grenzen dieser Verwandtschaft. Die Prager Studenten forderten Freiheit, die die Berliner Studenten geringachteten. »Es muß irgendetwas faul in eurem System sein, daß es Schwachköpfe wie euch hervorbringt.« So beendeten die Tschechen ihre Auseinandersetzung mit ihren deutschen Kommilitonen.

Dennoch gehören diese teilweise transnationalen Phänomene – obwohl sie, streng genommen, nicht zum zwischenstaatlichen System gehören – gewissermaßen zur europäischen oder intranationalen Geschichte des geteilten Alten Kontinents. Die jungen Tschechen standen gegen ein von der Logik des zwischenstaatlichen Systems aufoktroyiertes Regime auf. Die Jugendlichen bei uns, vor allem die Studenten in Harvard oder an der Sorbonne, rebellierten nicht sosehr gegen eine zwischenstaatliche Ordnung (mit Ausnahme, in den Vereinigten Staaten, der Revolte gegen den Vietnam-Krieg) als vielmehr gegen eine innerstaatliche, sogar gegen eine soziale Ordnung (was die Soziologen »Sozialkontrolle« nennen).

In jedem Land entdeckt man ohne große Mühe eine Ursache, eine Bedingung oder ein Phänomen, die diese plötzlichen, gewaltsamen und kurzlebigen Revolten zu begleiten scheinen. In den Vereinigten Staaten rief der Vietnam-Krieg einen Aufstand hervor, der das Regime in seiner Gesamtheit erfaßte. Es war für Greuel verantwortlich, die zwar weit weg begangen worden waren, nun aber auf die Regierung zurückfielen. Die Franzosen hatten ihrerseits viel an ihren Universitäten auszusetzen, aber der Algerien-Krieg war seit 1962 zu Ende. In Japan hatten die Studenten keinen Grund, speziell zu dieser Zeit gegen eine rigide Sozialkontrolle zu rebellieren – es hatte sie immer schon gegeben. In Frankreich hinterließ die Krise 1968 eine politisierte Universität und einen zwar nicht unerwarteten, aber doch beschleunigten Zusammenbruch des traditionellen Sittengefüges: Befreiung der Frau, der Homosexuellen, Schwächung aller Autoritäten, ob akademischer, religiöser oder militärischer Natur, Zusammenleben ohne Trauschein, aber mit allem Prestige, das ehemals Ehe und Familie gebührte. Nichts von alledem geht auf die achtundsechziger Ereignisse zurück, aber sie beschleunigten eine »kulturelle Revolution«, die schon davor heranreifte und danach zur Hochblüte gelangte.

Können die europäischen Völker mit ihrem Tun oder mit ihrem Denken auf ihr Schicksal innerhalb des zwischenstaatlichen Systems einwirken? Die Tschechen verhinderten 1968, die Polen 1978 gewissermaßen jede Verjährung. Die Staaten haben die Konsequenzen des Zweiten Weltkrieges akzeptiert, die Völker dagegen nicht, so daß der »*status quo*« zwar kurzfristig nicht bedroht, aber noch lange nicht endgültig erscheint. Die diplomatisch-strategische Situation ist blockiert, aber die Völker regen sich von Zeit zu Zeit, um ihren Regierungen in Erinnerung zu rufen, daß es sie noch gibt.

Man kann von einem europäischen Subsystem in dem Maße sprechen, als es von der direkten Konfrontation beider Blöcke gesteuert und gleichzeitig vor der atomaren Bedrohung geschützt wird. Das Subsystem ist deswegen nicht autonom. Die Vereinigten Staaten treiben eine weltweite Diplomatie, und wenn sie in einen Konflikt außerhalb der nordatlantischen Bündniszone geraten, wirken sie damit auf das Subsystem, insbesondere auf das Ost-West-Verhältnis auf dem Alten Kontinent, ein.

Die Europäer befürchten die Folgen der Washingtoner Globaldiplomatie. Wenn sie an den Vietnam-Krieg zurückdenken, fehlt es ihnen nicht an Argumenten. In Wirklichkeit hat dieser Krieg keine Rückwirkungen auf das europäische Subsystem gehabt – wenn man von der moralischen und militärischen Schwächung der Vereinigten Staaten absieht, die weltweit, also auch in Europa, wirkte.

Dagegen berühren die Krisen im Nahen und Mittleren Osten die europäischen Länder unmittelbar. Die Vereinigten Staaten betreiben dort eine Diplomatie, die nicht immer mit den Präferenzen und Interessen ihrer Verbündeten vereinbar ist, aber es besteht auch kein Widerspruch in den jeweiligen Zielsetzungen beider Bündnispartner, Europäer und Amerikaner. Bis zum Ende des Algerien-Krieges pflegte Frankreich eine Art ungeschriebener Allianz mit Israel. 1967 ging es zu einer proarabischen Neutralität über. Ab 1973, dem ersten Ölschock, verstärkten die Europäer ihre Aktionen zugunsten der sogenannten gemäßigten Thesen der Araber, das heißt, der Schaffung eines palästinensischen Staates in Westjordanien. Sie warfen den Amerikanern vor, keinen ausreichenden Druck auf Israel auszuüben; sie befürchteten, daß die pro-israelische Washingtoner Diplomatie die Golfstaaten, von denen die Erdölversorgung der Industrieländer abhängt, befremden und in Richtung Moskau treiben würde.

Die Europäer, insbesondere die Franzosen, verwerfen mit Empörung die Formel Henry Kissingers: »Die Vereinigten Staaten führen eine weltweite Diplomatie, weil sie weltweite Interessen haben; die Europäer bleiben darauf beschränkt, Regionalinteressen zu verteidigen.« Diese Formulierung ist in gewissem Sinne absurd. Durch das Commonwealth behält Großbritannien Interessen in allen Kontinenten; Frankreich, sogar Holland und Belgien sind für ihre ehemaligen Kolonien nicht ganz fremd. Die Formel hätte dagegen gestimmt, wenn H. Kissinger »Interessen« durch »Aktionsfähigkeit« oder »-möglichkeit« ersetzt hätte. Die Europäer sind selbstverständlich vom israelisch-arabischen Konflikt unmittelbar betroffen, der selbst mit dem Los der Golfstaaten zusammenhängt. Doch bleibt der Konflikt immer nur militärisch, auch wenn ein Waffenstillstand ab und zu die Feindseligkeiten unterbricht. Aber kein europäischer Staat besitzt die für militärische Interventionen erforderlichen Mittel.

Das nahöstliche Subsystem wird vorrangig von der Existenz des Staates Israel und von dessen Ablehnung durch die arabischen Staaten bestimmt. Seit dem Beginn der fünfziger Jahre machte sich die Sowjetunion durch Waffenverkäufe, später durch die Unterstützung des einen oder anderen arabischen Staates bzw. der Gesamtheit der Feinde Israels, je nach Entwicklung der Dinge, in dieser Region bemerkbar. Die Sowjetunion finanzierte 1956 den Assuan-Staudamm, den sich die Vereinigten Staaten mit der Stimme J. F. Dulles' zu finanzieren geweigert hatten. Oberst Nasser ging eine Zeitlang scheinbar zum sowjetischen Lager über: Die ägyptische Armee wurde mit sowjetischem Material ausgerüstet und durch sowjetische Berater geschult. Im Sechs-Tage-Krieg übte die Sowjetunion Druck aus, um den Vormarsch der israelischen Truppen zu stoppen. Auch 1973 richtete die Sowjetunion eine Luftbrücke ein, um die Versorgung der ägyptischen Armee zu beschleunigen; als das Waffenglück das Lager wechselte, drohten die Sowjets mit dem Einsatz von Luftlandetruppen, um die Israelis endlich zum

Waffenstillstand zu zwingen. Schon vor 1973 hatte Präsident Sadat die meisten sowjetischen Militärberater nach Hause geschickt. Er hatte das Bündnis mit Moskau für eigene Zwecke ausgenutzt und nicht umgekehrt. Moskau hatte ihm geholfen, einen Krieg durchzustehen, Washington half ihm, seine von Israel besetzten Territorien zurückzugewinnen. 1983 ist Ägypten auf amerikanischer Seite.

Überhaupt ist der Nahe Osten das Paradigma eines Subsystems. Keines der Länder gehört zum Sowjetreich. Der Kreml handelt vor allem über Regimes oder Regierungen, die sich als antikommunistisch bezeichnen und auch entsprechend handeln. 1964, 1967 und 1973 unterstützte die Sowjetunion die Feinde Israels, sie verhinderte dennoch nicht die Siege Israels und erntete keine Dankbarkeit von ihren Schützlingen. Syrien ist der einzige – relativ – zuverlässige Verbündete Moskaus. In diesem Subsystem folgen die Akteure am Ort zuerst der Logik des israelisch-arabischen Konfliktes bzw. ihren eigenen Interessen.

Sadats Ägypten benutzte die Sowjetunion, um die Bedingungen zu schaffen, unter denen der Friede mit Israel möglich wurde. In Ermangelung von Zwangsmitteln riskierte die Sowjetunion, ausmanövriert zu werden; sie verhinderte zwar eine totale Niederlage der arabischen Staaten, machte aber zugleich in verkehrter Auswirkung ihrer Absicht den Friedensvertrag zwischen Ägypten und Israel möglich.

Die Vereinigten Staaten haben größere Erfolge erzielt, nicht weil sie ungewöhnlich geschickt waren, sondern zum Teil rein zufällig, zum Teil aber auch positionsbedingt. Israel besaß die beste Kriegsmaschinerie in dieser Region. 1967 schlug es in wenigen Tagen die Truppen dreier Länder: Syrien, Jordanien und Ägypten. 1973 ließ es sich überraschen, doch konnte es nach wenigen Tagen die Situation wiederherstellen. Somit bekam der Krieg 1973 das Aussehen aller vorangegangenen Kriege. Jede Großmacht unterstützte ihren Schützling, aber als sie die Sowjetunion vor einem direkten militärischen Eingreifen warnten, spielten die Vereinigten Staaten ohne eigenen Einsatz. Israel gewann, aber dafür konnten die Vereinigten Staaten nichts. Die Araber ihrerseits hatten auch nichts für die Präsenz von sowjetischen Divisionen auf dem Sinai oder am Jordan übrig. Das Szenarium wurde 1973 etwas verändert, als die Ägypter anfängliche Erfolge hatten und den Israelis eine Niederlage drohte und später, als die Israelis einen totalen Sieg davontrugen und Kissinger Ägypten unbedingt eine sichtbare und demütigende Niederlage ersparen wollte. Um den Frieden zwischen Kairo und Jerusalem möglich zu machen, mußte Kairo einen Erfolg für sich verbuchen können, ohne daß Israel sein Unbesiegbarkeitsprestige einbüßte.

Wenn man vom Nahen in den Mittleren Osten zu den Golfstaaten übergeht, wechselt man von einem Subsystem in ein anderes, auch wenn beide räumlich aneinanderstroßen und gewissermaßen voneinander abhängig sind. Die Amerikaner haben häufig diese Interdependenz übertrieben. Sicher verkündeten die Regierenden der Golfstaaten, wie alle modernen Staaten, lauthals ihre Feindseligkeit Israel gegenüber. Hunderttausende von Palästinensern leben in diesen Ländern, die das Schwarze Gold in wenigen Jahren reich gemacht hat. Doch denken Könige, Prinzen und Emire in erster Linie an den Erhalt ihrer Dynastie und fürchten die Sowjets mehr als die Israelis. Mehr noch: Bis zum Sturz des Schahs unterhielt der schiitische Iran normale Beziehungen zu Israel. Der, der sich für den Nachkommen des Kyros hielt, gemahnte und erinnerte sich selber an die Toleranz, an die Großzügigkeit, die der »König der Könige« gegenüber den Juden im Exil hatte walten lassen.

Seit dem Sturz der Pahlevi-Dynastie und der Einsetzung einer Islamischen Republik in Teheran mit Regierung und Verwaltung durch den schiitischen Klerus kontrolliert keine der Großmächte mehr den Gang der Ereignisse. Die Tudeh-Partei, deren Führung den Kreml-Direktiven folgt, praktiziert eine »Mitmach«-Taktik. Sie ordnete sich Chomeini sofort unter und erklärte sich als regimetreu. Wahrscheinlich ordnete sie, im Hinblick auf die voraussehbare Krise des religiösen Regimes, zugleich ihre Figuren auf dem Brett. Dessen Führer wiederum verdächtigten die Tudeh-Partei des Doppelspiels und enthaupteten die Organisation, deren Verbindungen bis nach Moskau reichten. Trotz der Beschimpfungen an die Adresse des amerikanischen, französischen oder russischen Satans sind die beiden Großmächte doch nicht völlig aus diesem Land und aus dem Subsystem ausgeschlossen, aber sie manipulieren keinen seiner Akteure.

Der Fall des kaiserlichen Iran, gefolgt von demütigenden Episoden für die Vereinigten Staaten, war ein bedeutender Erfolg für die Sowjetunion. Sie brauchte dafür nichts oder fast nichts zu tun. Volksaufstände, die Schwäche des Herrschers, die Ungeschicklichkeit der amerikanischen Diplomatie und die Unentschlossenheit Präsident Carters, zwischen völlig zerstrittenen Beratern hin- und hergerissen, führten zur islamischen Revolution, die wir, *post festum*, gern als unabwendbar betrachten möchten. Seitdem beobachten die Großmächte die Ereignisse und behalten sich die unvorhersehbare Zukunft vor.

Die Grenzen der Macht beider Großen werden nirgends deutlicher als im irakisch-iranischen Krieg. Er wurde von Präsident Saddam Hussein vom Zaun gebrochen, der sich leichte Erfolge und eine Art Revanche für den 1975 mit dem Iran geschlossenen Vertrag ausrechnete. Der Schah sollte damals seine Hilfe für die gegen die Regierung in Bagdad rebellierenden Kurden einstellen, im Gegenzug stimmte der Irak einer Grenzziehung im Sinne der iranischen Vorstellung zu. Dieser Krieg hatte zu Beginn nichts mit der Rivalität beider Großmächte und ihrer jeweiligen Lager zu tun. Der islamische Iran und der Baath-regierte Irak verstehen sich beide als blockfrei. Was geschieht, wirkt so, als wären sich die Männer im Kreml und im Weißen Haus über den einzuschlagenden Weg und die zu unterstützende Partei noch immer unklar.

Israel, in der engen Perspektive seiner Sorgen um die eigene

Sicherheit, gewährt dem Iran eine gewisse Hilfe, während die meisten Europäer, die Franzosen in erster Linie, eine irakische Niederlage und den Sturz des Regimes befürchten. Die Israelis bevorzugen den Iran Chomeinis trotz des vom schiitischen Klerus verkündeten Antisemitismus, weil der Irak das nächstgelegene und eifrigste Land der Ablehnungsfront ist. Sie weigern sich, die Gefahren wahrzunehmen, die in einem Triumph des Imam über ein islamisches, von Nicht-Geistlichen regiertes Land lägen, dessen Bevölkerung in der Mehrheit schiitisch ist. Frankreich unterstützt den Irak vornehmlich, weil es ihm große Waffenmengen auf Kredit verkauft hat. Die gemäßigten arabischen Staaten befürchten die Stoßwellen, die die gesamte Region erreichen und alle Regierungen, ob gekrönt oder nicht, erschüttern würden. Israel begreift nicht, daß eine Niederlage für den Westen längerfristig eine eigene Niederlage wäre. Was das Stehvermögen und die Zukunft des klerikalen Regimes in Teheran anbelangt, so wagt niemand Voraussagen. Kurzfristig könnte allein die Armee das Regime der Ayatollahs stürzen. Vielleicht ziehen es letztere vor, daß die Armee mit einem Stellungs- und Abnutzungskrieg an der Grenze beschäftigt bleibt, anstatt in Garnisonen und Kasernen nutzlos und am Tage der Erbfolge allzu verfügbar zu sein.

Das mittelöstliche Subsystem ist kaum autonom, denn es wird einerseits von den Ereignissen im Nahen Osten beeinflußt, grenzt aber andererseits an Afghanistan und Pakistan und somit an ein anderes, aus der Teilung Indiens in drei Staaten hervorgegangenes Subsystem. Das Indien-Subsystem, mehr noch als das nahöstliche, wird von der Rivalität seiner eigenen Akteure beherrscht. Die Intervention der Großmächte beschränkt sich auf die dem einen oder anderen Akteur gewährte diplomatische Unterstützung. Die Vereinigten Staaten sahen sich zeitweise veranlaßt, eher Pakistan als Indien zu unterstützen, da sie auf einen »*cordon sanitaire*« aus islamischen, mit dem Westen befreundeten und der Sowjetunion mehr oder weniger feindlich gesinnten oder gegen sie eingenommenen Ländern spekulierten. Seit der Besetzung Afghanistans durch sowjetische Truppen interessiert sich die amerikanische Diplomatie mehr denn je für Pakistan, das weniger von der militärischen Überlegenheit Indiens als von ethnischen oder Stammesrevolten, zum Beispiel von den Belutschen her, bedroht ist.

Was bleibt von der Bipolarität in dieser Region oder, darüber hinaus, im südostasiatischen Subsystem noch übrig? Meistenteils setzen beide Großmächte nicht auf denselben Akteur. Indien schloß seinerzeit einen Rückversicherungsvertrag mit der Sowjetunion ab, weil es die Gelegenheit, den Abfall zweier Provinzen aus dem pakistanischen Staatsverband provozieren zu können, nicht verpassen wollte. Die Vereinigten Staaten hatten nicht die Mittel, um sich dem indischen Feldzug zu widersetzen, der die Entstehung von Bangla Desh beschleunigte; sie interessierten sich mehr für den westlichen Teil Pakistans, der von innerer Zersetzung bedroht schien. Außerhalb von Europa ist die diplomatische Bipolarität eher abgeschwächt. Beide Großmächte suchen sich ihren Akteur nicht aus ideologischen Gründen, sondern nach Gesichtspunkten aus, die mit den Spielregeln der Machtpolitik zusammenhängen. Ideologische Argumente haben um so weniger Gewicht, als China immer eine zu Moskau gegensätzliche Position einnimmt, so daß die Vereinigten Staaten notwendigerweise in die Rolle, wenn nicht des Verbündeten, so doch des Partners der einen oder anderen marxistisch-leninistischen Metropole geraten. Volkschina ebenso wie die Vereinigten Staaten lehnen die von den Vietnamesen in Phnom Penh eingesetzte Macht ab; die amerikanische Diplomatie löst sich nicht von der Pekings, die weiterhin das Pol Pot-Regime anerkennt.

Im zwischenstaatlichen Spiel, das sich in Südostasien entfaltet, beeinflussen die drei Großen – in dieser Region der Welt gehört China dazu – die lokalen Akteure, doch scheint Moskaus Einfluß in Hanoi entscheidend zu sein, da Vietnam nunmehr Mitglied des RGW ist (das Äquivalent dazu wäre etwa die Integration Südvietnams in die Europäische Gemeinschaft gewesen!). Welche Schlußfolgerungen legt uns diese Analyse nahe? Ich möchte einige davon aufzählen:

1. Das europäische Subsystem ist durch die permanente Konfrontation zweier Armeen als solches einmalig. Die Westeuropäer haben Angst vor einer sowjetischen nuklearen Aggression (oder sie geben es vor), obwohl eine solche Aggression von allen die unwahrscheinlichste, weil die für die Sowjets selbst gefährlichste ist. Die Anhäufung von Atomwaffen auf beiden Seiten der Demarkationslinie läßt ein Ansteigen bis zur Atomschwelle glaubwürdig, wenn nicht wahrscheinlich erscheinen.

2. Die Rivalität beider Großmächte offenbart sich in allen Regionen der Welt oder, wenn man will, in allen Subsystemen. Je nach Subsystem nimmt diese Rivalität unterschiedliche Formen an und wirkt sich mehr oder weniger stark aus. Ich habe den einmaligen Fall »Naher Osten« analysiert, wo der Klient (oder Schützling) der Vereinigten Staaten eine nachweisliche Überlegenheit über seine sämtlichen Nachbarn besitzt und von innen her nicht bedroht ist. Aus diesem Grunde hat die Sowjetunion die meisten Partien verloren, aber sie behält weiterhin eine Figur – Syrien – und einen indirekten Trumpf – den »status quo« – im Spiel. Das Groß-Israel, das die Jerusalemer Regierung aufrechterhält bzw. erzwingt, wird weder von der internationalen Gemeinschaft noch von den Vereinigten Staaten selbst akzeptiert. Die Sowjetunion schlachtet diese Ablehnung in ihrer Propaganda aus.

3. Der Mittlere Osten, wenn man die Golfstaaten dazu miteinbezieht, stellt für die Vereinigten Staaten, für den gesamten Westen einen weltpolitischen Einsatz dar. Alle Staaten dieser Region, der Iran, der Irak, die Golfstaaten sind aber unstabil und durch Aufstände verwundbar. Das Schwarze Gold muß zwangsläufig ein traditionelles Regime erschüttern, in dem die herrschende Familie und der Staat nicht zu trennen sind, oder, besser gesagt, in dem sich der Staat nicht vom Fürsten und der

Staatshaushalt nicht von dessen Privatschatulle unterscheidet. Saudi-Arabien verändert sich zwar durch die Dollarmengen, die dort ausgegeben werden. Aber es ist unmöglich, im voraus zu wissen, ob und wann sich dieses traditionelle Regime verändern und welches Regime ihm folgen wird. Der irakisch-iranische Krieg verstärkt diese Zukunftsunsicherheit noch. Die innerarabischen Streitigkeiten (zum Beispiel Damaskus-Bagdad) machen zusammen mit der Dissidenz in jedem dieser Länder die wesentlichen Gegebenheiten dieser Subsysteme aus, wozu noch die verbale Einheit gegen Israel gehört. Weder die Sowjetunion noch die Vereinigten Staaten, weder zusammen noch gegeneinander, beherrschen die Situation. Je nach den Umständen zieht der eine oder andere Nutzen aus Ereignissen, die weder der eine noch der andere hervorgerufen hat. Der Unterschied ist, daß die Golfstaaten für den Westen von lebenswichtigem Interesse sind, nicht aber für die Sowjetunion. Selbstverständlich brächte die Machterlangung eines marxistisch-leninistischen oder einfach nur extremistischen, den Palästinensern nahestehenden Regimes in Saudi-Arabien dem sowjetischen Lager einen politischen Gewinn ein, dessen Dimensionen an denen des Verlustes im anderen Lager zu ermessen wären. Aber die Sowjetunion braucht kein Erdöl aus dem Golf – jedenfalls bis jetzt nicht. Dagegen können die Europäer nicht darauf verzichten.

4. In Südostasien mehr noch als im Mittleren Osten bleiben die regionalen Akteure die wichtigsten. Die Großen, die auswärtigen Mächte, nehmen am zwischenstaatlichen Spiel teil – wobei dieses Spiel häufig genug im Inneren der Staaten stattfindet. Die Bipolarität wird durch die Anwesenheit Volkschinas komplizierter, das meistenteils, jedenfalls in den letzten Jahren, dieselben Parteien unterstützte wie die Vereinigten Staaten. Im Rahmen des Weltsystems erscheint mir die Vorstellung eines Dreiecks Moskau-Peking-Washington eher falsch als richtig. Volkschina hat die marxistisch-leninistische, von Moskau aus gelenkte Internationale nie ernsthaft erschüttert. Volkschina ist vorläufig nur eine kontinentale Großmacht, keine Weltmacht.

5. Das zwischenstaatliche System bleibt weltumspannend: Der Lärm lokaler Kriege oder Revolutionen in Indonesien, im Iran oder Irak hallt in der ganzen Welt nach. Weder den Vereinigten Staaten noch der Sowjetunion sind die Männer oder die Parteien, die in Laos oder im Irak an der Macht sind, gleichgültig. Und doch ist es ratsam, das allzu simple Bild eines von den beiden Großmächten kontrollierten Einheitssystems zu korrigieren. Beide bemühen sich zwar, in allen Teilen der Welt irgendwie präsent zu sein, doch von einer Region zur anderen unterscheidet sich die diplomatische, militärische, wirtschaftliche Präsenz der Großmächte erheblich voneinander.

Die amerikanische Führung zeigte sich, mit Ausnahme der zwei ersten Jahre der Präsidentschaft Carters, dem Eintritt eines weiteren Landes in das sowjetische Imperium gegenüber nie gleichgültig. Ob es sich um Süd-Jemen oder um Nicaragua handelt, die Vereinigten Staaten reagieren nicht nur auf einen sowjetischen Sieg, eine sowjetische Eroberung als solche empfindlich. Süd-Jemen bietet der sowjetischen Flotte einen wertvollen Stützpunkt. Wenn der Sandinismus bis ans Ende des Castrismus geht, dürfte dieses zweite, dem sowjetischen Imperium eingegliederte und in einer strategisch wichtigen Region gelegene Land ein Gefährdungsfaktor werden, zwar nicht aus eigenen Kräften, sondern durch das Beispiel, das es bietet, und durch die Propaganda, die es verbreitet.

VII
Jahre der Entscheidung?

Das Buch Oswald Spenglers, *Jahre der Entscheidung*, müßte mich eigentlich von jeder Spekulation über das Ende unseres Jahrhunderts abhalten. Ich werde dennoch einige Spekulationen anstellen, aber vorsichtig und bescheiden. Vielleicht gehe ich dieses Risiko ein, weil mich das Alter vor der Demütigung schützt, zu Lebzeiten widerlegt zu werden.

Die Kardinalfrage, die der Futurologe stellt, ist die Frage nach dem Krieg, genauer gesagt nach dem undenkbaren Krieg, an den normale Menschen in der Tat kaum denken (trotz der Friedens- oder der ökologischen Bewegung). Wird ein Krieg unter Einsatz von Atomwaffen noch vor Ende des Jahrhunderts stattfinden? Würde diese Frage von einem Meinungsforschungsinstitut einem repräsentativen Querschnitt der Bevölkerung gestellt, dürfte der Anteil der verneinenden Antworten gegenüber den bejahenden weit überwiegen. In keinem westeuropäischen Land lebt das Volk unter der Zwangsvorstellung einer Katastrophe; auch diejenigen, die an den großen Krieg noch vor dem Jahrhundertende glauben, behaupten es sozusagen gleichgültig, aus Pessimismus, aufgrund ihrer Weltanschauung oder aus ihrer Abscheu vor Atomwaffen heraus.

Ich gehöre zu denjenigen, die nicht an den großen, mit Nuklearwaffen ausgetragenen Krieg für die kommenden Jahre glauben. Die Gründe, die mich 1947 in *Le Grand Schisme* den Satz schreiben ließen »Der Krieg ist unwahrscheinlich und der Friede unmöglich«, bleiben gültig.

Der Erste Weltkrieg wurde durch eine diplomatische »Fehlzündung«, durch die von einer Großmacht an die Adresse der europäischen Staatengemeinschaft infolge eines Attentates geschleuderte Provokation ausgelöst, für das ein kleines Nachbarland die Verantwortung trug; der Fehdehandschuh wurde prompt von den Anhängern eines harten Kurses oder gar eines Krieges in drei Hauptstädten des Kontinentes aufgenommen. Die meisten Staatsmänner hatten keine Vorstellung von dem, was dieser Krieg Sieger und Besiegte kosten würde. Der Zweite Weltkrieg wurde durch den Willen und den Ehrgeiz eines Mannes ausgelöst, der zwar seinem Dämon folgte, aber zugleich dem Streben eines Teils seines Volkes Ausdruck gab. Er nahm den Ausgang des Ersten Weltkriegs, die Entscheidungen von 1918, nicht hin. Er drängte zur Weltpolitik, auch auf das Risiko hin, es ein zweites Mal mit einer Koalition zwischen Slawen und Anglo-Amerikanern aufnehmen zu müssen, um die Voraussage Prévost-Paradols vor einhundert Jahren wieder aufzugreifen.

Die beiden Mächte, die heute allein den großen Krieg auslösen könnten, sind zugleich saturiert und in Sicherheit, allerdings nur in dem Maße, in dem ein Land in einer Zeit überhaupt sicher sein kann, in der nur eine halbe Stunde zwischen dem Start einer Rakete und ihrer Explosion in New York (oder Moskau) liegt. Die Sowjetunion könnte sich vielleicht nicht als saturiert und vollkommen sicher halten: Solange der letzte Rest des kleinen Fortsatzes Eurasiens der marxistisch-leninistischen Ideologie und ihrer Herrschaft widersteht, sehen die Männer im Kreml ihren Ehrgeiz sicherlich nicht als befriedigt und ihr Imperium nicht als abgerundet an. Am anderen Ende, im Osten, betrachten sie das Nachbarreich, die Volksrepublik China, trotz oder wegen seiner marxistisch-leninistischen Ideologie als potentiellen Feind. Sie betrachten sich vielleicht als eingekreist und, bei Feindseligkeiten, als zwischen den Fronten befindlich.

Ein Imperium ist nie »abgerundet«, es sei denn, es nähme die ganze Welt ein. Immer wird es Völker oder Staaten jenseits seiner Grenzen befürchten. Doch im Westen hat Moskau dank seiner Siege 1945 eine solche Bedrohung fast auf Null reduziert. Deutschland, in zwei Staaten geteilt, hat, trotz seines Wirtschaftspotentials, aufgehört, eine Großmacht zu sein. Die Bundeesrepublik, die eher als die DDR Nachfolgerin des Deutschen Reiches ist, träumt mitnichten von der Wiederherstellung der deutschen Einheit mit Waffengewalt; sie tendiert eher dazu, die Wiedervereinigung durch Annäherung an Moskau, durch Unterwerfung unter seinen Willen zu erreichen, zumindest so halb, um die amerikanische Allianz nicht zu verspielen.

Die Sowjetunion zieht ihre Streitkräfte im Zentrum Europas massiv zusammen, es gelingt ihr auch, die Europäer damit einzuschüchtern, die den Wert der amerikanischen Abschreckung anzweifeln. Diese Zweifel teilen, wie ich annehme, die sowjetischen Führer. Trotzdem dürften, wie ich einmal schrieb, die Sowjets, außer im Falle eines regelrechten Zusammenbruchs des Westens, das immerhin erhebliche Risiko kaum eingehen, von der Einschüchterung zur Invasion überzugehen.

Sogar wenn man einen amerikanischen Rückzug aus Europa annähme, würde der Krieg nicht wahrscheinlicher; im Gegenteil, er würde noch unwahrscheinlicher, weil die sich selbst überlassenen Europäer alles täten, um Moskau nicht zu ärgern. Weder eine derartige Abdankung Europas noch der Zerfall der Atlantischen Allianz in den nächsten Jahren kann ausgeschlossen werden, doch wenn ein Szenarium wahrscheinlich ist, so nicht dieses. Meine Analyse des amerikanischen Vorgehens geht allerdings davon aus, daß der Fortbestand der Atlantischen Allianz immer gefährdet sein wird. Wenn die Republikaner im Weißen Haus bleiben, werden sie auf jede erdenkliche Weise ihren Unmut und ihre Vorhaltungen gegen die Europäer artikulieren, doch bis zum Bruch werden sie es nicht kommen lassen: Ihr Nationalismus tendiert nicht mehr zum Isolationismus; sie sind sich der weltpolitischen Rolle Amerikas bewußt geworden, sogar diejenigen, die, wie W. Clark, Berater des Präsidenten für Außenpolitik und Verteidigung werden, ohne die geringste Ahnung vom Rest der Welt zu haben (während eines Hearings vor einer Senatskommission mußte er seine unglaubliche Ignoranz einräumen).

Kann eine chinesische Bedrohung den großen Krieg auslösen, den Westeuropa logischerweise nicht entfachen kann? Zu Beginn der siebziger Jahre hielten die Amerikaner die Eventualität eines »chirurgischen« Eingriffs für durchaus wahrscheinlich, durch den die nuklearen Einrichtungen der Chinesischen Volksrepublik ausgeschaltet worden wären. Die Sowjets, so dachte ich damals, waren, ebenso wie die Amerikaner, von den unvorhersehbaren moralischen Konsequenzen einer Verletzung des atomaren Tabus eingeschüchtert und haben es nicht gebrochen. Da sie die Initiative zu einer solchen Operation zu einem Zeitpunkt nicht ergriffen haben, als Chinesen kaum Vergeltungsmittel besaßen, warum sollten sie es in Zukunft tun?

Daraus darf nicht geschlossen werden, daß sich die Sowjetunion, wie ich es in einem früheren Kapitel erläutert habe, mit ihrem asiatischen Imperium zufriedengibt und eine Gelegenheit, es zu erweitern, nicht ergreifen würde, sofern sie günstig erschiene. Möglicherweise ist die Eroberung Afghanistans eher zufällig geschehen und wurde durch das Verhalten der Regierungsmannschaft hervorgerufen, die ihre Huldigung an die Sowjetunion und an die marxistisch-leninistische Gemeinschaft bereits schriftlich dargebracht hatte. Doch ob zufällig oder nicht, die Eroberung Afghanistans ist ein Musterbeispiel für eine Außenpolitik, die ihre bewaffnete Macht einsetzt, ohne eine Orgie der Gewalt auszulösen. Das Chinesische Reich zählt Fremdvölker, die vornehmlich in den dem sowjetischen Imperium benachbarten Provinzen leben. Beide Reiche können also über propagandistische Duelle und Schimpfkanonaden durchaus hinausgeraten. Der Sowjetunion ist es vor langem schon gelungen, ihrem Imperium die Äußere Mongolei einzuverleiben (einen Teil der Mongolei also, die die Chinesen als eine Provinz ihres Reiches betrachten). Die Russen können in die-

sen ethnisch fremden Provinzen Menschen oder Parteien rekru-
tieren, die ihre Sache unterstützen. Grenzstreitigkeiten können
die Folge sein. Auch hier ist der Einsatz keinen Krieg wert. Die
Führer der Sowjetunion sind nicht so verrückt wie die Japaner
es vor einem halben Jahrhundert waren, als sie eine Eroberung
Chinas versuchten. Eventuelle lokale Feindseligkeiten finden
ihre Grenzen in der gegenseitigen atomaren Abschreckung.

Die Vereinigten Staaten ihrerseits sind saturiert und zum
gegenwärtigen Zeitpunkt noch Insulaner. Im Gegensatz zur
Sowjetunion denken sie nicht daran, ihr Hoheitsgebiet auf
Kosten ihrer Nachbarn, Kanada oder Mexiko, zu erweitern.
Da diese Nachbarn auch keine Bedrohung, keine potentiellen
Feinde (im militärischen Sinne) darstellen, genießen sie ihre
Insellage. Als Luft- und Seemacht beschränken sie ihre vitalen
Interessen nicht auf den Schutz des eigenen Territoriums, sondern haben seit dem letzten Weltkrieg verkündet, daß sie, gegebenenfalls mit Atomwaffen, alliierte Länder oder strategisch
wichtige Positionen verteidigen würden. Könnte die Verteidigung dieser Filialen eine Gelegenheit oder ein zufälliger Auslöser für einen großen Krieg werden?

Erfahrungsgemäß haben beide Großmächte die direkte militärische Konfrontation immer vermieden, sowohl in Korea
oder Vietnam als auch im Nahen Osten. Die Regierung Truman
hat Stalin nie vorgeworfen, den nordkoreanischen Angriff pro-
voziert zu haben. Bulganins Drohung, 1956 gegen die in Ägypten kämpfenden französisch-englischen Truppen Raketen einzusetzen, wurde ausgesprochen, als Eisenhower die Expedition
seiner eigenen Alliierten bereits verurteilt hatte. Weder 1967
noch 1973 haben die Sowjets auf die Versorgung Ägyptens
(Luftbrücke 1973), auf die Unterstützung der arabischen Sache
vor den Vereinten Nationen und schließlich auf eine Mobilma-
chung ihrer Luftlandetruppen verzichtet. Diese letzte Machtde-
monstration kam einer Drohung gleich, militärisch in einem
Gebiet tätig zu werden, in dem Klienten und Verbündete beider
Großmächte schon mehrfach handgreiflich geworden waren,

wo aber die Schutzmächte beider kriegführender Parteien jede Bewegung unterlassen hatten, die den feindlichen Großen Bruder hätte zwingen können, es in gleicher Münze zurückzuzahlen.

Die Verschiebung des Kräfteverhältnisses erschüttert allerdings die ungeschriebenen Gesetze der Rivalität zwischen beiden Großen. Die Sowjets haben auf Kuba kein zweites Mal Raketen mit nuklearen Gefechtsköpfen installiert, aber die sowjetischen Atom-U-Boote laufen Cienfuegos an, einen von den Sowjets selbst ausgerüsteten Hafen. Wiederum haben sie aber, infolge einer sowjetisch-amerikanischen Übereinkunft, daraus keinen Stützpunkt für Atom-U-Boote gemacht.

Einige kleine Staaten in der Karibik werden von Leuten oder Parteien regiert, die sich auf den Marxismus-Leninismus berufen. Die Sowjets hatten auf Grenada einen Flughafen gebaut, auf dem Flugzeuge aller Arten landen konnten. Sowjetische, ostdeutsche, kubanische Berater tummeln sich in Nicaragua und unter den Revolutionären in El Salvador, also in einer Region, die die Vereinigten Staaten bislang für ihr Privatrevier hielten. Diese Episoden versinnbildlichen die zunehmende Frechheit der Sowjets, aber auch die Paralyse der amerikanischen Diplomatie, die zunächst auf despotische Regimes setzt, dann versucht, mehr oder weniger marxistisch-leninistisch beeinflußte Guerilleros zu stoppen, zu spät nach einer dritten Kraft Ausschau hält, sich heillos in Gewaltverhältnisse zwischen rechts und links hineinmanövriert, aber keine GI's entsenden will, um eine Regierung noch zu retten, die sich täglich Menschenrechtsverletzungen zuschulden kommen läßt.

Im Augenblick würde sogar ein Sieg der Castristen in El Salvador den Vereinigten Staaten nicht die Vorteile ihrer Insellage wegnehmen. Aber der castristische Vormarsch in Lateinamerika kann bis nach Mexiko vordringen. Dann würde sich die weltpolitische Situation in der Tiefe verändern. Jetzt schon sprengt der Druck der großen Zahl die gesetzlichen Schranken. Hunderttausende von »*chicanos*« gehen über eine mehrere tausend Kilometer lange Grenze, die die Vereinigten Staaten nicht kontrollieren können und Mexiko nicht kontrollieren will. Es gibt schon ganze Dörfer oder Stadtviertel, in denen man nur spanisch spricht; die Geschäfte sind spanisch beschildert und die »chicanos« der ersten Generation nehmen das Englische nicht an. Die amerikanische Gesellschaft wird diese erste Einwanderungswelle unter der Bedingung vermutlich integrieren können, daß sie zahlenmäßig nicht zu groß ist, keine Ghettos bildet und vor allem nicht den Geist der castristischen Revolution einschleppt. Wenn die Vereinigten Staaten morgen ein castristisches Mexiko als Nachbarn hätten, das weiterhin seinen Bevölkerungsüberschuß in die Vereinigten Staaten ableitet, würden amerikanisches Territorium und amerikanischer Staat verwundbar werden.

Bis zum Ende des Jahrhunderts erscheint mir diese Perspektive allerdings unwahrscheinlich. Die politische Instabilität Zentralamerikas wird bleiben. Die Castristen werden es nicht überall schaffen, doch kein Staat wird zu einer in sich befriedeten, zukunftssicheren Demokratie gelangen. Die marxistisch-leninistische Internationale und die Sowjets selber werden weiterhin den Revolutionären helfen, ohne die Schwelle zu überschreiten, jenseits derer sie die direkte Konfrontation mit Washington riskieren. Auch hier sind keine Umstände sichtbar, die kurzfristig zum großen Krieg führen würden.

Die gefahrenträchtigste Region der Welt befindet sich zwischen dem Nahen Osten (oder der syrischen Grenze) und der Grenze zur Sowjetunion; man könnte sie vereinfachend den »Mittleren Osten« nennen. Die israelische Armee wird bis zum Ende des Jahrhunderts ihre militärische Überlegenheit beibehalten und einen palästinensischen Staat im Westjordanland nicht hinnehmen. Der israelisch-arabische Konflikt dürfte ebenfalls ungelöst bleiben. Ägypten wird den Kampf nicht wiederaufnehmen; die arabische Bevölkerung der »Westbanks« wird das Land nicht massenweise verlassen, ebenso wenig wird sie daraus vertrieben werden. Weitere Kämpfe zwischen Syrien

189

und Israel sind möglich. Der Libanon wird weder seine Unabhängigkeit noch eine Regierung bekommen, in der die ethnisch-religiösen Gruppierungen gerecht repräsentiert werden. Mit einem Wort: In meiner Unfähigkeit, Handel und Wandel in einem regional nicht beizulegenden und durch die Beteiligung der Großmächte am Schicksal ihrer jeweiligen Klienten oder Verbündeten noch verschärften Konflikt vorauszusehen, wage ich, ein Fortbestehen dessen zu prognostizieren, was die Anglo-Amerikaner ein »stalemate« nennen, also einen feindseligen status quo. Diese Prognose setzt die Fortführung einer amerikanischen Außenpolitik voraus, die sich im wesentlichen gleichbleibt. Sie setzt auch voraus, daß die Sapnnungen im israelischen Volk selbst nicht derart zunehmen, daß sie Regime und Streitkräfte erschüttern.

Das Land, das in dieser Region am gefährdetsten ist, ist allem Anschein nach der Irak, weil er in einen Krieg mit dem Iran verwickelt ist, der bereits über drei Jahre andauert. Wir kommen hier in die Zone heftigster Unruhen: Irak, Iran, Afghanistan, Pakistan, die Golfstaaten. Die Sowjets führen auf ihre Weise die Befriedung eines zentralasiatischen Staates durch. Der Vergleich mit Vietnam trägt nicht: Die Sowjetunion braucht keine Reserven mobilzumachen, Washington mußte es tun; die Strafexpeditionen gegen die Partisanen erscheinen nicht im Fernsehen; die öffentliche Meinung ignoriert das Ereignis; die Sowjetarmee versucht nicht, das gesamte Territorium zu besetzen, sie verstärkt den Staatsapparat ihres Satellitenregimes und rechnet mit der Zeit. Die Befriedung der zentral-asiatischen Unionsrepubliken hat, nach der bolschewistischen Revolution, auch zwanzig Jahre erfordert. Es gibt daher keinen Grund anzunehmen, daß gegen Ende dieses Jahrhunderts die sowjetischen Truppen Afghanistan wieder verlassen haben werden. Die Frage, inwiefern sie ihren Auftrag erfüllt haben dürften, was noch an diffuser Revolte übrigbleiben wird, hat kaum historische Tragweite. Die Bergvölker Afghanistans haben sich nie Eroberern oder Besatzern unterworfen. Ihr Widerstand wird also noch lange dauern.

Unsicher machen eher mögliche Ereignisse innerhalb dieser

Staaten als die Beziehungen unter ihnen. Wird der Imam die »modernistische« Mannschaft, die den Irak regiert, zu Fall bringen? Wird sich das schiitische Klerikalregime nach Chomeinis Tod an der Macht halten können? Wird die Sowjetunion den Zerfall Pakistans zu betreiben versuchen, indem sie die separatistischen Tendenzen der Belutschen unterstützt? Wird das Familienunternehmen Ibn Sauds das Jahr 2000 überleben? Bainvilles Formel: Macht ruhig Voraussagen, aber gebt nie ein Datum an, kommt mir wieder in den Sinn und mahnt mich zur Vorsicht.

Die Golfstaaten, ob Emirate oder Königreiche, sind dem Untergang geweiht, nicht weil er letztlich irgendwann jedem Regime droht, sondern weil er ihnen vielmehr relativ nahe bevorsteht, sofern man sich da nicht wieder vorschnell verschätzt. Dieses Todesurteil stützt sich auf einfache Einsichten: Die Prinzen der Königlichen Familie haben das Prestige religiöser Reinheit längst verloren, das dem Reichsgründer politische Autorität verlieh. Diese Prinzen sind zu zahlreich oder zu reich, um ihres Ahnherrn würdig zu sein, und um selber Propheten eines strengen und anspruchsvollen Islam zu bleiben. Der König, wer er auch immer ist, gibt seine Einnahmen aus dem Öl im eigenen Lande aus; somit baut er Städte und formt Menschen, die sich immer weniger dem Glauben der Wahabiten verpflichtet fühlen. Die Offiziere kommen schon in ihrer Berufsausbildung mit Ideen in Berührung, die die heutige Welt beherrschen. Dabei sind Ideen aus dem Osten für sie verführerischer als aus dem Westen. Nicht daß sie die Sowjetunion mehr bewundern als die Vereinigten Staaten. Im Gegenteil: Sie ziehen die Technologie der Amerikaner oder der Westeuropäer der der Sowjets vor. Aber die Offiziere oder die religiösen Fundamentalisten, die ihre Emire oder Könige stürzen könnten, streben keine demokratischen Freiheiten an. Die einen sind von der Sehnsucht nach einem tugendhaften Leben in Übereinstimmung mit der Lehre des Islam beseelt und fern der Verderbnis des Geldes und der westlichen Sittenlosigkeit. Die anderen, die

Offiziere, verlieren langsam ihre halb feudale, durch den Reichtum ihrer Herren sowieso schon angekränkelte Loyalität zu einem Regime, das aller Übel des amerikanischen Merkantilismus verdächtigt wird. Wenn eines Tages diese Offiziere oder diese Fundamentalisten die traditionelle Herrschaft beseitigen, werden sie nicht auf die demokratischen Freiheiten zusteuern, sondern im marxistischen oder pseudo-marxistischen Stil den Imperialismus oder den verderblichen Einfluß des Westens denunzieren.

Daraus folgt wiederum, daß der Fall des saudi-arabischen Königreiches, des einen oder anderen Emirates die Entstehung eines pro-palästinensischen oder pro-sowjetischen Regimes nach sich zieht. Das Regime des Imam – antimodernistisch, religiös, fundamentalistisch – wird sich nicht auf die Seite des sowjetischen Lagers stellen. Die fundamentalistischen Rebellen stehen voller Sehnsucht gegen beide Teufel auf, Washington und Moskau; Frankreich ist ein kleiner Teufel geworden, Moskau ein großer. Um den Krieg gegen den Irak fortführen zu können, brauchen die Regierenden in Teheran die Einnahme aus dem Öl. Sie haben diskrete, fast heimliche Beziehungen zu Israel (trotz anderslautender Bekenntnisse und entsprechend laut geäußerter Gefühle) und auch zu den Vereinigten Staaten wieder aufgenommen, um sich die für das Funktionieren ihrer amerikanischen Waffen notwendigen Ersatzteile zu beschaffen. Das Regime des Imam dürfte nicht lange halten – nur darf man hierbei nicht wie ein Politiker, sondern wie ein Historiker oder ein Geschichtsphilosoph denken. Es gibt innerhalb und außerhalb des Iran eine moderne Elite; sogar der Bazar, der zum Sturz der Dynastie beitrug, ist zur Opposition übergegangen. Allein die Armee könnte das Regime stürzen, aber sie wird wegen des Krieges mit dem Irak fern von der Hauptstadt an den Grenzen festgehalten. Diese Armee ist zum Teil noch die des Schahs, wurde aber durch die »Wächter der Revolution« gesäubert; sie könnte eines Tages, so wie es der Gründer der Pahlevi-Dynastie selber tat, die Macht der Ayatollahs und Mullahs wieder beseitigen. Niemand kann aber sagen wann. Im Augenblick ist die Opposition wahrscheinlich recht diffus; sie stellt vielleicht eine gewisse Mehrheit dar, aber unter solchen Umständen ist sogar der Begriff der Mehrheit völlig sinnlos. Die Geheimpolizei, der SAVAK, ist umgetauft worden, sie ist deswegen nicht weniger mächtig, nicht weniger grausam, und bleibt, solange das Regime nicht gefährdet ist, ebenso Mullah-treu wie sie gestern Schah-treu war.

Die Sowjetunion hatte der kommunistischen, streng kreml-gesteuerten Tudeh-Partei befohlen, sich ostentativ auf die Seite der islamischen Revolution zu schlagen, dabei sollte sie ihre Untergrundorganisation retten und eigene Leute in entsprechende Schaltstellen bringen. Der Imam tobte aber gerade gegen die Tudeh, die der Spionage zugunsten der Sowjetunion angeklagt wurde. Jede Großmacht bemüht sich, die Entwicklung des islamischen Regimes in einem den eigenen Interessen zuträglichen Sinne zu beeinflussen und sich so Einfluß auf das Nachfolgeregime, das die islamische Republik beerben wird, zu sichern.

Diese Anmerkungen tendieren eher dazu, einen Prognose-versuch zu vereiteln. Denn: Wenn man darüber übereinkommt, daß das Regime in den jeweiligen Golfstaaten dem Geld, dem Fundamentalismus und dem Revoluzzertum progressiver oder palästinensischer Machart nicht lange Widerstand leisten dürfte, so weiß doch niemand, ob »lange« zehn, zwanzig oder gar fünfzig Jahre bedeuten wird. Ebenso möchte ich die Lebensdauer der islamischen Republik eher in Jahrzehnten als in Jahren bemessen, doch von außen her und ohne besondere Kenntnisse kann ein solches Urteil leicht vermessen erscheinen. Die wahre Überraschung bestünde vermutlich darin, wenn in den kommenden Jahren in diesem Teil der Welt nichts besonderes passierte. Umwälzungen in den Golfstaaten, die Revolution in einem durch den Krieg erschöpften Irak, die Erschütterung Pakistans: die Instabilität all der Staaten dieser Region macht es leider unwahrscheinlich, daß Ereignisse dieser Größenordnung ausbleiben, die noch vor Ende dieses Jahrhunderts das gegenwärtige prekäre Gleichgewicht ins Wanken bringen können. Das Gefährlichste für die Vereinigten Staaten und den Westen überhaupt wäre der Sturz der saudi-arabischen Dynastie. Denn in der ersten Phase nach dem Sieg stünden die Revolutionäre den Vereinigten Staaten feindlich gegenüber, denn mit den USA haben sich in ihren Augen die Nachkommen Ibn Sauds kompromittiert.

Vielleicht sollten wir einen anderen Weg einschlagen. Als ich 1947 eine langfristige, aber vage Prognose wagte, »Der Friede ist unmöglich, aber der Krieg ist unwahrscheinlich«, habe ich mich nicht dazu geäußert, wieviele Jahre hindurch diese Formel wahr bleiben und welchen Stellenwert die Unmöglichkeit eines *wahren Friedens* behalten würde. Auf die Frage nach der Dauer hätte ich damals wahrscheinlich geantwortet, daß die Rivalität so lange andauern würde, wie das Sowjetregime selbst in seinem Wesen bestehen bliebe. Das imperiale Rußland würde Klienten oder Getreue nicht in der ganzen Welt gewinnen, es würde mit den Vereinigten Staaten als mit einem Rivalen umgehen, aber in einem Rivalen sieht man nicht gleich den ideologischen Feind an sich, der das Fortkommen, nicht so sehr der russischen Macht, als vielmehr der Wahrheit beeinträchtigt.

Man hätte 1947 gegen mich einwenden können, daß, nach J.-J. Rousseau, die Staaten in bezug auf einander immer »im Kriegszustand« sind, und man könnte diesen Einwand heute wiederholen. Ist das Verhältnis beider Großmächte eher durch stillschweigendes Einvernehmen oder durch offene Feindseligkeit gekennzeichnet? Durch das Bestreben, sich »einseitige Vorteile« zu verschaffen – was sie sich in ihrer gemeinsamen Moskauer Erklärung 1972 gegenseitig untersagt haben –, oder durch den Willen, sich nicht jenen Krieg zu liefern, den die sowjetischen Strategie-Handbücher heraufbeschwören, der den Nuklearwaffengebrauch erfordern und den endgültigen Sieg des sozialistischen Lagers bestätigen würde?

In den Jahren seit 1947 hat jedermann Phasen des sogenann-

ten Kalten Krieges und der sogenannten Entspannung nacheinander erlebt. Diesen Wechsel haben die Sowjets selbst mit herbeigeführt. Von dem Scheitern der Konferenz, Januar 1947, an
bemühte sich Stalin nach Kräften, die Sowjetisierung der Länder Ost- und Mitteleuropas zu vollenden, die seine Armeen
»befreit« und anschließend besetzt hatten. Es waren die Erben
Stalins, die 1953 die erste Entspannung verursachten, indem sie
obsolet gewordene Konflikte (Korea) liquidierten und mit Zei-
chen von »good will« nur so um sich warfen. Es war Chruschtschow, der ab November 1958 den Westen mit der Drohung
eines Separatfriedens mit der Deutschen Demokratischen
Republik überzog; er war es wieder, der nach der Raketenkrise
plötzlich eine andere Sprache sprach und die Rüstungskontrollabkommen zu unterzeichnen bereit war, die ihm die Amerikaner seit Jahren anboten. Nach Chruschtschows Sturz (1964)
setzten sich die Beziehungen zwischen beiden Großmächten
sozusagen mit Langstreckengeschwindigkeit und in normalem
Stil fort. Die Israelis siegten im Sechs-Tage-Krieg: Die Sowjets
taten vor der UNO und auf diplomatischem Wege ihr Bestes,
um einen Waffenstillstand zu erwirken, aber nicht mehr.
R. Nixon und Henry Kissinger taten für das Gefühl der Entspannung noch ein übriges, in der Hoffnung, die Sowjets würden ihnen dadurch einen honorigen Frieden in Vietnam leichter
machen. Sie unterzeichneten SALT I, in dem 40 % aller interkontinentalen Trägersysteme den Sowjets zugestanden wurden,
sie unterzeichneten eine Erklärung des Wohlverhaltens oder der
ehrenhaften Rivalität. Ein Jahr später brachte der Jom-Kippur-
Krieg die gleiche Konfrontation zwischen Washington und
Moskau, nur schlimmer.

Nach Nixons Rücktritt setzten G. Ford und H. Kissinger
die gleiche Politik fort: offizielle Entspannung, Eindämmungs-
bemühungen, wenn die Sowjets von den Umständen her die
Gelegenheit einer leichten Eroberung bekamen (zum Beispiel in
Angola), sowie Verhandlungen über Rüstungskontrolle. Unter
J. Carter änderte sich die bisherige Außenpolitik nur wenig, sie

blieb ein Kompromiß zwischen den Voten zweier seiner Berater, C. Vance als »Taube« und Z. Brzezinski als »Falke«. Mit dem Ausbruch der iranischen Revolution – wo die amerikanische Diplomatie ihr ganzes Unvermögen unter Beweis stellte – verschlimmerte sich die amerikanische Situation, später kam eine Bewußtseinskrise in Washington und in der ganzen Welt hinzu. Diese Verschlimmerung hatte allerdings einen Hauptgrund: Das Kräfteverhältnis hatte sich zugunsten der Sowjetunion verschoben, die jedes Jahr ihren Verteidigungshaushalt um 3 bis 5 Prozent kontinuierlich erhöht hatte, während die Vereinigten Staaten zwischen 1965 und 1972 Milliarden Dollar in Vietnam verschwendeten und in den darauffolgenden Jahren ihren Militärhaushalt kürzten.

Die Aggression in Afghanistan und die sowjetische Überrüstung haben schließlich Präsident Carter und die amerikanische Öffentlichkeit aus ihrem Schlaf geweckt. R. Reagan nahm eine Haltung ein und bediente sich einer Sprache, die seit Stalins Tod oder der Kuba-Krise in Vergessenheit geraten war. Nun sind die Verhandlungen über strategische Offensivwaffen (SALT) am toten Punkt, SALT II wird zwar eingehalten, ist aber nicht ratifiziert, während die Modernisierung der Eurosysteme eine außenpolitische Schlacht entfesselte, in der die jeweilige Öffentlichkeit sowohl Subjekt als auch Objekt war. Die Reagan-Administration hat die Mißhelligkeiten zwischen Europäern und Amerikanern zwar nicht geschaffen, wohl aber vertieft (vor allem, was die Deutschen anbelangt).

Fünfunddreißig Jahre früher, 1947, war der Kalte Krieg in Europa auf seinem Höhepunkt. Europa war das Schlachtfeld, Europa war auch die Ursache dafür. Die Anglo-Amerikaner hatten die Sowjetisierung Osteuropas schlecht verdaut, sie fürchteten die kommunistische Subversion in Westeuropa. Bis gegen Ende der sechziger Jahre weigerten sie sich, den durch die Folgen des Zweiten Weltkrieges entstandenen *status quo*, um die sowjetische Terminologie zu benutzen, anzuerkennen. Erst mit W. Brandts *Ostpolitik*, im Anschluß an General de Gaulles

Offerten an die Sowjets, schien ganz Europa aus der Ost-West-Rivalität herauszukommen oder, wenn man einen anderen Ausdruck vorzieht, sich im Zustand der Teilung zu stabilisieren. Die Deutschen nahmen eine Doppelstaatlichkeit hin, die das Volk entzweite. Sie halten ein gutes Verhältnis zu Moskau aus humanitären und zugleich aus politischen Gründen aufrecht: Es hängt von den Russen ab, ob die im Sowjetreich zerstreuten Deutschen in die Bundesrepublik zurückkehren dürfen oder nicht. Es hängt von ihnen ab, ob die Westdeutschen mehr oder weniger mühsam, mehr oder weniger teuer »nach drüben« reisen können.

Sicher hören die Sowjets mit der Verstärkung und Modernisierung ihrer ganz nahe an der Demarkationslinie stationierten Streitkräfte nicht auf. Es ist eine für den Angriff gerüstete Einschüchterungsarmee. Die Westeuropäer ihrerseits glauben kaum an einen massiven Übergriff. Sie brauchen jedoch die amerikanische Verteidigungspräsenz – oder meinen es jedenfalls –, um das militärische Gleichgewicht auf dem Alten Kontinent aufrechtzuerhalten. Aber sie weigern sich, an der amerikanisch-sowjetischen Rivalität außerhalb ihrer Region teilzunehmen. Der Kalte Krieg hat in Europa begonnen, aber die Europäer nehmen ihn nicht mehr als eine bedrohliche Realität wahr. Sie haben nicht mehr das alte Vertrauen in die militärische Macht der Vereinigten Staaten, doch zugleich versichern sie sich, daß sie sie brauchen. Reagans Regierungsmannschaft kommt aus dem rechten Flügel der republikanischen Partei, stellt sich aber die Welt genauso vor, wie die Demokraten oder die gemäßigten Republikaner vor ihr. Die sowjetische oder kubanische Hilfe an die zentralamerikanischen Revolutionäre kommt für die Amerikaner strategisch einer indirekten Aggression gleich, mit möglichen schlimmen geopolitischen Folgen. Die Europäer scheinen von den zentralamerikanischen Revolutionen nicht berührt zu sein; sie sind nicht gewillt, sich mit der Verteidigung mehr oder weniger despotischer Oligarchien, etwa in El Salvador oder in Guatemala, zu solidarisieren, und gehen lieber davon aus, daß die Revolutionäre in Nicaragua oder El Salvador nach Unabhängigkeit und sozialer Gerechtigkeit streben. Sie legen den Rutsch der Revolutionäre, sobald diese an der Macht sind, in den Castrismus oder Sowjetismus der amerikanischen Außenpolitik zur Last.

Die europäische Gleichgültigkeit gegenüber Zentralamerika läßt sich notfalls erklären, die gegenüber dem Mittleren Osten allerdings kaum noch. Wenn die Amerikaner eine schnelle Eingreiftruppe zur Verteidigung der Golfstaaten aufstellen, tun sie es nicht für sich allein: Sie bemühen sich, eine Region zu schützen, aus der die Europäer wiederum fossile Brennstoffe beziehen. Die Europäer, mit Ausnahme Frankreichs und vielleicht Englands, weigern sich, an einer Strategie teilzunehmen, die die gemeinsame Strategie des Westens sein könnte.

Heißt dies, daß es am Ende zu einem Bruch innerhalb der Atlantischen Allianz kommen könnte? Niemand kann es ausschließen, doch halte ich es für wenig wahrscheinlich.

Teil Zwei
Analysen zur internationalen Situation

I

Der Isolationismus
des George F. Kennan

Ich weiß nicht, wieviele meiner Leser sich noch an George F. Kennan erinnern und seinen berühmten Aufsatz »The Sources of Soviet Conduct« mit der Unterschrift »Mr. X« gelesen haben, der in der Zeitschrift »Foreign Affairs«, Jahrgang 1946, erschienen ist. Ohne diesen Aufsatz, der seitdem als grundlegende Darstellung der »*containment*«-Doktrin gilt, würde seine neue Position keine langen Erörterungen verdienen.* Schließlich wendet sich Kennan weder an die Franzosen, noch an die Russen, sondern an seine Landsleute, zumindest an einige unter ihnen, denen er vorwirft, die Beziehungen zwischen den Vereinigten Staaten und der Sowjetunion zu torpedieren. Doch stellt die Bekehrung von »Mr. X« zu einer gewissen Form von Isola-

---

* 1978 hielt George F. Kennan vor dem »*Council on Foreign Relations*« in New York einen Vortrag über die sowjetisch-amerikanischen Beziehungen. Der Vortragstext wurde in London in der Zeitschrift »Encounter« unter dem Titel: »Mr. X Reconsiders – A Current Assessment of Soviet-American Relations« (März 1978), aber auch in Paris in »Commentaire« veröffentlicht (»Où en sont les relations americano-soviétiques?« Nr. 2, Sommer 1978).
In derselben Ausgabe hatte Raymond Aron George F. Kennans neue Position zur Diskussion gestellt (»Mr. X règle ses comptes avec son passé. Le nouvel isolationnisme«). Dies ist der Text dieses Aufsatzes, mit Ausnahme einiger technischer Stellen in bezug auf die Nuklearrüstung, wobei die Frage selbst im vorliegenden Buch an anderer Stelle behandelt wird. (Anm. d. Hrsg.)

tionismus eine Art Ereignis hüben und drüben dar, vielleicht kein politisches Ereignis, aber immerhin ein intellektuelles.

Ich bin mir nicht zum ersten Mal mit George F. Kennan uneinig. Ich habe ein Gefühl des »déjà vu«; der heutige Dialog wiederholt, zumindest teilweise, denjenigen, den wir vor zwanzig Jahren im Anschluß an die in der BBC gehaltenen »Reith Lectures« miteinander gehabt haben. Damals schon stand er der amerikanischen Politik, die in Europa zur Bildung zweier Militärblöcke führe, feindlich gegenüber. Er empfahl den gleichzeitigen Rückzug der amerikanischen Truppen aus West- und den der sowjetischen Truppen aus Osteuropa. Ich hielt ihm damals entgegen, daß ein Rückzug der sowjetischen Truppen den Satellitenstaaten keine Möglichkeit gäbe, das Joch abzuschütteln, denn im Falle ideologischer oder außenpolitischer Unbotmäßigkeit würden die sowjetischen Truppen zurückkommen. In seinen *Memoiren* erwähnt er meinen Einwand und räumt ein, daß die Invasion der Tschechoslowakei durch die Truppen des Warschauer Paktes mir nachträglich recht gebe.

Er hält dennoch den Ansichten, nicht sosehr des »Mr. X«, als vielmehr denen des *»Reith Lecturer«* die Treue. Einer Ironie der Geschichte verdankt Kennan seinen Ruhm, aber er beeinflußte die Verhältnisse nur so lange, wie er sich mit Mr. X identifizierte. Seit gut dreißig Jahren versucht er allerdings, sich dieses treuen und lästigen Schattenbegleiters zu entledigen.

Sollte G. F. Kennan sich heute von den analytischen Einsichten distanzieren, die er in seinen aus Moskau an das *State Department* gerichteten diplomatischen Depeschen festhielt? »Ich zögere nicht, im Lichte meiner elfjährigen Erfahrung mit russischen Angelegenheiten kategorisch zu behaupten, daß es für unsere Sicherheit hochgradig gefährlich wäre, wenn die Russen die Verwendung der Atomenergie vorantreiben würden . . .« Oder auch: »Ich finde keine gefährlichere Tendenz in der amerikanischen öffentlichen Meinung als jene, die unsere Regierung nötigt, durch Gesten des guten Willens und des Aus-

202

gleichs das Unmögliche zu vollbringen gegenüber einer politischen Entität, die verfassungsmäßig zum Ausgleich nicht fähig ist.«

Wenn er seine eigenen Depeschen und zugleich seine historische Rolle nicht verleugnen will (denn er war es, der, mehr als irgend jemand sonst, die Illusionen der amerikanischen Diplomatie zerstreute), muß er, wie ich meine, dafür plädieren, daß sich die Sowjetunion geändert hat. Doch bevor wir zur These der »Änderung« kommen, sollten wir daran erinnern, daß seine Botschaft 1946 seiner Meinung nach falsch interpretiert wurde. Sie sollte in folgender Formel zusammengefaßt werden: »Klar ist, daß das Hauptanliegen jeglicher Politik der Vereinigten Staaten gegenüber der Sowjetunion die langfristige, geduldige, aber nachdrückliche und wachsame Eindämmung der russischen expansionistischen Bestrebungen zu sein hat.«

Schon früh erhob er zwei Einwände gegen die *»containment«*-Doktrin, als deren Urheber er allerdings galt: Einerseits sollte sie nicht auf die ganze Welt angewandt und systematisch, an jedem Ort, verwirklicht werden; zweitens sei es ein Fehler, den militärischen Machtmitteln den ersten Rang einzuräumen. Er hat es oft wiederholt: »Ich habe das ›containment‹ politisch, nicht militärisch verstanden.« Woraufhin Dean Acheson zu antworten pflegte: »George F. Kennan hat sich das Kräfteverhältnis nie richtig bewußt gemacht.«

Die erste Bekehrung des »Mr. X« geht auf die fünfziger Jahre zurück. Auf das sogenannte »Gleichgewicht des Schrekkens« hat er, wie es scheint, als Moralist reagiert, obwohl er seine Ablehnung jeglicher Art von Nuklearstrategie durch scheinbar realistische Argumente verschleiert oder verdrängt hat. Heute empfiehlt er* ausdrücklich, sich zum *»no first use«* zu verpflichten, Atomwaffen also nur als Erwiderung auf einen eventuellen Ersteinsatz zu verwenden, anders ausge-

---

* In seinem Buch *The Cloud of Danger.*

drückt, keine Atomwaffen gegen eine konventionell geführte Aggression einzusetzen.

Vor zwanzig Jahren, zur Zeit der »Reith Lectures« (1957), dachte er nicht anders. Gestern wie heute verurteilt er zwar nicht explizit eine gewisse Verstärkung der konventionellen Rüstung in der europäischen Verteidigung, aber er erinnert die Europäer an die Wirksamkeit des Kleinkrieges, an ihr Widerstandspotential, so als ob die europäischen Völker in Ermangelung jeder Hoffnung auf eine Befreiungsarmee, sich noch jahrelang gegen ein sowjetisches Regime wehren könnten, das im übrigen von nationalen KP's wahrgenommen werden dürfte.

Schriftlich oder mehr noch in Gesprächen spart er ein für allemal die Atomwaffen, die Spekulationen oder die Berechnungen der Strategen über die Zahl der ICBM aus, die einen Angriff durch die sowjetischen SS 19 überleben würden. Von hier aus wird erklärlich, warum er Kontroversen über Rüstung aus dem Dialog ausklammert, den er seinen Widersachern anbietet.

Dieser Dialog soll dann schwerpunktartig um das Wesen des Sowjetregimes und die Intentionen der Männer im Kreml kreisen – ihm voraus geht eine merkwürdige Demutsgebärde, nämlich das Eingeständnis der gemeinsamen Unwissenheit. Seinerzeit entlarvte »Mr. X« nach dreizehn Jahren Erfahrung vorbehaltlos die Illusionen der amerikanischen »Linken«, die unfähig sei, die Denkart, nicht etwa der Stalinisten, sondern der Leninisten oder der Bolschewiki zu begreifen. Dreißig Jahre später hat er sein Wissen und seine Überzeugungen vollkommen verloren. Er befragt sich zu einem Thema, das eigentlich Mittelpunkt eines Dialogvorschlags sein müßte: Inwiefern sind die amerikanischen Interessen, die nach »Mr. X« schon 1946 von den »expansionistischen Bestrebungen« der Sowjetunion bedroht waren, heute mit den Absichten des Kreml in einer immer größer werdenden Zone vereinbar geworden?

* * *

Stalin ist tot und die Sowjetunion hat sich verändert. Wer würde das bestreiten? G. F. Kennan aber unterstellt, einem banalen polemischen Muster folgend, daß eine gewisse »Rechte« sich weigere, diese Änderungen richtig einzuschätzen und die Konsequenzen daraus zu ziehen. (Innerhalb dieser Rechten finden sich immer noch zahlreiche Freunde Kennans, die der Lehre des »Mr. X« treu geblieben sind.)

Hat sich denn das Sowjetregime *wesentlich* geändert (wie unscharf der Terminus »wesentlich« auch immer sein mag)? Wir können zunächst einige unbestreitbare Veränderungen aufzählen: Breschnew terrorisiert seine Genossen nicht; die Konzentrationslager bestehen zwar fort, aber ihre Population, deren Höhe nicht genau bekannt ist, erreicht nicht mehr die monströsen Zahlen des triumphierenden Stalinismus; die bekannten Dissidenten verschwinden nicht mehr irgendwo im Hohen Norden, sondern sie verlassen die UdSSR oder werden aus ihr vertrieben; anderen werden Staatsbürgerschaft und Paß entzogen, sobald sie sich im Westen befinden. Die hölzerne Sprache des Regimes hat nach innen wie nach außen an Faszination verloren; die westlichen Kommunisten nehmen sich ihre Freiheiten in bezug auf das sowjetische Modell und halten die Lager nicht mehr für Umerziehungsinstitute, auch vergleichen sie die Behandlung der Dissidenten in psychiatrischen Anstalten nicht mehr mit einer Thermalkur. Hinzugefügt sei allerdings, daß, im Vergleich mit der Chruschtschow-Zeit, die geistige Freiheit heute wieder auf dem Rückzug ist, obwohl sie im Vergleich zum Stalinismus immer noch voranschreitet.

Der Lebensstandard ist während des vergangenen Vierteljahrhunderts für die gesamte Bevölkerung höher geworden; die Lohn-, Gehalts- und Einkommensschere hat sich in Stadt und Land im Vergleich zu den extremen Unterschieden der Stalinzeit zwischen 1930 und 1953 wieder etwas geschlossen, obwohl die Privilegien der herrschenden Klasse in jeder Hinsicht beträchtlich bleiben.

Die Prinzipien des Regimes bestehen weiterhin so, wie sie

waren, auch wenn ihre Anwendung da und dort etwas flexibler geworden ist. In der Sowjetunion (den besonderen Fall der übrigen osteuropäischen Länder spare ich hier aus) behält die Führungsmannschaft der Partei das Machtmonopol in der Hand; einige Männer treffen die wichtigsten Entscheidungen, manchmal sogar mit der Mehrheit der Politbüro-Mitglieder hinter sich, doch darf man bezweifeln, daß die Nummer Eins jemals überstimmt werden könnte. Selbstverständlich gibt es in den herrschenden Kreisen mehr oder weniger langlebige Gruppen; der Monolithismus schließt Parteiungen, versteckte Konflikte, Verschwörungen, gedämpfte, aber tödliche Rivalitäten nicht aus, im Gegenteil, er impliziert sie. Die charakteristischen oder typischen oder wesentlichen Züge des Regimes wurden durch die Veränderungen nicht verwischt: die Einheitspartei als ausschließliche Inhaberin der Macht und der ideologischen Wahrheit, selbst von einigen Dutzend, vielleicht von nur einem knappen Dutzend Würdenträger beherrscht, die ihrerseits unter der Führung eines einzigen Mannes stehen, der sowohl als Schiedsrichter zwischen den Parteiungen als auch als Haupt der herrschenden Parteiung fungiert.

Das Wirtschaftssystem ist ebensowenig jemals einer radikalen Revision unterzogen worden. Die autoritäre Zentralplanung, hier und dort verbessert, findet weiterhin nach der gleichen Konzeption, den gleichen Praktiken statt: Immer mehr Kapital zu akkumulieren, immer mehr Arbeitskräfte in den Produktionsprozeß zu integrieren; der Sektor I behält die Priorität; im Sektor II und in der Landwirtschaft ist das Wachstum schon erheblich geringer. Der Lebensstandard, weit davon entfernt, den Westen einzuholen, wird selbst von den meisten übrigen Ländern Osteuropas überholt.

Welche Schlüsse sind aus diesen wohlbekannten Tatsachen zu ziehen? Sind jene *Quellen des sowjetischen Verhaltens*, so wie sie »Mr. X« analysiert hat, andere geworden? Mr. X hat nie geschrieben oder unterstellt, daß Stalin den Dritten Weltkrieg plante oder daß er ein Universal-Imperium im Sinne der klassischen Geschichtsphilosophie anstrebte. So gesehen, hätte er also Stalin auch einen Mann des Friedens nennen können, so wie er es heute mit Leonid Breschnew tut. Was zur Debatte steht, ist jener Gedanke, den eine im Februar 1946 verfaßte Depesche des in Moskau residierenden Diplomaten mit völliger Klarheit zum Ausdruck brachte: »Das sowjetische Regime ist ein Polizeiregime par excellence... Die Sowjetmacht geht aber, im Gegensatz zu Hitler-Deutschland, weder schematisch noch abenteuerlich vor. Sie nimmt kein unnötiges Risiko auf sich. <u>Taub gegen die Logik der Vernunft, ist sie hochgradig empfindlich für die Logik der Gewalt.</u>« Der unterstrichene Satz berührt den Kern der Debatte: Ist Breschnew, im Gegensatz zu Stalin, plötzlich nicht mehr hochgradig empfindlich für die Logik der Gewalt, auch wenn ich einräume, daß er weniger taub für die Logik der Vernunft ist? Sich über das sowjetische Verhalten zu befragen und dabei vom bestehenden Kräfteverhältnis abzusehen, scheint mir bar jeden Sinnes. Die Absichten und das Verhalten aller Staaten hängen irgendwie immer von diesem Kräfteverhältnis ab. Im Falle eines ideologischen und totalitären Polizeistaates sind die Absichten von den Fähigkeiten nicht zu trennen.

Was Kennans wohlwollenden Leser überrascht und sogar schockieren mag, ist die Tatsache, daß er die These, die er unterstellt, nicht ernsthaft untermauert: Die Quellen des sowjetischen Verhaltens haben sich geändert. Natürlich ist Leonid Breschnew mit dem paranoiden Stalin der letzten Jahre, der sogar im Politbüro Agenten des *Intelligence Service* oder des CIA »entlarvte«, nicht gleichzusetzen. Aber »Mr. X« stellte nicht Stalins Paranoia, sondern das leninistische oder bolschewistische Denkmodell zur Diskussion. Wenn G. F. Kennan der Meinung ist, die Denkmuster der Stalin-Nachfolger seien andere geworden, so obliegt ihm dafür die Beweislast.

Was mich überrascht und schockiert, ist die These, daß sich in der Zeit zwischen 1946 und 1978 die Situation derart zugunsten des Westens geändert haben soll, daß die 1946, in einem Augenblick höchster Gefahr ausgesprochene Warnung jetzt obsolet geworden sein soll. Zur Unterstützung seines historischen Befundes bietet Kennan drei Argumente bzw. Tatsachen an: In der UdSSR habe sich das Regime als eine zwar autoritäre, aber nicht mehr terroristische Despotie normalisiert; der Kreml habe die unbedingte Autorität verloren, die er früher über alle Länder und alle Parteien ausgeübt habe, die sich auf den Marxismus-Leninismus beriefen; der Wiederaufstieg Westeuropas als Sitz der Kultur gehöre zu den bemerkenswertesten wirtschaftlichen und sozialen Leistungen, die die moderne Welt je gesehen habe.

Wie sollte man aber, im Gegenzug, andere, ebenso bemerkenswerte Tatsachen übergehen: der ebenso unvermeidliche wie wünschenswerte Zerfall aller europäischen Imperien, der die geopolitische Weltkarte gewaltig verändert hat; die Entstehung mehrerer Dutzend Staaten in der Dritten Welt, von denen ein erklecklicher Teil dem Sowjetlager zuneigt; die Existenz einer einflußreichen und mitgliedstarken Kommunistischen Partei, in Italien wie in Frankreich, die sich selbst nicht zur westlichen Welt zurechnet; schließlich der Verlust der militärischen Überlegenheit der Vereinigten Staaten gegenüber der Sowjetunion, die zum ersten Mal eine Weltmacht geworden ist und fähig, ihre geballte Macht auf einen beliebigen Punkt des *Heartland* zu werfen.

1946 nahm »Mr. X« vermutlich die Gefahr vor allem in Europa wahr, weil die russische Armee bis ins Herz Deutschlands vorgestoßen war, und große materielle und moralische Trümmerfelder den westlichen Teil des Alten Kontinents bedeckten. Wenn Mr. X das *State Department* informierte und unterrichtete, so deshalb, weil er zur Rettung der Unabhängigkeit jener Nationen beitragen wollte, die als Heimstatt der zeitgenössischen Kultur von der Katastrophe des Nazismus und des Krieges traumatisiert worden waren. Wenn er unterstellt, die Gefahr sei nun vorbei, dann nimmt er weder das Kräfteverhältnis noch die sowjetischen Übergriffe in Asien oder Afrika zur Kenntnis.

Henry Kissinger hat die Doktrin der Eindämmung auf eigene Art angewandt: Einerseits versuchte er, verschiedene Abkommen mit der Sowjetunion abzuschließen, um sie sozusagen in ein Geflecht von Verpflichtungen zu verwickeln, aus dem auszubrechen sie dann keine Lust, vielleicht sogar keine Möglichkeit mehr haben würde, andererseits wollte er die Sowjetunion nach Möglichkeit daran hindern, sich »einseitige Vorteile« zu verschaffen. Die Erniedrigung einer autokratischen Präsidentschaft, die Kontrolle durch den Senat, machten in der letzten Phase, also nach Nixons Sturz, die Beachtung jener Regel schwieriger, die ich die *automatische Replik* nennen würde. Präsident Carter scheint von dieser Regel ebenfalls abzuweichen. Auch er wünscht sich ein Abkommen über strategische Waffen (SALT II), scheint jedoch im Augenblick einen Abbruch der Verhandlungen mehr als seine Moskauer Partner zu befürchten – und genau das hindert ihn daran, sich der »selektiven Entspannung« zu verweigern und die sowjetische Diplomatie von ihren afrikanischen Abenteuern abzubringen, indem er drohen würde, auf SALT II zu verzichten.

G. F. Kennan plädiert für seinen Teil zugunsten einer Erweiterung der russisch-amerikanischen Abkommen und billigt sicherlich nicht die Kissingersche Regel von der automatischen Replik. Er disqualifiziert, gewissermaßen durch seine Weigerung zu diskutieren, die von einigen Senatoren und Intellektuellen geführte Kampagne zugunsten einer Erhöhung des Verteidigungsetats. Er habe versucht, schreibt er, strategische Spekulationen nachzuvollziehen und habe, frustriert und von der Irrealität solcher Kalküle überzeugt, darauf verzichtet; der Kern der Debatte wird also verlagert – von der sowjetischen Kapazität zur Ausschaltung der landgestützten ICBM auf die Denkweise der Männer im Kreml...

Ich möchte die Debatte, die darüber in den Vereinigten Staaten entbrannt ist, nicht entscheiden, aber ich sehe nicht ein, warum G. F. Kennan sich außerstande erklärt, an dieser Debatte teilzunehmen, ja, sie überhaupt zu begreifen. Sicher muß der Nicht-Fachmann dem Spezialisten vertrauen, wenn es um bestimmte Daten geht (zum Beispiel, die Zahl der erforderlichen sowjetischen Raketen, um die »*Minutemen*« auszuschalten). Von Daten ausgehend, die für wahrscheinlich gehalten werden, bilden sich dann Staatsmänner und Bürger eine Meinung, sofern sie sich auf ein Nachdenken über solche makabren Rechnereien überhaupt einlassen wollen.

Die amerikanischen Strategen postulieren, daß die Atomwaffen lediglich eine Abschreckungsfunktion haben, daß im Falle eines Atomkrieges sogar die Begriffe von Sieg oder Niederlage jede Bedeutung verlieren. Sodann stellen sie sich die *Stabilität* als Ziel ihrer Verhandlungen oder ihrer Rüstungspolitik vor. Stabil nennen sie eine Situation, in der keine der Supermächte in die Versuchung geraten könnte, auf Atomwaffen zurückzugreifen. Von dieser Überlegung, von ihrem Stabilitäts-Ziel ausgehend, haben die Amerikaner auf die Raketenabwehr (ABM) verzichtet und der M.A.D.-Doktrin zugestimmt. Wenn man dagegen von den Werken über sowjetische Strategie ausgeht, herrscht eine ganz andere Doktrin: Krieg, ob atomar geführt oder nicht, ist, nach der Formel Clausewitz' und Lenins, die Fortsetzung der Politik mit anderen Mitteln. Der Atomkrieg kann vermieden werden, wenn das sozialistische Lager auf die Dauer den Sieg über das kapitalistische davonträgt, ohne auf die Entscheidung der Waffen zurückgreifen zu müssen. Auch unter der Annahme, daß dieser – keineswegs unerfindliche oder gar undenkbare – Krieg stattfindet, wird er sich im wesentlichen nicht ändern und mit einem Sieg enden – selbstverständlich zugunsten des sozialistischen Lagers.

Die ständig zunehmenden Ausgaben und Leistungen der sowjetischen Zivilverteidigung liefern denjenigen ein zusätzliches Argument, die Kennan die »Rüstungsenthusiasten« nennt. Amerikanischen Analysen zufolge beeinträchtigt die zivile oder passive Verteidigung die Stabilität im gleichen Maße wie die Handhabung der für den Erstschlag bestimmten SS 19. Jedwede Überlegenheit, die sich einer der Duellanten verschafft, ohne daß der andere nachzieht, erschüttert das Gleichgewicht. Jede Zivilverteidigung, die die Verluste eines Atomkrieges »zumutbar« macht, macht auch die Zusicherung der gegenseitigen Vernichtung ein Stück wertloser. Sie unterstellt ein anderes Ziel als das der Stabilität.

Die folgende Etappe führt uns über das atomare Duell hinaus und bringt uns zurück zur Realität. Extrem vereinfacht, unterscheidet man die Abschreckung eines nuklearen Direktangriffs von der Abschreckung einer Attacke, die mit konventionellen Waffen gegen einen Verbündeten oder ein vitales, aber außerhalb ihres Territoriums liegendes Interesse einer Großmacht vorgetragen wird. Was bleibt in einer Situation der atomaren Stabilität von der Abschreckung übrig? Was ist die Garantie wert, die Amerika den westeuropäischen Ländern im Rahmen des Atlantischen Bündnisses gegeben hat?

Seit zwanzig Jahren sind solche Fragen Gegenstand endloser Klügeleien. Die Vereinigten Staaten haben die Verstärkung der Abwehrfähigkeit im Felde verlangt und teilweise auch bekommen, und die Doktrin der abgestuften Erwiderung durchgesetzt: Die These der massiven Vergeltung ist seit langem hinfällig geworden (außer unter französischen Dogmatikern, die sie für die Sicherung des zum Sanktuarium erhobenen Nationalterritoriums für erforderlich halten). Doch bis jetzt bedeutet sogar ein Einsatz der amerikanischen Interkontinentalraketen nicht notwendigerweise die »wechselseitige Vernichtung«; die »*Minutemen*« hätten militärische Ziele, in erster Linie die sowjetischen Raketensilos, im Visier. Wenn aber künftig die Sowjets über eine die amerikanische übertreffende Kapazität verfügen, die landgestützten Raketen des Rivalen auszuschalten, muß sich die europäische Sicherheit, mehr denn je, auf Mittelstreckenwaffen stützen. Ohne sich sogar auf die europäische Sicherheit zu berufen, versteht man die Hartnäckigkeit, mit der einige Senatoren die Entwicklung und, zu Beginn der neunziger Jahre, die Einsatzfähigkeit der MX*, jener mobilen

---

* vorausgesetzt, daß sich die MX-Technologie (in Tunnels hin- und herbewegte Flugkörper) als brauchbar erweist.

und somit weniger verwundbaren Interkontinentalraketen verlangen. Zugleich versteht man, welchen Wert die Neutronenbombe für die Europäer besitzt, die ja keine ausschließliche Abschreckungs-, sondern auch eine Feldwaffe ist und den Europäern helfen könnte, ihre Unterlegenheit auf dem Gebiet der konventionellen Rüstung und der Mannschaftsstärke auszugleichen.

Sicher habe auch ich sehr oft den Eindruck des Unwirklichen, wenn ich die Kontroversen über Nuklearstrategie lese; viele von Spezialisten erdachten Szenarien erscheinen wenig wahrscheinlich, denn sie unterstellen den Verantwortlichen zunächst Wahnsinn, dann Kaltblütigkeit und fast übermenschliche Selbstbeherrschung. Die Haltung Kennans grenzt nichtsdestotrotz an Obskurantismus, auch wenn mir die Megatonnen, die Megatoten, die ICBM, die MIRV, die SLBM und die MARV ebenso wenig gefallen wie ihm. Möglicherweise sind die auf beiden Seiten angehäuften Waffen dazu bestimmt, nie eingesetzt zu werden, wer will es wissen? Doch halten die Sowjets, ich wiederhole es, im Unterschied zu den Amerikanern, in bezug auf einen eventuellen Atomkrieg die klassische Clausewitz-Leninsche Theorie aufrecht: Als Fortsetzung der Politik würde dieser Krieg, wie jeder andere auch, mit dem Sieg eines Lagers und der Niederlage des anderen enden. Propaganda? Vielleicht, aber auch hier, wer will es wissen?

Wenn man im übrigen und Kennan zufolge die Nuklearwaffen und den Erstschlag der SS 19 gegen die *Minutemen III* beiseite läßt, bleiben dennoch die konventionellen Rüstungsanstrengungen, die in der Sowjetunion nicht nachlassen und jede Sicherheitsforderung im weitesten Sinne übertreffen. Der Kern der Debatte, wiederholt uns Kennan immer wieder, sei die Vorstellung, die wir uns von den Sowjetführern machten. Das mag sein, aber er nötigt uns eine Wahl zwischen zwei Interpretationen auf, die, die eine wie die andere, wenig wahrscheinlich sind; die sowjetischen Machthaber sind entweder voll finsterer Absichten, bar jeder Menschlichkeit, sie verbringen ihre Zeit beim Ausbrüten geheimer Weltherrschaftspläne und würden das Risiko fürchterlicher Verwüstungen für sich und andere Völker eingehen; oder es sind Männer mit defensivem Denken, deren Sorgen im wesentlichen den kaum gelösten Problemen der wirtschaftlichen Entwicklung gehören. 1946, nach elfjähriger Erfahrung mit den Sowjets, präsentierte uns Kennan damals weder die eine noch die andere dieser Marionetten; nach der Meinung von »Mr. X« würden die Kreml-Männer kein unnötiges Risiko eingehen, aber sie würden jede Gelegenheit wahrnehmen, ihre Figuren auf dem Schachbrett besser zu plazieren, ihren Einflußbereich zu vergrößern, ein Vakuum auszufüllen und Leuten bzw. Parteien, die ihnen nahestehen, zur Macht zu verhelfen. Die Ereignisse zwischen 1946 und 1978 bestätigen die Analyse von »Mr. X«, sie legen uns mitnichten jene Karikaturen nahe, die Kennan für die Zwecke seiner Polemik entwirft: Ungeheuer oder vorsichtige Greise, die vor allem die Landwirtschaft verbessern wollen. Die sowjetische Rüstung – mit einem Verteidigungshaushalt von 11 bis 13 oder mehr Prozent des Bruttosozialproduktes – paßt schlecht zum zweiten Bild, sie beweist auch nicht die Richtigkeit des ersten, aber sie erlaubt noch weniger, daß man die »Rüstungsenthusiasten« lächerlich macht, die sich im Westen über die sowjetischen Absichten von morgen, wenn nicht gar von heute Fragen stellen.

Das Nuklearverhältnis ist nur ein Aspekt des allgemeinen Kräfteverhältnisses. Auch wenn die Sowjets die Überlegenheit anstreben, zum Beispiel die Kapazität, die größtmögliche Anzahl von landgestützten Raketen im Erstschlag auszuschalten, bedeutet das nicht, daß sie leichten Herzens einem Nuklearkrieg entgegensehen würden; eine solche Überlegenheit würde ihnen allerdings im Falle eines Angriffs in Europa eine Quasi-Garantie für den Nicht-Einsatz von strategischen Nuklearwaffen geben. Die sowjetische Überlegenheit an Panzern, Divisionen, Flugzeugen, Soldaten und Material in Europa bedeutet ebensowenig, daß der Kreml beabsichtigt, am Tag X den von langer Hand vorbereiteten mechanisierten Sturm über

Europa zu entfesseln. Sie sehen vielmehr eine Art Halbprotektorat über die Länder der Gemeinschaft – zumindest in einer ersten Phase – vor; nach und nach würden sich diese Länder an eine freiwillige oder aufgezwungene Finnlandisierung schon gewöhnen. Nicht zufällig haben Breschnew und Genossen wild gegen Mittelstreckenwaffen, Marschflugkörper und vor allem gegen die Neutronenbombe gewettert, eine Defensivwaffe, die einige Europäer erst gar nicht bei sich zu stationieren wagten und deren Produktion von Carter aufgeschoben wurde – eine offensichtliche Kapitulation der Vereinigten Staaten vor der Sowjetunion, die erste in Sachen Rüstung.

1946 stellte die Eindämmung mehr politische als militärische Probleme, so unbestritten war damals noch die militärische Überlegenheit der Vereinigten Staaten (obwohl sie ihre Armee sofort demobilisiert haben und zu jener Zeit noch nicht über einen wirklichen Vorrat an Atombomben verfügten). Die wirkliche Änderung, die aber Kennan einzusehen sich weigert, ist der Kontrast zwischen dem materiellen Aufstieg und dem moralischen Niedergang der Sowjetunion. Ein Mitglied der französischen Kommunistischen Partei kann heute, ohne hinausgeworfen zu werden, erklären, daß die Sowjetunion ein »Anti-Modell« sei. In Westeuropa ist das andere Europa mittlerweile bekannt, man weiß um die Lager, um den (relativ niedrigen) Lebensstandard, um die technologische Mittelmäßigkeit, um die Ineffizienz einer autoritären Zentralplanung. Im Gegenzug hierzu ist jene Armee, die einstmals »die rote« getauft wurde, die aber immer häufiger wieder die »russische« genannt wird, die stärkste der Welt. Das Gespenst, das 1978 in Europa umgeht, ist nicht mehr der Kommunismus, sondern die russische Armee. Ich frage Kennan rundheraus, wenn auch mit Bedauern: In welcher Welt leben Sie eigentlich? Warum haben Sie den Kontakt zur Realität so verloren? Sie beklagen sich, daß die russisch-amerikanischen Beziehungen nicht besser sind. Aber der UdSSR verkaufen die Europäer Technologie und schlüsselfertige Industrieanlagen; mehr noch: Sie räumen einer Macht, vor der sie Angst haben, bevorzugte Kreditbedingungen ein. Sie wünschen sich die Unterzeichnung von SALT II? Gut. Aber schon SALT I hat die sowjetischen Rüstungsanstrengungen nicht gebremst, und SALT II sieht, wenn man den allgemeinen Publikumsinformationen glauben darf, eine Höchstdecke für MIRV-Raketen vor, die die Sowjetunion erst in einigen Jahren erreichen wird. Die Alternative, mit der Ihr Artikel endet – entweder der Weg der Hoffnung oder der des Grauens – spiegelt keineswegs die Lage Ihres Landes wider und definiert ebensowenig die Entscheidung, die es zu treffen hat. Die wirkliche Frage ist eine vollständig andere: Wollen die Vereinigten Staaten weiterhin Weltpolitik treiben oder wollen sie sich auf sich selbst zurückziehen (oder, in einer abgeschwächten Form von Rückzug, ihre Interessen auf ihre wirtschaftlichen Partner bzw. Konkurrenten, Japan und Westeuropa, begrenzen)?

Daß sich der Kreml nach der Kuba-Krise 1962 geschworen hat, die Vereinigten Staaten auf allen Gebieten einzuholen, ist kein Grund zur Empörung: Die Sowjetunion, wie ehedem das zaristische Rußland, darf in legitimer Weise den Status einer Supermacht anstreben und ihn auch erreichen. Daß der sowjetische Bär, einmal aus seiner Höhle und seinen Binnenmeeren heraus, ein bißchen überall herumstrolcht, ist kein Skandal. In seinem letzten Buch findet es Kennan in der Tat völlig normal, daß die Sowjetunion ihre Macht im Nahen Osten und in Afrika in ausgreifender Weise einsetzt, daß sie, mit Hilfe kubanischer Truppen, ihr nahestehende Parteien in Angola, in Äthiopien und sonstwo noch an die Macht bringt. Auch da handelt es sich keineswegs um noch nie dagewesene Ereignisse: Die Sowjetunion orientiert sich dabei an anderen Großmächten, sogar an den Vereinigten Staaten. Henry Kissinger selbst erkannte die unerfreuliche, aber unumkehrbare Tatsache an: Die UdSSR verfügt über die Mittel einer Weltmacht und sie wird sie auch überall da einsetzen, wo sie das Risiko-Vorteil-Verhältnis günstig einschätzt. Dieses Risiko ist weder in Angola noch in Äthiopien groß.

Kennans Originalität besteht darin, daß ihn das sowjetische Ausgreifen etwa nach Afrika nicht weiter bekümmert. Man kann dafür plädieren, daß die Entstehung eines militärischen Stützpunktes und eines Regimes in Äthiopien, das sich auf den Sowjetismus beruft, amerikanische Interessen nicht tangiert. Man kann dieses Plädoyer zugunsten Angolas und morgen zugunsten Namibias oder Rhodesiens wiederholen. Doch gerade seine häufige Wiederholung verwässert es. Ist es denn wirklich gleichgültig für Amerika, daß die afrikanischen Staaten, einer nach dem anderen, ins sowjetische Schwerkraftfeld geraten? Ist es gleichgültig, wenn die sowjetische Flotte die Seewege kontrolliert, die die Öltanker auf dem Weg vom Persischen Golf nach Europa oder Amerika benutzen?

Von 1946 bis 1977 ist G. F. Kennan von einem Postulat zum anderen übergegangen: Die Doktrin einer entschlossenen und wachsamen Eindämmung des sowjetischen Expansionsstrebens implizierte einen Gegensatz zwischen den Interessen beider Großmächte; die Vereinbarkeit der gleichen Interessen macht das stillschweigende Postulat des vorliegenden Aufsatzes aus, das aber in einem neu erschienenen Buch in nunmehr extremer Form zum Ausdruck kommt: Kein politisches Ziel der Sowjetunion scheint so beschaffen zu sein, daß es für die Lebensinteressen der Vereinigten Staaten eine Herausforderung wäre – die einzig denkbare Ausnahme wäre Berlin.

Wenn man davon ausgeht, mag man sich in der Tat fragen, warum die Vereinigten Staaten immer und überall die sowjetischen Ambitionen durchkreuzen wollen? Warum spielen sie das machtpolitische Spiel der Annäherung an China mit der Absicht, das sowjetische Überpotential wieder auszugleichen? Hier wird ein Neo-Isolationismus entworfen und sogar behauptet, dabei ginge es nicht so sehr um die Kündigung von Bündnissen als um die Absteckung jener Bereiche auf unserem Planeten, in denen die Vereinigten Staaten ihre Präsenz und im

216

Notfall ihre Interventionsmittel unbedingt aufrechterhalten müßten.

Seltsame Umkehr! Seltsame Doktrin! Die Kunst der Politik besteht in der Tat darin, den Stellenwert verschiedener Einsätze richtig einzuschätzen, vitale von randständigen Interessen zu unterscheiden und keine erheblichen Mittel da einzusetzen, wo es nur zweitrangige Positionen zu verteidigen gilt. Doch wie könnten sich die Vereinigten Staaten von bestimmten Regionen der Welt zurückziehen, ohne ein Vakuum zu hinterlassen und damit die seltsam prekäre Ordnung des zwischenstaatlichen Systems zu erschüttern? Streckenweise scheint Kennan mit einer russisch-amerikanischen Übereinkunft zu rechnen, um das Schlimmste in den »heißesten« Regionen, Südafrika und Naher Osten, zu verhüten. Doch worauf gründen sich seine Hoffnungen? Die sowjetischen Führer genießen die Freuden der weltpolitischen Rolle – ihren zweifelhaften Zauber oder gar, wie in Vietnam, ihre unbarmherzigen Sanktionen im Falle eines Scheiterns haben die Verantwortlichen in Washington bis zum Überdruß ausgekostet. Auch jenseits jedweder Ideologie würden die Männer im Kreml weiterhin die Amerikaner ganz selbstverständlich als Rivalen betrachten. Sie halten aber an einer Art eigenem Glauben, am Marxismus-Leninismus fest, der von der Logik der Macht temperiert wird. Kennan ist so weit gekommen, daß er diesen Glauben und diese Logik für unerheblich hält. Wenn er das eine und das andere ausschaltet, bin ich allerdings zur Demutsgeste bereit, zu der er uns alle auffordert: Wir wissen kaum, wovon wir sprechen.

Die Leser von »Mr. X«, die die Jahre 1944–1953, die Schlußphase der Großen Allianz, ihren Bruch und den Kalten Krieg erlebt haben, sprechen von »Umkehr« – so wie ich es getan habe; andere Kommentatoren sind da weniger nachsichtig und werfen dem Historiker gewordenen Diplomaten vor, in dreißig Jahren all das vergessen zu haben, was er in elf Jahren konkreter Erfahrung mit der Sowjetunion gelernt hatte. Machen Kennans sonstige Bücher diese anscheinend widersprüchlichen

Einstellungen zur Sowjetunion seitens einer und derselben Persönlichkeit verständlicher, deren Rechtschaffenheit und Selbstlosigkeit im übrigen von niemandem bezweifelt werden? Letzten Endes sind sowohl »Mr. X« als auch Kennan selbst Realpolitiker und Lehrmeister einer realistischen Außenpolitik, weil sie die Grenzen jeder Außenpolitik kennen. Der eine wie der andere verwerfen jede Kreuzzugsideologie und warnen vor den Fallen der Juristerei wie des Moralismus. 1944–1947 hatte der Praktiker Kennan Zugang zu den Quellen des sowjetischen Verhaltens und er versuchte, den Präsidenten, den Außenminister und das gesamte *State Department* darüber aufzuklären. Was Kennan seinem Doppelgänger schlecht verzeiht, ist der Anteil an Verantwortung, den Mr. X für eine andere Spielart der Kreuzzugsideologie trägt, den Antikommunismus, der die *»containment«*-Politik genährt, beseelt und pervertiert hat. 1946 wie 1958 nimmt er die Sowjetunion und ihr Regime, wie sie sind, hin, daran müssen sich die Vereinigten Staaten eben gewöhnen. 1944 wünschte er eine sowjetische Expansion nach Mitteleuropa zu verhindern, die heute eine abgeschlossene und unumkehrbare Tatsache ist. Heute möchte er am liebsten, bei aller Hochachtung für Solschenizyn und die Dissidenten, das Problem der Menschenrechtsverletzungen in der Sowjetunion aus der diplomatischen Sphäre heraushalten.

Dieser Realpolitiker hat nichtsdestotrotz einen eigentümlichen Zug: Er weigert sich, das Kräfteverhältnis zur Kenntnis zu nehmen. Wenn er den Kontrast zwischen der dringenden Gefahr 1946 und der Situation im Jahre 1978 unterstreicht, unterschlägt er jeden Bezug auf die sowjetische Rüstung, er schiebt die Szenarien der Strategen oder der Spezialisten der Nuklearstrategie voller Ironie beiseite. Er unterstellt ohne jeden Beweis, daß die Männer im Kreml immer weniger ehrgeizig, weniger expansionsstrebig geworden sind, obwohl sie immer mehr Möglichkeiten hierzu bekommen haben.

Gleichzeitig rechtfertigt er eine der Rundum-Eindämmung

polar entgegengesetzte »Diplomatie mit beschränkter Haftung« durch zwei Argumente: das eine ist moralischer, das andere pragmatischer Natur. Die Kreuzfahrer der Eindämmung verliehen ihrem Handeln einen humanitären Sinn: Sie stritten gegen den Totalitarismus, sie bewahrten die Freiheit der Völker. Kennan holt sie zur Realität zurück, so wie er sie sieht: Die Amerikaner sollen aufhören, der Welt ein Modell bieten zu wollen, sie sollen aufhören, im Namen ihrer höheren Moral ihren Rivalen von oben herab zu richten.

In einem Artikel in »*Encounter*« (1976) schrieb er in sarkastischem Ton: »Ich sehe nur wenig Sinn *(merit)* darin, uns zu organisieren, um die *»porno shops«* der Washingtoner Innenstadt zu verteidigen.« Dies erinnert mich an ein Gespräch mit einem Freund 1939, während der »drôle de guerre«: Wir verteidigen *»Paris-Soir«* gegen den *»Völkischen Beobachter«*, sagte er mir. Ein Jahr später, nach der Niederlage, trat er in die Résistance ein. Drei Jahre danach wurde er von den Nazis erschossen. Er wurde einer der größten Helden der Résistance. Es mag durchaus sein, daß der Westen zur Zeit seine Dekadenz erlebt: Ist es deswegen richtig, die Resignation vor dem Totalitarismus zu predigen und dem Westen einen »*higher moral departure point*« (verglichen zum Land der Gulags) abzusprechen? Als Moralist im Hinblick auf das eigene Land, als Realist im Hinblick auf die Sowjetunion, gelangt Kennan zu einem originellen Isolationismus. Die Anhänger des Rückzugs Amerikas auf sich selbst dachten üblicherweise ganz anders. Sie kehrten nämlich der verderbten Alten Welt den Rücken und gingen keineswegs heim, um dort die eigenen Augiasställe zu säubern.

Ist Kennans Haltung ein Vorbote der künftigen amerikanischen Praxis, so wie es mit »Mr. X« der Fall war? Ich glaube nicht. Seine Ratschläge sind nichts als die Rationalisierung einer augenblicklichen Reaktion politischer Kreise auf die Vietnam-Katastrophe und auf Watergate. Die grenzenlose eigene Ausdehnung zusammen mit der Praxis der systematischen Eindämmung, das soll nun der Vergangenheit angehören. Doch kann sich Amerika, auch wenn es wollte, nicht aus den Stricken befreien, mit denen es sich selbst gefesselt hat. Die amerikanische öffentliche Meinung hat ihre Interpretation des zwischenstaatlichen Systems noch keiner radikalen Revision unterzogen. Die Sowjetunion bleibt der potentielle Feind, mit dem Teilabkommen zwar möglich sind, aber eine Versöhnung in der Tiefe bleibt ausgeschlossen.

Gegenwärtig drückt G. F. Kennan ohne Zweifel Unsicherheiten, Nostalgien und Bestrebungen politischer Kreise wie der öffentlichen Meinung in den Vereinigten Staaten aus. Der Wunsch nach einer wirklichen Verständigung zwischen beiden Großmächten, der F. D. Roosevelt beseelte, bleibt, unausgesprochen, im Unbewußten vieler Amerikaner, ob in der oberen oder unteren Etage der Gesellschaft, weiter bestehen. Dieser Wunsch wird zu einem Kondominium (in dem die Vereinigten Staaten nicht den ersten Platz innehätten) erst an dem Tag führen, an dem die amerikanische Republik nicht mehr an sich selbst glauben wird und die Kreml-Männer kein Interesse mehr an der Ideologie haben werden, in deren Namen sie heute noch über Leib und Seele von zweihundert Millionen Menschen herrschen. Bis zu diesem fernen Tag bekommt Kennan da und dort viel, manchmal überschwengliches Lob. Aber er wird nicht Geschichte machen und auch keine Jünger haben. Angesichts einer Übermacht, die nur in der Kunst der Waffen brilliert, erscheint er als Berater des »Fürsten« mit seiner Allergie gegen jede militärische Reflexion reichlich widersprüchlich: Mal als Moralist, mal als Realist, doch ein Moralist der Einseitigkeit und ein Realist des Verzichts, aus Moralismus streng gegen die Seinen, aus Kleinmut nachsichtig gegen die Schandtaten des Gegners. Welche Denkschule, welche politische Bewegung soll sich mit einer solchen Haltung identifizieren?

II
Die Menschenrechte auf dem Prüfstand.
Die Präsidentschaft Carters
und der Konflikt im Mittleren Osten

Die Wahl Jimmy Carters hatte mich weder überrascht noch
enttäuscht. Ich war ohnehin der Meinung, daß ein Personal-
wechsel in den Vereinigten Staaten dem Interesse der Nation
und des Bündnisses entsprach, dessen Führung die »*imperiale
Republik*« nolens volens übernommen hatte. Hatte Henry Kissinger nach acht Jahren unter Nixon, später unter G. Ford,
genügend Einfluß auf den Kongreß behalten, um seinem Amt
als Außenminister entsprechend nachzukommen? Der abge-
hende Präsident war noch von Richard Nixon zum Vize-Präsi-
denten ernannt worden, bevor dieser seinerseits zum Rücktritt
gezwungen worden war, um der Schande des »*impeachment*«
und des Gefängnisses zu entgehen. 1976 symbolisierte allein
J. Carter die Abkehr von Vietnam und Watergate. Gewiß trugen die Demokraten, historisch gesehen, was die Tragödie in
Vietnam angeht, den gleichen Anteil an Verantwortung wie die
Republikaner – eine Tragödie für die Vietnamesen, aber auch
für die Vereinigten Staaten. J. Carter aus Georgia gehörte nicht
zum liberalen »*establishment*« der Ostküste, das im Krieg
gegen Nord-Vietnam die Armee eingesetzt und das Prestige der
Vereinigten Staaten verspielt hatte und anschließend, aus Haß
gegen Nixon und aus dem Drang zur eigenen Rechtfertigung
heraus, unbarmherzig denjenigen bekämpfte, der verzweifelt
eine Möglichkeit zum Rückzug ohne Kapitulation suchte.
Sogar die Betonung der Menschenrechte 1976 versprach in

meinen Augen eine glückliche Wende. Mitten in der Propagan-
daschlacht hatten die sowjetischen Dissidenten Allendes Witwe
geantwortet; auf den Rat Henry Kissingers hin hatte es G. Ford
noch abgelehnt, Solschenizyn zu empfangen; J. Carter zögerte
dagegen nicht, Bukowskij zu empfangen. Vielleicht würde er,
so dachte ich, gerade aufgrund seiner Persönlichkeit die Unterstützung seiner Außenpolitik durch den Kongreß erreichen.
Der zweifellos gläubige Christ würde das Bild der Vereinigten
Staaten von den Schandflecken reinigen, die die Napalmangriffe
und die Untergrundaktionen des CIA hinterlassen hatten.
Diese Argumente erscheinen mir nicht dumm, auch in der
Rückschau nicht. In den Vereinigten Staaten ist die Präsiden-
tenwahl immer eine Wette auf einen einzelnen Mann ohne
Berücksichtigung seiner Umgebung. Am Tag nach dem Desaster in der Schweinebucht dachten wir, wir hätten unsere Wette
auf Kennedy verloren. Heute wissen wir nicht, ob wir sie
gewonnen oder verloren haben: Kennedy ist gestorben, bevor
er den Folgen seines Handelns in Vietnam gegenüberstand. Bei
Carter wissen wir, daß wir verloren haben: G. Ford und Kissinger hätten es besser gekonnt.

Die Bilanz der Menschenrechtsdiplomatie erscheint allerdings nicht rein negativ. In Lateinamerika verwandelten sich
die Despoten der extremen Rechten zwar nicht in Demokraten,
aber sie waren sich von nun an nicht mehr allein aufgrund ihres
Bekenntnisses zum Antikommunismus der Unterstützung der
Vereinigten Staaten sicher. Das Interesse Washingtons für das
Schicksal Oppositioneller, für die Lage der Häftlinge, hat
sicherlich Leben gerettet und Leiden gelindert. Die Menschenrechte begannen, durch die Vermittlung von Amnesty International und ähnlichen Organisationen die öffentliche Meinung
weltweit zu interessieren. Die Carter-Diplomatie unterstützte
Aufstände gegen Machtmißbrauch und bemühte sich, befreun-
dete oder verbündete Regierungen davon zu überzeugen, daß
sie sich zu ändern hätten.

Der latente Widerspruch zwischen Menschenrechtsdiplomatie und realistischer Politik (den »nationalen Interessen« der USA) brach auf wegen des Iran. Der Schah beschloß, zumindest auf dem Papier, die Auflösung des SAVAK* und begann, das Regime zu liberalisieren. Den Rest der Geschichte kennen wir: Als er versuchte, es auf den Konsens des Volkes zu gründen und den Oppositionellen eine gewisse Ausdrucks- und Demonstrationsfreiheit zu gewähren, wurde das Regime hinweggefegt. Es hatte allmählich alle Klassen der Bevölkerung gegen sich aufgebracht: Die Bauern, die kaum etwas von der Landreform gehabt hatten, den Bazar, der sich durch moderne Formen des Handels bedroht sah, den Klerus, den die Agrarreform arm gemacht und die moderne Sittenlaxheit empört hatte, die durch die wirtschaftliche Entwicklung entstandene Bourgeoisie, die die protzige Altertümelei des kaiserlichen Hofes verachtete und nach westlichen Freiheiten strebte. Im Rausch der Dollar-Milliarden aus dem Ölgeschäft ließ sich der Schah vom Größenwahn hinreißen; er bestellte die teuerste Ausrüstung für ein Heer von Konskribierten und für eine Kriegsmarine, die die »pax iranica« in der Golfregion durchsetzen sollte. Der Außenminister, Cyrus Vance, im Vietnam-Syndrom befangen, nahm die These einer unwiderstehlichen Volkserhebung hin. Wir kennen heute die Zusammenhanglosigkeit der Carterschen Aktionen, als der Präsident während seiner letzten Monate im Amt, zwischen im Grundsätzlichen völlig uneinigen Beratern hin- und hergerissen, persönlich immer unfähiger wurde, in einer Grenzsituation eine Entscheidung zu treffen.

Niemand wird das offensichtliche Risiko leugnen: Indem sie sich auf die Menschenrechte berufen, destabilisieren die Vereinigten Staaten eher ihre Verbündeten als ihre Feinde. Gewiß überqueren Worte auch die Grenzen der Sowjetunion und J. Carter ermunterte die Dissidenten geradezu, er entwarf das Bild einer Allianz zwischen der amerikanischen Republik

---

* Die politische Geheimpolizei des Schah.

und den unterdrückten Völkern. Doch vermögen Teilerfolge das Scheitern in der Tiefe nicht zu verbergen.

Die Intellektuellen, die Organisationen wie Amnesty International* erfüllen sicherlich ihre Aufgaben (oder zumindest eine ihrer Aufgaben), wenn sie Menschenrechtsverletzungen anprangern, wo und unter welchem Regime welcher Couleur sie auch immer passieren. Schnell aber gerät ihre Aktion an den Rand der Politik, die naturgemäß vom Freund-Feind-Dualismus beherrscht ist. Der Moralist macht keinen Unterschied zwischen den Folterungen durch die Polizei eines befreundeten Landes und der Inhaftierung eines Dissidenten in einer psychiatrischen Anstalt; er prangert beides an und mit derselben Strenge. Der Präsident der Vereinigten Staaten darf das aber nicht. Er kann zwar auf verbündete Staaten im gewünschten Sinne einwirken, aber er darf nicht der Logik des Moralisten bis zum äußersten Ende folgen wollen. Er ist gewissermaßen zur Falschheit verurteilt. Die unvermeidliche Sichtung von Verbrechen, je nach politisch-diplomatischer Linie des schuldigen Landes, läßt ihn seiner persönlichen Moral untreu werden.

Diese Sichtung ist aber um so notwendiger für die amerikanische Diplomatie, als die Länder mit despotischem Regime dem Westen gegenüber relativ offen sind; Journalisten (und, wenn eine Guerilla oder ein Bürgerkrieg ausbricht), Hunderte von Journalisten durchstreifen sie. Solche Regimes, besonders in Lateinamerika, bleiben, mit der Ausnahme von Kuba, weit entfernt von der sowjetischen Ideokratie. Aber diese sich oft auf eine Klasse von Großgrundbesitzern stützenden Despoten geraten bald in den Teufelskreis von Subversion und Repression, das heißt in Massaker, deren Greuel getreu von der Weltpresse wiedergegeben werden. Der Bürgerkrieg in Argentinien vor einigen Jahren oder in El Salvador 1982 erscheinen

---

* Erfüllt diese Organisation ihre Aufgaben wirklich rechtschaffen? Es gibt viele Gründe, daran zu zweifeln.

vielen grausamer als die castristische Ordnung in Kuba. Man mag moralisch und politisch das entstehende Regime der Sandinisten in Nicaragua der Somoza-Diktatur oder die von den Guerilleros in El Salvador intendierte Ordnung der gegenwärtigen vorziehen. Die amerikanische Diplomatie ist dagegen nicht gezwungen, Somoza den Sandinisten, die Frente Marti der Militärjunta oder der gewählten Rechten in El Salvador vorzuziehen. Ich will nur sagen, daß die Wahl des Diplomaten nicht ausschließlich durch moralische Gesichtspunkte oder, genauer ausgedrückt, durch die Verdienste oder die Verbrechen des Regimes im Inneren von verbündeten, feindlichen oder blockfreien Ländern bestimmt werden kann.

In gewissen historischen Zeiten tut sich die Diplomatie darauf etwas zugute, daß sie das, was innerhalb der Staatsgrenzen geschieht, ignoriert. Zu anderen Zeiten macht diese reine, in ihren Mitteln wie in ihren Zielen begrenzte Diplomatie einem internationalen Bürgerkrieg Platz. Europa hat seine Religionskriege gehabt, es hat heute noch seine ideologischen Kriege. Aber in anderen Regionen der Welt wurzeln die Staaten nicht in der Vergangenheit und im Volkskonsens; die ausländischen Einmischungen verstärken sich mit der gleichen Geschwindigkeit, wie die entsprechenden Dementis aus den Staatskanzleien. Die Vereinigten Staaten können, im Gegensatz zur Sowjetunion, ihre »Einmischungen« nicht verbergen, weil sie überhaupt nichts verbergen.

Im übrigen verurteilt der Moralist »Einmischungen« in die inneren Angelegenheiten anderer Staaten nicht als solche. Er möchte vielmehr den Staaten das Recht absprechen, ihr Verhalten einer Zensur durch Fremde zu entziehen. Als Verteidiger von Individuen möchte er am liebsten aus der Charta der Vereinten Nationen jenen Artikel ausradieren, in dem zwischen den inneren Angelegenheiten der Mitgliedstaaten und den »völkerrechtlichen« Angelegenheiten streng unterschieden wird. Aber auch hier stößt sich der Moralist mit seiner Aktion an der Asymmetrie der verschiedenen Regime: Die einen sind offen, die anderen geschlossen, und letztere verleugnen immer die Rechte des Staatsbürgers und meist auch die der Persönlichkeit.

Im Laufe meines Lebens ist mir der Widerspruch zwischen Recht und nationalem Interesse, zwischen Moral und Politik so oft vorgekommen, daß ich eine Anklage wegen Immoralität oder Amoralität gelassen in Kauf nehme. Deutschland, das die Alliierten 1939–1945 bekämpft haben, deckte sich damals mit dem Deutschen Reich. Das Lager der Menschenrechte befand sich ohne jeden Zweifel im Westen, aber dieses Lager ging auch, ohne es sich zwar zu wünschen, ein Bündnis mit einem bluttriefenden Regime ein. Niemand oder fast niemand entlarvte damals dieses provisorische und kompromittierende Bündnis. Die Anglo-Amerikaner begingen ihrerseits und in eigener Initiative Kriegsverbrechen, die »Flächenbombardements«, die Zerstörung Dresdens, Hiroshimas und Nagasakis. Sie lieferten den sowjetischen Behörden Kriegsgefangene oder Deportierte aus, die, wohl wissend was sie erwartete, nicht repatriiert werden wollten.

1962, zur Zeit der Raketen-Krise, verhängte Präsident Kennedy eine Teilblockade über Kuba, er legte die castristische Insel, zu der Atomwaffen aus Moskau unterwegs waren, in Quarantäne. Die Vereinigten Staaten beriefen sich dabei auf keinerlei internationale Gesetze, die explizit oder implizit von der Völkergemeinschaft anerkannt worden wären. Die vorangegangene Aufstellung von TITAN-Raketen in der Türkei rechtfertigte gewissermaßen die Aufstellung sowjetischer Flugkörper auf Kuba, die allerdings näher an Washington standen, als es die in der Türkei aufgestellten TITAN an Moskau waren. Die Parallelität Kuba–Türkei wurde übrigens von Chruschtschow unterstrichen, so daß einige Zeit nach der Krise die TITAN wieder abgezogen wurden, wahrscheinlich infolge eines Geheimabkommens zwischen beiden »K«. Zur damaligen Zeit protestierten die Juristen nur mäßig gegen die Kuba-Quarantäne. Sie befürchteten die Folgen der Konfrontation, nicht die im übrigen gut getarnte Verletzung des internationalen Rechts.

Wegen des amerikanischen Krieges in Vietnam brachen allerdings drei Debatten über politische Moral gleichzeitig aus. Erstens: über den Ursprung des Krieges. Führten die Vereinigten Staaten möglicherweise einen ungerechten Krieg, indem sie sich sozusagen an die Stelle der Republik Südvietnam setzten, oder, anders ausgedrückt, indem sie in einen Bürgerkrieg zwischen beiden Teilen Vietnams selbst eingriffen? Zweitens: Verdiente Südvietnam angesichts der Menschenrechtsverletzungen, die dort stationierte amerikanische Journalisten selbst beobachtet hatten, überhaupt die Unterstützung der Vereinigten Staaten? Und drittens: Begingen die Amerikaner in Anbetracht der eingesetzten Waffen vielleicht selbst Kriegsverbrechen?

Was sollen nun aus diesen disparaten Bemerkungen über Menschenrechtspolitik und Moralität, Immoralität und Amoralität in der Diplomatie für Schlüsse gezogen werden? Ein Staat, der für das gesamte zwischenstaatliche System und zugleich für sein eigenes nationales Interesse Verantwortung trägt, kann keine noch so kompromittierenden Verbündeten ablehnen. Wenn er einen übermäßigen Druck auf sie ausübt, riskiert er die Destabilisierung des Regimes und die Machtergreifung durch Parteien, ob in Teheran oder in El Salvador, denen die Werte der westlichen Demokratie ebenso gleichgültig sind, die aber künftighin Feinde und keine Verbündeten mehr sind. Ein solcher Staat nimmt zwar auf die politischen Institutionen eines Landes Rücksicht, aber seine Meinung über diese Institutionen ist nur ein Gesichtspunkt unter anderen. Er kann nicht umhin, sich in die inneren Angelegenheiten dieses Landes einzumischen, wenn es zwischen dem Einfluß der Sowjets und dem des Westens bzw. Amerikas hin- und hergerissen wird. Es ist eine Frage der Opportunität, das heißt der Umsicht, aber keine Frage des Prinzips, ob man sich in die Angelegenheiten anderer Länder einmischt oder nicht, ob man die eine Hälfte eines Landes gegen die andere, ein etabliertes Regime gegen eine revolutionäre Bewegung unterstützt oder nicht. Der Vergleich zwischen den moralischen Verdiensten der etablierten Macht und denen der Revolutionäre ist kein absoluter Maßstab für eine Entscheidung; er trägt allerdings mit unentbehrlichen Elementen zu einer vernünftigen Debatte bei. Der Westen verkennt weder seine Interessen noch die Gerechtigkeit schlechthin, wenn er sich um die Unterlassung von Völkerrechtsverletzungen, zum Beispiel der Anwendung von Gewalt, der rechtswidrigen Ausrufung eines Staates oder einer territorialen Erweiterung mit Feuer und Schwert bemüht. Aber er hat keine hehren Prinzipien angerufen, als Nehru das unter portugiesischer Herrschaft stehende Goa vereinnahmte und auch nicht, als Israel den Golan annektierte und heute im Begriff ist, sich Judäa und Samaria, zwei von Arabern bewohnte Gegenden, einzuverleiben. Er erinnerte sich erst wieder an das Recht, als Argentinien die Falkland-Inseln besetzte.

Als Moment der US-Geschichte, als Reaktion auf den Vietnamkrieg und als Nachlese des amerikanischen Idealismus hätte die Menschenrechtspolitik nicht lange gedauert, auch wenn J. Carter wiedergewählt worden wäre. Kein »eiskaltes Ungeheuer« gehorcht immer nur dem Völkerrecht und der Moral. Die »eiskalten Ungeheuer« stehen sich oft sehr nahe in der Wahl ihrer Mittel – nötigen, überzeugen, abschrecken, destabilisieren, verleiten, bestechen, stabilisieren –, haben aber ganz unterschiedliche Ziele, ihrem jeweiligen Regime entsprechend. Die Sowjetunion und die Vereinigten Staaten haben in ihrer jeweiligen Einflußsphäre nicht immer gleich gehandelt, auch wenn jeder Kontrahent ein ihm ähnliches Regime begünstigte. Die Sowjets führten ihre Despotie ein, die Amerikaner haben manchmal die Freiheit eingeführt. Leider fällt der Kontrast nicht immer so kraß aus.

Die Nahostkrise, der israelisch-arabische Konflikt, nahm in den letzten Jahren eine andere Wendung: Ein sich arabisch nennender Staat schloß Frieden mit Israel. Ich gehöre zu den Millionen Fernsehzuschauern, die die Größe des Ereignisses empfanden, als Anwar el-Sadat aus dem Flugzeug ausstieg und seinen Fuß auf die Erde der Hebräer setzte. Ich habe die Reden in der Knesset gehört, war von der des ägyptischen Präsidenten völlig eingenommen, von der Begins eher enttäuscht. Die erste vibrierte, sei es nur durch die Magie des Wortes, von echter Emotion, die andere, die vielleicht von der Übersetzung verfälscht wurde, vermochte sich nicht auf die Höhe dieses historischen Treffens hinaufzuschwingen.

Die Europäer machten ein saures Gesicht zu diesem Separatfrieden und haben nicht aufgehört, eine Globalregelung zu verlangen, obwohl sie zur Zeit ausgeschlossen erscheint. Aus Überzeugung? Oder in der Hoffnung, sich dadurch die Gunst der arabischen Staaten zu sichern, die alle, mit der Ausnahme des Sudan und des Emirates von Oman, ihre Beziehungen zu Ägypten abbrachen? 1982 können wir sagen, daß sein Jerusalem-Besuch Sadat das Leben gekostet hat, weil er diese Reise als erster gewagt hat. Dieser Besuch führte aber auch zur Räumung der Sinai-Halbinsel und zu einem Frieden in guter und gehöriger Form.* Die Israelis haben peinlich genau die Bestimmungen des Vertrages eingehalten, jedenfalls, was den Streit mit Ägypten anbetrifft. Damit haben sie bewiesen, daß sie Wort halten – ein Wink an die übrigen arabischen Staaten.

Die von Frankreich und der Europäischen Gemeinschaft eingenommene Haltung ist kritikwürdig. Der Friede zwischen Israel und Ägypten hat die arabische Ablehnung erschüttert und macht einen Globalfrieden sicherlich nicht schwieriger. Die von den Europäern vorgeschlagene Regelung – die Schaffung eines palästinensischen Staates im Westjordanland (Judäa und Samaria) – löst das Problem nicht: Sie setzt es vielmehr als gelöst voraus. Ein westjordanischer Staat mit seiner PLO-Regierung, auch wenn sie das Existenzrecht Israels anerkennen würde, brächte keinen Frieden, sondern den Krieg. Eine politische Entität im Westjordanland kann nur in einer Symbiose mit Israel leben, es sei denn, sie betrachte sich selbst als erste

---

* Wieviele Verträge dieser Art sind in den letzten dreißig Jahren verhandelt und unterzeichnet worden?

Etappe auf dem Wege zur Rückeroberung von ganz Palästina. Eine bloße Erklärung von Jassir Arafat würde eine im übrigen ohne wirklichen Zusammenhalt bestehende Organisation wie die PLO, die ihre Einheit allein im Kampf und durch ihn behauptet, nicht auf einen Schlag in eine Regierung verwandeln, die dann zur friedlichen Koexistenz mit einem Feind verurteilt wäre, den man jahrzehntelang den Volksmassen als verabscheuungswürdig hingestellt hatte.

Nach der Unterzeichnung der Vereinbarungen von Camp David – allein schon die Dauer der Verhandlungen stimmte nicht optimistisch – habe ich mich gefragt, welcher Linie die israelische Diplomatie nun folgen würde. Daß sie die Entstehung eines unabhängigen, von jenen Palästinensern regierten Staates ablehnen würde, die derzeit Israel vom Libanon her angreifen, nichts selbstverständlicher als das. Doch in Wort und Tat schließt Begin aus, daß das Westjordanland – in seiner Terminologie Judäa und Samaria – sich außerhalb der Grenzen des hebräischen Staates befinden könnte. Die Kolonisierung dieser dem antiken Israel zugehörigen Landstriche impliziert sicher nicht die Annexion dieser von Arabern bevölkerten Provinzen, sie bestimmt aber im voraus die Grenzen der von den Vereinbarungen in Camp David vorgesehenen Autonomie. Sicher stellt der Text der Vereinbarung diese Autonomie nicht als endgültig hin. Nach fünf Jahren sollte das Schicksal des Westjordanlandes durch die Bevölkerung und die Signatarmächte definitiv festgelegt werden.

Das vorläufige Scheitern der Verhandlungen über die Autonomie läßt sich mannigfaltig erklären; ich schiebe Begin die ausschließliche Verantwortung dafür zu. Aber ich erinnere mich an Gespräche mit zahlreichen Mitgliedern politischer Kreise in Jerusalem oder Tel Aviv, unmittelbar nach dem Sechs-Tage-Krieg. Ich entsinne mich unter anderem, wie der Premierminister, Levi Eschkol, reagierte: »Die Auswahl ist einfach zu groß! Sie macht uns verlegen!« Welche Eroberungen sollte man beibehalten, über welche könnte man verhandeln? Sollte man sich mit den begradigten Grenzen von 1967 begnügen oder aber ein Groß-Israel, also unter Einbeziehung von Judäa und Samaria, anstreben? Statt auszuwählen, behielt Israel alles, bis Sadat den ersten Schritt machte, doch inzwischen hatten wieder zwei bewaffnete Auseinandersetzungen stattgefunden, eine Abnutzungsguerilla 1970 und der Jom-Kippur-Krieg von 1973, in dem Israel nahe an der Katastrophe stand. Heute, wenn nicht in Worten, so doch in Taten, hat sich Israel für Groß-Israel entschlossen.

Menachem Begin widerruft zwar nicht das in den Vereinbarungen von Camp David enthaltene Autonomie-Versprechen, aber er setzt seine Hoffnung auf ein Zusammengehen mit »gemäßigten« Notabeln und verweigert der PLO den Dialog: Für ihn ist sie einfach ein Haufen von Terroristen und Mördern. Doch scheinen die Araber unter israelischer Herrschaft nicht zur Mäßigung zu neigen. Je länger die Besatzung andauert, um so schroffer wird ihr Nationalismus, ganz gleich, ob sie unter Zivil- oder Militärverwaltung stehen. Die zur Kollaboration neigenden Notabeln riskieren täglich den Tod. Denn nationale Befreiungsbewegungen können sich in der Bevölkerung, die sie zu vertreten vorgeben, nur dann durchsetzen, wenn sie die Skeptiker, die Lauwarmen, liquidieren. Die PLO hat um so weniger Grund einzulenken, als sie von der internationalen Gemeinschaft, die meisten westlichen Staaten eingeschlossen, bereits halb anerkannt ist.

Die Ereignisse im Libanon* eröffnen für die Optimisten die Aussicht auf einen zweiten Teilfrieden im Norden, ähnlich dem ersten, dem ägyptisch-israelischen Vertrag, dessen Schöpfer und Opfer zugleich Anwar el-Sadat gewesen ist. Es könnte sein, daß die Israelis mit schweren Schlägen die Palästinenser und die linken Milizen hinaustreiben oder endlich zum Schwei-

---

* Raymond Aron spielt hier auf die Teilbesetzung des Libanon durch israelische Truppen im Rahmen der Operation »Frieden in Galiläa« im Sommer 1982 an. (Anm. d. Hrsg.)

gen bringen. Es könnte sein, daß eine libanesische Regierung eine Art staatlicher Einheit in diesem kleinen, von Bürgerkrieg und fremden Interventionen seit nahezu zehn Jahren heimgesuchten Land zustandebringt. Vielleicht könnte Menachem Begin morgen das Gefühl entwickeln, dank seiner »realistischen« Politik, in der die Militärmacht den ersten Rang einnimmt, doch Erfolg gehabt zu haben. Er unterschätzt dabei die moralischen Verluste, die ihm die Bombardierung Beiruts und die Massaker von Sabra und Schatila eingebracht haben. Dafür überschätzt er Israels Fähigkeit, im Nahen Osten *seinen* Frieden durchzusetzen.

Über die Aktualität hinaus bleibt die Zukunft Israels das beunruhigendste Problem. Gleichzeitig ein demokratischer Staat und eine Militärmacht, am Tag des Kampfes vom Volk in Waffen verteidigt, aber ohne Aussicht auf einen wahren Frieden am politischen Horizont (sagen wir bis zum Ende des Jahrhunderts), hat sich Israel, ein »Paria«-Staat und ebenso verfemt, wie das Volk es in der Diaspora gewesen ist, der Machtpolitik in ihrer ganzen Strenge verschrieben. Es knüpft Freundschaftsbeziehungen mit anderen »Paria«-Staaten an: Südafrika, Taiwan. Zwischen dem zionistischen Traum eines Staates der Gerechtigkeit und dem Machtstaat tangiert der Kontrast das Wesentliche. Vom Traum zur Realität, würden die Israelis sagen . . . Gewiß, doch ginge es ganz anders zu, wenn Israel, noch so klein und, im Verhältnis zu seiner Größe noch so überrüstet, weiterhin ein jüdischer Staat bliebe. Doch innerhalb der Grenzen von Groß-Israel wird es gegen Ende des Jahrhunderts ebensoviel Araber wie Juden geben. Wird dann die Gefahr von innen oder von außen kommen? Wird sie von einem Angriff der Diaspora-Palästinenser (oder der übrigen arabischen Staaten) oder von einem Aufstand der im Lande gebliebenen Palästinenser herrühren, die, auch wenn sie von der israelischen Technik und einer Verwaltung profitieren, die trotz Besatzung ein möglichst hohes Maß an Achtung persönlicher Rechte praktiziert, dennoch nichts als Bürger zweiter Klasse geblieben sind?

In zwanzig oder dreißig Jahren dürfte Israel immer noch die Unterstützung durch die jüdische Diaspora, vor allem die jüdische Gemeinschaft in den USA genießen. Nehmen wir an, die USA seien morgen ebenso wie heute entschlossen, die Existenz Israels zu beschützen und, wenn nötig, zu kämpfen, damit Israel lebe. Die gegenwärtige arabische Welt, von widerstrebenden Bewegungen hin- und hergerissen, läßt keine Prognosen, nicht einmal mittelfristige, zu. Es reicht nicht zu sagen: Der israelisch-arabische Krieg dauert an. Wird dieser Krieg, je länger er dauert, nicht zum Abnutzungskrieg? In einem bestimmten Sinne wird er allerdings immer schlimmer. Gewiß zeigt das Beispiel Anwar el-Sadats und Ägyptens ein weniger düsteres Bild. Ich kann mich dennoch mancher Ängste nicht erwehren. Israel will sich zum alleinigen Herrn über Jerusalem machen, eine für drei Weltreligionen heilige Stadt. Es will seine Sicherheit auf das Militär und die Territorialherrschaft gründen, obwohl die Fernwaffensysteme ständig zahlreicher werden. Es will das Land, das vor Tausenden von Jahren seine Wiege gewesen ist, sammeln. So macht es allerdings den jüdischen Staat nicht stärker, sondern bringt vielmehr eine binationale Bevölkerung zusammen, deren Hälften niemals eine Einheit darstellen werden, die aber friedlich zusammenarbeiten könnten, wenn der Friede in der gesamten Region endgültig herrschen würde. Und das ist der Teufelskreis: Die Araber akzeptieren Groß-Israel nicht, und dieses wäre nur lebensfähig, wenn die arabische Ablehnung der Versöhnung, politisch zuerst, geistig später (oder meinetwegen umgekehrt) weichen würde.

Man sagt, Ben-Gurion habe jede Perspektivplanung verboten. Denn in der Tat, Israel gäbe es nicht, hätten die Schöpfer des neuen Staates, statt zu handeln, nur ihre Erfolgschancen ausgerechnet. Tun aber die Israelis heute noch gut daran, dem Verbot Ben-Gurions zu gehorchen?

III
Eine Ideologie sucht eine Politik*.
Die Anfänge der Reagan-Diplomatie

Präsident R. Reagan und einige seiner Minister oder Berater benutzen die Sprache des Kalten Krieges: Sie prangern den sowjetischen Expansionismus an und erblicken in allen Unruhen, die irgendwo in der Welt die Menschheit schütteln, sowjetische Präsenz. Doch kann der antisowjetische Zungenschlag allein kein Unterscheidungskriterium für die verschiedenen Denkschulen in den Vereinigten Staaten sein. Politische Kreise, die Kommentatoren des internationalen Beziehungssystems, bleiben zutiefst uneinig, was gewisse Daten (zum Beispiel über das Kräfteverhältnis), die Politik oder die Pläne des Kremls anbelangt.

Fangen wir mit den Fakten und mit den Debatten an, die sie hervorrufen. Hat sich die Sowjetunion die militärische Überlegenheit über die Vereinigten Staaten gesichert? Auf eine solche Frage kann es von vornherein keine einfache, kategorische Antwort geben, denn wir kennen zwar die Quantitäten, die Qualitäten aber nicht; der Wert von Waffen und Streitkräften erweist sich erst im Kampf. Dies vorausgeschickt, machen die bekann-

---

* Dieses Kapitel geht in der Hauptsache auf die französische Fassung eines Aufsatzes von Raymond Aron zurück, der in einer Sondernummer von »Foreign Affairs – America and the World 1981« (60. Jg., Nr. 3, 1982, New York) unter dem Titel: »Ideology in Search of Policy« erschienen ist. Es handelt sich darin um die Außenpolitik Präsident Reagans Ende 1981. (Anm. d. Hrsg.)

ten Mengen und die im Lichte von Experimenten geschätzten Eigenschaften von Waffen zumindest ein plausibles Urteil möglich.

Unbestreitbar scheint mir, daß die Sowjetunion Rüstungsbestände besitzt, die die amerikanischen weit übertreffen, sowie über eine industrielle Rüstungsproduktionskapazität verfügt, die ebenfalls größer ist, es sei denn, man verwirft pauschal die Zahlen, die vom amerikanischen Verteidigungsministerium in der Broschüre »Soviet Military Power« veröffentlicht wurden... Soll man den 50000 Panzern, den 20000 Geschützen, den 5000 Kampfhubschraubern eine zentrale Bedeutung beimessen? Die einen werden einwenden, solche Globalzahlen besagten nicht allzuviel, denn die Logistik erlaube den Einsatz all dieser Waffen auf einem Schlachtfeld gar nicht; im übrigen seien die sowjetischen Streitkräfte ohnehin über mehrere »Fronten« verteilt, und große Schlachten wie noch im Zweiten Weltkrieg seien von nun an undenkbar, jedenfalls zwischen Großmächten im Besitz von Atomwaffen.

Lassen wir die Globalzahlen und sehen wir uns das zentrale Gleichgewicht einmal an. SALT II, vom amerikanischen Senat nicht ratifiziert, scheint doch in der Sache von beiden Teilen eingehalten zu werden (wenn man annimmt, daß die Verifizierung über Satelliten wirklich glaubwürdig ist). Nach diesem Vertragswerk besitzen die Vereinigten Staaten 1054 Interkontinentalsysteme, davon 550 mit MIRV; 656 U-Boot-gestützte Flugkörper (SLBM), davon 496 mit MIRV, und 573 schwere Bomber, davon sind einige mit Marschflugkörpern ausgerüstet. Die UdSSR besitzt ihrerseits 1396 ICBM, davon 608 mit MIRV, und 950 SLBM, davon 144 mit MIRV, sowie 156 schwere Bomber.

Haben wir es hier mit einem Gleichgewicht zu tun? Die amerikanische Triade zählt einen relativ geringen Anteil an ICBM, wahrscheinlich, weil die amerikanischen Verantwortlichen davon ausgehen, daß sie nie als erste losschlagen werden, und sich eher auf die von einem Erstschlag weniger verwundbaren U-Boot-gestützten Flugkörper verlassen. Wenn dieses Gleichgewicht so definiert wird, daß jede Großmacht in der Lage ist, der anderen als Erwiderung auf einen Erstschlag »unzumutbare Zerstörungen« zuzufügen, ist das Gleichgewicht in der Tat vorhanden. Aber, widersprechen die Pessimisten, auf einen strategischen Erstschlag gegen *»Minutemen«* mit der Bombardierung von Städten zu antworten, bedeutet, ebensolche Bombardements auf amerikanische Städte herbeizuführen.

Die Sowjetunion stellt schwere Trägersysteme her, deren Nutzlast wesentlich höher liegt als die der amerikanischen Flugkörper; vor allem die SS 18, deren Zahl von SALT II auf 308 begrenzt wird, kann acht nukleare Gefechtsköpfe von jeweils zwei Megatonnen mitnehmen. Die SS 18 und ihre 2000 nuklearen Gefechtsköpfe könnten auf dem Papier die 1000 amerikanischen *»Minutemen«* außer Gefecht setzen. Seit Jahren diskutieren nun die Amerikaner über die notwendige Nachrüstung, um die 308 SS 18 in Schach zu halten und um die Verwundbarkeit ihrer eigenen landgestützten Raketen zu verringern. Das Reagan-Programm sieht 100 B 1-Bomber und 100 MX-Flugkörper in besser geschützten Silos vor. Im Vergleich zum Carter-Programm enthält es eine Zugabe und eine Wegnahme: Die B 1 war vom demokratischen Präsidenten verworfen worden, der Republikaner hat sie wieder aufleben lassen. Dafür sollen statt 200 MX, jede pausenlos zwischen Tausenden von Silos unterirdisch in Bewegung gehalten, nur 100 MX in verstärkten Silos aufgestellt werden.

Die Triade besteht weiter fort, ihre Bestandteile werden je für sich verstärkt: Die MX als landgestützter Bestandteil, die Kampfwertsteigerung der B 52 durch Marschflugkörper; was die seegestützte Komponente angeht, so kommt von 1983 bis 1987 jährlich ein U-Boot der »Trident«-Klasse hinzu. Größere und treffgenauere ballistische Flugkörper (»Trident 2« oder »D 5«) werden ab 1989 an Bord der »Trident«-U-Boote installiert. Zur gleichen Zeit sollen die Fernmelde- und Kontrollsysteme verbessert werden, um die Kommunikation mit allen strategischen Teilstreitkräften aufrechtzuerhalten.

Das von Präsident Reagan gewählte Programm ist noch nicht vom Kongreß gebilligt worden; da das amerikanische Parlament es wahrscheinlich zusammenstreichen, auf keinen Fall aber aufstocken wird, kann man schon jetzt versuchen, zu einem Urteil über dieses Kapitel der amerikanischen Nachrüstung zu kommen. Strenggenommen ist es keine Antwort auf die Frage nach der angeblichen Verwundbarkeit der landgestützten amerikanischen Flugkörper, also der zielgenauesten und, wenn nicht der einzigen, so doch der für einen strategischen Einsatz am besten geeigneten Raketen. Jetzt, da die Amerikaner die »*Trident*«-U-Boote einführen, geht die Erprobung eines sowjetischen Unterwasserkreuzers von 25 000 Tonnen Wasserverdrängung getaucht vonstatten; er soll mit SS 18 bestückt werden, wahrscheinlich ein verbessertes Modell mit 6500 bis 8000 km Reichweite. Von nun an können die Flugkörper der »Delta III«-U-Boote von sowjetischen Gewässern aus fast jedes Ziel in den Vereinigten Staaten erreichen.

Diese knappen Anmerkungen erheben nicht den Anspruch, die amerikanischen Anstrengungen und ihre voraussehbaren Ergebnisse zu ermessen, sie sollen vielmehr sowohl die Prätentionen der neuen Administration als auch die Kritik der Opposition widerlegen. Was das zentrale Gleichgewicht angeht, verheißt das Nachrüstungsprogramm keine Überlegenheit für die Amerikaner, es führt lediglich modernere Waffentypen ein, denn die »*Minutemen*« sind zwanzig Jahre alt, ebenso die »Polaris«- und »Poseidon«-U-Boote. Die B 52 sind ihrerseits über dreißig Jahre alt. Sowjetischerseits sind die Flugkörper, die U-Boote und die Bomber alle während der siebziger Jahre in Dienst gestellt worden. Der Präsident versucht, auf einen Schlag die Verspätung wieder wettzumachen; die Opposition wirft ihm vor, einen neuen Rüstungswettlauf vom Zaun zu brechen, zu Unrecht: Von 1965 bis 1980 war die Sowjetunion allein im Rennen.

R. Reagan erklärt von Zeit zu Zeit, daß die Vereinigten Staaten im Falle eines Rüstungswettlaufs das Rennen mit Sicherheit gewinnen werden. Die Erklärung ist ebenso unbeweisbar wie doppelsinnig. Das Volkseinkommen der Vereinigten Staaten erreicht möglicherweise das Doppelte des sowjetischen – wobei der Vergleich in diesem Fall sehr wenig Sinn hat. Die Sowjetunion unterhält eine Kriegsindustrie, deren Fabriken und Betriebe ständig produzieren. Die Vereinigten Staaten können sich auch eine machtvolle Kriegsindustrie geben, aber die Rüstungsbestellungen gehen an Privatunternehmen, die auch für den zivilen Markt arbeiten. Wenn die Schiffsbestellungen zunehmen, werden sich die Werften neue Produktionskapazitäten zulegen. Doch das braucht Zeit. Solange die Vereinigten Staaten sich nicht kriegswirtschaftlich organisieren, haben sie wenig Chancen, das Potential und die Kapazitäten der sowjetischen Produktion zu erreichen.

Bietet aber die Verwundbarkeit der landgestützten US-Systeme eine Gelegenheit zum Angriff (»window of opportunity«), stehen uns also Jahre bevor, in denen die Sowjets versuchen könnten, einen strategischen Erstschlag zu führen? Ich habe ein solches Szenarium nie tragisch ernst genommen. Die Sowjets sind immer vorsichtig gewesen oder, genauer gesagt, sie sind keine Abenteurer. Ferner: Alle Flugkörper dürften nicht dem berechneten Kurs folgen, die mittlere Abweichung, die in Versuchen ermittelt worden ist, könnte im Ernstfall eine andere sein. Die Kreml-Führer, welche es auch immer seien, die Greise von heute oder eine neue Generation morgen, sie werden stets vor einem Pokerspiel zögern, bei dem sie Millionen und Abermillionen Leben riskieren würden, das eigene eingeschlossen.

Was mir jedoch wahr erscheint, ist die Tatsache, daß das Kräfteverhältnis der strategischen Nuklearwaffen einen diffusen und schlecht zu ermessenden Einfluß auf die Staatsmänner in Washington, Moskau, ja, in allen Hauptstädten ausübt. Im Augenblick der Krise befragen sich die Verantwortlichen über das Risiko einer Eskalation und über die Ressourcen des anderen, falls die Eskalation doch stattfindet. Als Außenminister rief Henry Kissinger einmal aus: »For Godsake, what is the meaning of superiority, when it comes to the strategic nuclear forces?«*Seitdem hat er die gegensätzliche Meinung vertreten. Persönlich würde ich eine mittlere Position einnehmen: Die Raketen-Schlagabtausch-Szenarien halten die Geister zwar gefangen, aber sie bestimmen ihre Entscheidungen nicht.

Die Konsequenz, die sich aus dem Stand der Nuklearwaffen beider Großmächte ergibt, scheint mir folgende: Die Drohung der Eskalierung ist kein Privileg der Vereinigten Staaten mehr; die Gegen-Drohung einer sowjetischen Eskalation ist zumindest ebenso glaubhaft geworden wie die amerikanische Drohung. Ganz gleich, ob es um taktische Flugkörper wie die SS 21 und SS 22, um Mittelstreckenwaffen wie die SS 20 oder um Interkontinentalraketen geht, die Sowjets ziehen auf jedem Gebiet mindestens gleich, wenn sie nicht gar überlegen sind.

Vernünftigerweise müßten die Europäer aus dieser Analyse folgende Lehre ziehen: In einer Zeit des atomaren Patts bekommt das Verhältnis der konventionellen Kräfte eine zunehmende Bedeutung. Statt sich zu fragen, ob und in welchem Maße sie vom »nuklearen Schirm« der Vereinigten Staaten weiterhin geschützt sind, sollten sie sich besser die Frage stellen, ob und in welchem Maße sie zur Abschreckung des Gegners und zur Verteidigung ihres Territoriums beitragen können. Der Platz fehlt an dieser Stelle, um das Verhältnis von konventionellen und nuklearen Kräften an der zentralen Front zu analysieren und um den möglichen Beitrag der Europäer selbst näher zu bestimmen. Aber an der Wurzel des deutsch-amerikanischen Unbehagens erblicke ich die moralischen Spätfolgen des militärischen Niederganges der USA. Diese Spätfolgen sind häufig emotional gefärbt, denn die Europäer wollen

---

* »Mein Gott, was kann Überlegenheit noch bedeuten, wenn es um strategische Nuklearwaffen geht?«

vor allem die Entspannung retten und befürchten abwechselnd bzw. zur gleichen Zeit die Schwäche und die provokative Wiederaufrüstung der Vereinigten Staaten.

* * *

Von Natur aus ist die Abhängigkeitssituation gegenüber den Vereinigten Staaten, in der sich Westeuropa in Ermangelung einer eigenen Verteidigungsfähigkeit befindet, ausgesprochen ungesund. Die Amerikaner konzipieren die Verteidigungsdoktrin, die Amerikaner befehligen die Streitkräfte des Bündnisses. Gleichzeitig kontrollieren sie das internationale Währungssystem und ziehen Nutzen aus dem Status des Dollars. Ob von Natur aus transnational oder international, die amerikanische Währung gilt in der ganzen Welt, was den USA erlaubt, Defizite in ihren laufenden Zahlungen hinzunehmen. Die Amerikaner bezahlen die Waren und Dienstleistungen, die sie im Ausland einkaufen, in Dollar – ein solches Privileg genießt allein das Land, dessen Währung zugleich als Wertmaßstab und als Zahlungsmittel auf dem gesamten Weltmarkt gilt.

Die militärische Ohnmacht Europas rührt aus teils permanenten, teils nur gelegentlich eintretenden Umständen her, die sich nur schwer vom menschlichen Willen steuern lassen. Die Bundesrepublik Deutschland umfaßt nur zwei Drittel des deutschen Volkes. Als unmittelbarer Nachbar des sowjetischen Herrschaftsbereichs hofft sie weiterhin auf die Wiedervereinigung und vermeidet jede Maßnahme, die der Kreml als eine Provokation empfinden könnte. Sie hält sich von Nuklearwaffen fern. Frankreich dagegen ist aus dem integrierten NATO-Oberbefehl ausgeschieden, ohne aus der Atlantischen Allianz oder gar aus der NATO auszutreten; es setzt auf seine eigene nukleare Strategie. Die Regierenden versichern dem französischen Volk, daß das nationale Territorium vor jeder Aggression gefeit und zum Sanktuarium geworden ist, weil Frankreich im Falle einer Aggression den Aggressor dafür einen Preis zahlen lassen würde, der in keinem Verhältnis zum Einsatzwert »Frankreich« mehr stünde. Diese Doktrin wird um so leichter von den Franzosen akzeptiert, als sie den Nicht-Krieg lehrt bzw. voraussetzt und die Hypothese ausschließt, daß die Abschreckung einmal nicht funktionieren könnte. Unter solchen Bedingungen ist eine europäische Verteidigung, die den Verbund Frankreich-Deutschland zum Kernstück hätte, völlig unmöglich. Großbritannien aus atlantischer Überzeugung, die anderen europäischen Länder aus Resignation, alle überlassen sich dem amerikanischen Schutz.

Seit den sechziger Jahren steht Westeuropa unter dem möglichen Feuer der sowjetischen Kurz- (340 SS 4) und Mittelstreckenwaffen (40 SS 5). Seit 1977 haben die Sowjets das Mittelstreckensystem SS 20 stationiert, dessen MIRV-Gefechtsköpfe drei Atomsprengkörper von 150 Kilotonnen befördern können. Die SS 20 ist beweglich, somit praktisch unverwundbar, und die Treffgenauigkeit der nuklearen Gefechtsköpfe soll sehr hoch sein (die mittlere Abweichung soll 100 bis 150 Meter betragen). Bundeskanzler Schmidt war der erste, der auf die Gefahr aufmerksam machte, die die Aufnahme der SS 20 in das sowjetische Arsenal darstellt. Von ihm hängt der Ausgang der politischen Auseinandersetzung um die eurostrategischen Systeme ab.

Worum geht es aber militärisch? Die Amerikaner haben vorgeschlagen, und die europäischen Regierungen haben den Vorschlag angenommen, daß 108 Pershing II und 464 Marschflugkörper auf europäischem Boden stationiert werden; beide Systeme können die westlichen Teile der Sowjetunion erreichen. Die gängigste strategische Überlegung besagt, daß diese Eurosysteme eine Entkoppelung (*decoupling*) des europäischen Kriegsschauplatzes von dem zentralen Gleichgewicht verhindern sollen. Sollten die Sowjets eine militärische Initiative ergreifen, ganz gleich welche, müßten sie sofort diese und zugleich die in den USA dislozierten Systeme ausschalten. Eine andere Überlegung geht dahin, daß die Eurosysteme im Falle der flexiblen Erwiderung (*»flexible response«*) das Eskalationsrisiko ins Unermeßliche steigern würden. Flugkörper, die das sowjetische Territorium erreichen, ganz gleich von welchem Punkt aus, wären für die Sowjets eine Aggression der Vereinigten Staaten. Anders ausgedrückt, die Pershing II und die Marschflugkörper haben die Aufgabe, die Europäer zu beruhigen, indem sie das Risiko eines auf Europa allein begrenzten Krieges reduzieren. Aber die Europäer, zumindest diejenigen, die gegen das Vorhaben einer Modernisierung der Eurosysteme protestiert haben, haben dieses Argument ins Gegenteil gewendet: Sie haben darin die Drohung eines auf Europa begrenzten Atomkrieges, also Europa als Schlachtfeld, unter Aussparung der Großmächte und ihres Territoriums, erblickt.

Der von der NATO gefaßte Doppelbeschluß – also Stationierung der Pershing II und der Marschflugkörper ab 1983 und zugleich Verhandlungen mit Moskau über einen Stationierungsverzicht gegen sowjetische Zugeständnisse – wurde aufrechterhalten, obwohl sich Belgien und die Niederlande nicht als hierzu völlig verpflichtet betrachten. Bundeskanzler Schmidt verlangt von den anderen Bündnispartnern, daß sie die Eurosysteme auch bei sich stationieren; seine Bereitschaft zur Aufnahme ist also bedingt und mit der Bereitschaft von mindestens einem weiteren Partner verbunden.

Was ist in dieser Hinsicht während des Jahres 1981 geschehen? Im April ermahnte die Sozialistische Internationale nach ihrer Amsterdamer Konferenz die Großmächte, so schnell wie möglich Verhandlungen über die Beschränkung der Kurz- und Mittelstreckenwaffen in Europa aufzunehmen. L. Breschnew lud daraufhin Willy Brandt zum 29.–30. Juni nach Moskau ein, um ihm sein *Moratorium*-Projekt* zu erläutern. Am 15. und 16. Juli appellierte das Präsidium der Sozialistischen Internationale an die Supermächte, um sie zur Wiederaufnahme der Ver-

---

* Die Sowjetunion hört mit der Stationierung der SS 20 auf, dafür widerrufen die Europäer den Doppelbeschluß.

handlungen über SALT und die eurostrategischen Systeme zu ermahnen. Dagegen unterstützte François Mitterrand nach seiner Wahl zum Präsidenten der Republik die amerikanische These, daß das durch die SS 20 zerstörte Gleichgewicht wiederherzustellen sei.

Riesige Demonstrationen, die bis zu mehreren hunderttausend Menschen zusammenbrachten, fanden verstärkt in der Bundesrepublik, in den Niederlanden, in Belgien und in Italien statt. In der Bundesrepublik sind, laut Umfragen, die Deutschen in ihrer Mehrheit für die Atlantische Allianz und die amerikanische Präsenz in Europa, sind aber von den Atomwaffen nachhaltig beunruhigt. Durch eine Ironie der Geschichte könnte also jene Maßnahme, die die Bindungen zwischen dem Alten Kontinent und den Vereinigten Staaten stärker und die Einheit zwischen beiden Teilen des Bündnisses besonders sinnfällig machen sollte, ausgerechnet eine Art moralische Scheidung zwischen den europäischen Regierungen und der Öffentlichkeit einerseits sowie zwischen ihnen und den Regierenden in Washington andererseits herbeiführen.*

Gegen ihren Willen hat die Mannschaft um Reagan möglicherweise durch ihre Sprache, durch ihre Weigerung, die SALT-Verhandlungen wiederaufzunehmen und durch den martialischen Ton ihrer Reden zum Erfolg der Friedensbewegung beigetragen. Sie ließ die Europäer annehmen, daß die Vereinigten Staaten neuerdings auf eine verschwundene militäri-

---

* Wenn man den Umfragen glauben darf, bleibt die deutsche öffentliche Meinung für ein Bündnis mit Amerika und für die Sicherheit durch Abschreckung. 53% der Befragten stimmten im Juli mit der Regierungspolitik überein, 22% waren dagegen. 56% gegen 18% hegen freundschaftliche Gefühle zu den Amerikanern. Die Deutschen glauben weiterhin mehrheitlich nicht den Friedensvorschlägen Breschnews, aber die Mehrheit schwankt je nach den Umständen. Andererseits glauben die Deutschen mehrheitlich an die militärische Überlegenheit der UdSSR über die Vereinigten Staaten. Sie sind mehrheitlich gegen die Neutronenbombe. Die Massendemonstrationen und die Presse geben also, wie es scheint, kein zutreffendes Bild der deutschen öffentlichen Meinung wider.

sche Überlegenheit Anspruch erheben und damit gleichzeitig eine Beschleunigung des Rüstungswettlaufs auslösen. Die Zahlen beweisen, daß das nicht stimmt. Das Reagan-Programm würde, auch vollständig realisiert, den Amerikanern keinerlei Überlegenheit verschaffen, weder zu Lande noch in der Luft. Die Nervosität der europäischen öffentlichen Meinung bricht aber bei jeder Gelegenheit hervor. Im November hatte der Präsident in einem Gespräch mit einem Journalisten und als Antwort auf eine konkrete Frage gesagt, daß der Einsatz von Nuklearwaffen in Europa keineswegs einen totalen Atomkrieg mittels strategischer Nuklearwaffen bedeute, ein begrenzter Atomkrieg aber eher unwahrscheinlich sei. Von nun an schloß die europäische Presse mit ihren Kommentatoren daraus, der amerikanische Präsident mache sich einen begrenzten Atomkrieg zum Ziel.

Um den deutschen Kanzler unmittelbar vor der Ankunft L. Breschnews in Bonn zu stützen, brachte R. Reagan die Formel von der »Null-Option« in Umlauf. Da L. I. Breschnew unaufhörlich von Frieden und Abrüstung redete, wollte ihn der amerikanische Präsident mit seinen eigenen Waffen schlagen. Er begnügte sich nicht damit, die Zahl der Mittelstreckenwaffen zu reduzieren oder die Entscheidung über die Pershing II zu vertagen, sondern schaffte in Gedanken alle Flugkörper dieser Gattung auf beiden Seiten ab. Ein Pokerspiel? Ein Propagandamanöver? Ohne Zweifel. Die Folgen? Wir sollten zuerst zwischen den beiden miteinander vermischten Problemen der Verteidigung Europas einerseits und der Atlantischen Einheit andererseits unterscheiden; beide sind von den Reaktionen in der Bevölkerung auf militärische Initiativen bedroht.

Die »Null-Option« wird selbstverständlich von den Sowjets nicht akzeptiert. R. Reagan verlangt schließlich von den Sowjets, auf die bereits stationierten SS 20 im Tausch gegen die Pershing II zu verzichten. Der Tausch erscheint ungleich. Die SALT-Abkommen haben in der Hauptsache das Kräfteverhältnis festgeschrieben. Kein Unterhändler hat jemals Resultate,

244

sprich Vorteile, am grünen Tisch erstritten, die er zuvor auf dem Terrain verfehlt hat. Bei den Pariser Vereinbarungen 1973 zum Beispiel wurde von den nordvietnamesischen Truppen nicht verlangt, daß sie sich aus dem Süden wieder zurückziehen. SALT II hat die Gefahr kaum spürbar gemindert, die den amerikanischen »Minutemen« durch die schweren Trägersysteme, insbesondere die SS 18 erwächst. Die Sowjets werden erst dann auf diesen Trumpf verzichten, wenn die Amerikaner über die erforderlichen Mittel verfügen, um die sowjetischen landgestützten Raketen selbst in Gefahr zu bringen.

Die im Dezember 1981 beginnende Verhandlungsrunde hat keine Chance, in einigen Wochen oder Monaten zu Ergebnissen zu führen. Von Anbeginn an sind sich Sowjets und Amerikaner über das gegenwärtige Kräfteverhältnis uneins. Wenn die SS 20 die SS 4 und SS 5 ersetzen, ist dann das Gleichgewicht zugunsten der Sowjets gestört oder nicht? Wie sollen die »forward based systems«, die vorgeschobenen Stützpunkte mit ihren F 111 und ihren F 4 bewertet werden? Muß man das Nuklearpotential Großbritanniens und Frankreichs berücksichtigen? Das Problem SS 20 kann nicht von dem Komplex abgetrennt werden, der zum Gegenstand von SALT III gemacht werden sollte. In der Zwischenzeit jedoch macht die neue Administration, ohne SALT II direkt zu widerrufen, keinen Hehl aus ihrer feindseligen Haltung zu diesem Vertrag. Eugene Rostow, der zum Leiter der für Rüstungskontrolle zuständigen Behörde ernannt wurde, hatte davor eine einflußreiche Position im »Committee on Present Danger« inne.

Im Augenblick, da ich diese Zeilen schreibe, hat die neue Administration ihre Doktrin noch nicht verkündet, vielleicht hat sie sie im Hinblick auf kommende Verhandlungen noch gar nicht ausgearbeitet. Soviel weiß man aber schon, daß die »Reduzierung« in der Überschrift des Vertrages und im gedanklichen Konzept der amerikanischen Unterhändler die »Begrenzung« ersetzen dürfte. Man weiß auch, daß eine ausschließlich über Satelliten erfolgende Verifizierung der Reagan-

Mannschaft unzureichend erscheint. Außerdem beharrt sie augenscheinlich, auch wenn sie kein ausgesprochenes Junktim zwischen den Rüstungsverhandlungen und den übrigen Aspekten der sowjetisch-amerikanischen Beziehungen verlangt, auf ihrer Position, daß Verhandlungen keinen Sinn haben, wenn die beiden Großmächte nicht zugleich ein durch ein gegenseitiges »restraint« begünstigtes Klima der Ruhe herbeiführen.

* * *

Im sowjetischen Machtbereich sind die Unruhen größer noch als im freien Europa. Ich denke hier vor allem an die Ereignisse in Polen. Ich benutze hier bewußt das Wort »Ereignis« (das auch auf die Maiwochen des Jahres 1968 in Frankreich angewendet wurde), weil ich zwischen »Revolte«, »Revolution« und »Befreiung« zögere. In der Nachfolge der Werftarbeiter hat sich das ganze polnische Volk vom Joch der Einheitspartei befreit; es eroberte sich, zumindest teilweise, die Redefreiheit, es schuf sich eine von der Partei unabhängige Gewerkschaft, der Bauern, Arbeiter und Intellektuelle angehören. Während des ganzen Jahres 1981 haben die Sowjets die Gewerkschaft »Solidarität« fortwährend als konterrevolutionär verleumdet, aber sie haben nicht die militärische Operation riskiert, die sie seinerzeit ohne Zögern gegen Ungarn und die Tschechoslowakei ausgelöst haben.

In Ungarn war die Revolution gewalttätig: Die Armee hatte sich mit den Aufständischen gegen die Geheimpolizei verbündet, der Parteipluralismus entstand von selbst, obwohl der Premier der Revolutionsregierung ein alter, getreuer Kommunist war. Der Kreml riskierte, wenn er den Sieg der Revolutionäre tolerierte, eine Erschütterung des ganzen sowjetischen Imperiums in Europa. Zehn Jahre erst waren seit Kriegsende, drei seit Stalins Tod verstrichen: Der Verlust eines Teils hätte das Ganze mit sich in den Untergang reißen können.

In der Tschechoslowakei brachte ein Mehrheitswechsel im

Politbüro des ZK der Partei selbst die Reformisten an die Macht. Dubček und seine Genossen dachten mitnichten an einen Bruch mit der Sowjetunion oder gar mit dem demokratischen Zentralismus: Der Ausbruch der Freiheit war von den neuen Machthabern nicht gewollt, sondern wurde nur toleriert. Was die Sowjets am meisten aufbrachte, war, wie mir scheint, die Liquidierung der »hölzernen Sprache« und die Rückkehr zu den Wörtern in ihrer gewöhnlichen Bedeutung. Die Männer im Kreml rechneten mit keinerlei Widerstand gegen eine Invasion; ihre Alliierten – die Ostdeutschen mit eingeschlossen – nahmen daran teil. In wenigen Tagen waren Dubček und seine Mannschaft liquidiert, in wenigen Wochen war die Ordnung in der Tschechoslowakei wiederhergestellt.

In Polen wären die Sowjetarmee oder die Armeen des Warschauer Paktes nicht, wie in Ungarn, auf ein gegen die Geheimpolizei kämpfendes Heer gestoßen: Die polnische Revolution ist allgemein, aber gewaltlos. Der Kreml konnte diesmal nicht mit der Widerstandslosigkeit der Streitkräfte oder des Volkes rechnen. Es wäre nicht so einfach gewesen, die Kommunistische Partei wieder auf die Beine zu bringen, wie die Sowjets es 1956 in Ungarn und 1968 in der Tschechoslowakei geschafft hatten. Das polnische Phänomen ist »sui generis« und hat keinen Präzedenzfall. Die Arbeiter im Verbund mit den Intellektuellen erkämpften sich die Rechte einer freien Gewerkschaft, zugleich zersetzte sich die offizielle Gewerkschaft von selbst; die Partei verlor gleichzeitig ihren Halt und ihre Autorität.

Das Jahr 1981 erlaubt es nicht, ein kategorisches Urteil über die Chancen eines im sowjetischen Machtbereich verbleibenden Polen zu formulieren, das völlig andere politische Institutionen als die übrigen Mitglieder des Warschauer Paktes unterhalten kann. Seit 1945 hat Polen im Unterschied zu allen volksdemokratischen Ländern zwei Eigentümlichkeiten beibehalten: das Privateigentum in der Landwirtschaft und die Machtfülle der katholischen Kirche. Die kommunistische Partei selbst erhebt in der Sowjetunion den Anspruch auf die höchste geistliche

Macht: In Polen behält die Kirche diese Autorität, die noch dadurch verstärkt wird, daß sie wieder einmal den Widerstand gegen eine fremde Despotie verkörpert. Je mehr die Zeit vergeht, um so schwieriger wird eine sowjetische Operation im Stil von 1956 oder 1968, um so mehr, als sie mit einem Schlag die gegenwärtige Diplomatie Moskaus gegenüber Westeuropa Lügen strafen würde. Die sowjetische Diplomatie nutzt die pazifistischen Gefühle der Europäer in der Hoffnung aus, ihre ständige Zielsetzung zu verwirklichen: den Alten Kontinent von der Neuen Welt abzutrennen, den Rückzug der Amerikaner in die Festung Amerika herbeizuführen.

Ein anderer Aspekt der Situation darf nicht verkannt werden. Polen leidet heute unter seiner Unregierbarkeit. Ein polnischer Freund sagte mir: Man müßte der Partei wieder etwas Legitimität zurückgeben. Die *Solidarität* verweigert sich einem offiziellen Bündnis mit der Partei, um das Land gemeinsam zu verwalten. Da muß es die Partei (oder die Regierung) allein tun; wenn nicht, dürften Mißwirtschaft und Versorgungsmisere noch zunehmen. Die Sowjets und der Westen finanzieren beide, aus unterschiedlichen Gründen, das Überleben Polens. Irgendwann muß diese Paradoxie ein Ende haben: Polen, durch sein eigenes Volk friedlich befreit, erhält Hilfe aus beiden Hälften Europas, ohne zur Zeit aus seiner Notlage herauszukommen.

General Jaruzelski, in seiner Eigenschaft als Premierminister zugleich Erster Sekretär der Partei geworden, bemüht sich, da Erfolg zu haben, wo Kania gescheitert ist. Vielleicht könnte die Armee einen entscheidenden Anteil am Wiederaufbau eines sowohl für die Sowjets als auch für die Polen selbst akzeptablen Polen nehmen.

Die polnische Krise erinnert uns zweckmäßigerweise daran, daß die Faktoren außerhalb des Militärs im engen Sinne bei einer rechten Einschätzung des Kräfteverhältnisses nicht vernachlässigt werden dürfen. Die Treue Polens zum Warschauer Pakt wird in Friedenszeiten von geographischen Zwängen

248

gewährleistet. Bei länger andauernden Feindseligkeiten bleibt das Verhalten der Volksdemokratien unsicher; die Männer im Kreml dürften diese Unsicherheit eigentlich nicht ignorieren. Seit Kriegsende bleiben die extremen wirtschaftlichen Schwierigkeiten der sowjetischen Einflußzone, die Sowjetunion mit eingeschlossen, ein Hauptfaktor jeder Konjunkturanalyse. Der Kontrast zwischen der sowjetischen Überrüstung und dem allgemeinen Elend wird immer stärker. Wenn man die Zahlen für die Heeres-, Marine-, Luftwaffen- und Raketenrüstung liest, die jedes Jahr produziert wird, mag man sich fragen, ob dieser enorme Prozentsatz nicht immer noch unter der Wahrheit liegt.

* * *

Im Nahen Osten setzt die Politik der Reagan-Mannschaft die von den Vereinbarungen von Camp David definierte Politik fort. Sie versucht sogar, mehr und Besseres zu leisten, indem sie die gemäßigten arabischen Staaten mit Ägypten und Israel im Hinblick auf eine Militärkoalition zusammenbringen möchte, die einen eventuellen Vorstoß der Sowjetunion einzudämmen hätte. Die Ermordung Präsident Sadats hat die amerikanische Führung nicht gerade ermuntert, ihre Pläne zu revidieren. Im November, kurz nach dem Tod des Rais, der den Frieden und das amerikanische Lager gewählt hatte, fanden gemeinsame ägyptisch-amerikanische Manöver statt.

An der Oberfläche hat sich anscheinend nichts verändert. Der neue Präsident, Mubarak, kann schlecht etwas anderes verkünden, und dies aus zwei Gründen: Er hat eng mit Sadat zusammengearbeitet und muß die Vereinbarungen von Camp David respektieren, um die darin vorgesehene Evakuierung der letzten durch Israel besetzt gehaltenen Teile des Sinai im April 1983 zu erreichen. Aber der neue Rais gehört nicht zu jener Generation »freier Offiziere«, die die Monarchie stürzten und seitdem das Land regierten. Er genießt nicht das Ansehen seines Vorgängers und dürfte versuchen, sein Land aus der Isolation herauszubringen, in die es der Friede mit Israel geführt hat.

Keines der 1981 eingetretenen Ereignisse rechtfertigt die Hoffnung einer globalen Regelung. Am 7. Juni hat die israelische Luftwaffe die Atomanlagen zerstört, die Frankreich für den Irak in Tammuz gebaut hatte. Premierminister Begin erklärte, daß der Atomreaktor in Kürze betriebsbereit gewesen wäre, daß der Irak den Nicht-Verbreitungsvertrag bisher nicht unterzeichnet und aus seiner Absicht nie einen Hehl gemacht hat, den Staat Israel zu vernichten. Unter solchen Umständen könne er das Risiko nicht eingehen, daß die Iraker einmal eine Atombombe mit erbeutetem oder erschlichenem Spaltmaterial herstellten. Der israelische Einsatz, eine technische Meisterleistung, wurde von allen Ländern verurteilt, sogar von den Vereinigten Staaten; die französische Regierung stimmte zunächst in den platonischen Tadel ein, teilte jedoch unmittelbar danach ihre Bereitschaft mit, den irakischen Reaktor wieder aufzubauen.

Die Europäer halten an ihrem Projekt einer Generallösung fest, nämlich die Schaffung eines palästinensischen Staates im Westjordanland nach entsprechenden Unterredungen zwischen Israel und der PLO, die sich zuvor gegenseitig anerkennen müßten. Die amerikanische Führung scheint eine solche Lösung diskret zu favorisieren. Sie bleibt aber eine imaginäre Vorstellung. Die Israelis fahren mit ihrer Siedlungstätigkeit auf den »West Banks« fort – was die Amerikaner bedauern, ohne willens oder in der Lage zu sein, es zu verhindern. Zum guten Ende gewann Reagan seine Schlacht mit dem Kongreß und wurde ermächtigt, trotz des israelischen Protestes vier AWACS-Flugzeuge an Saudi-Arabien zu verkaufen. Die Ereignisse des Jahres 1981 verändern also die gegenwärtige Blockierung nicht.

Keine israelische Regierung wird die Eventualität einer palästinensischen Regierung in Westjordanland, die unvermeidlich an die PLO fiele, je akzeptieren. M. Begin, 1981 für vier weitere Jahre wiedergewählt, wird nicht einmal irgendwelche Zugeständnisse machen, was die jüdischen Kolonien auf den »West Banks« anbetrifft. Sein Rivale Peres wäre in diesem Punkt weniger starr (oder er hätte es sein können), aber auch er ist der Meinung, daß der palästinensische Staat bereits in Jordanien existiert. Andererseits wurde der Fahd-Plan, der implizit eine Anerkennung Israels enthielt, von Israel aber verworfen wurde, nicht von allen arabischen Ländern gutgeheißen. Die Wahrheit heißt für mich einfach, daß es zur Zeit keine ernsthafte Chance für eine Generallösung gibt. Im Bewußtsein dieser Unmöglichkeit (oder auch nicht) bereiste der US-Außenminister persönlich die Region und schickte anschließend einen Sonderbotschafter dorthin, Philipp Habib, um lauter Bomben zu entschärfen (zum Beispiel die syrischen Raketenstellungen im Libanon, die Menachem Begin zu zerstören drohte, wenn sie nicht verlegt würden). Allzu natürlich ist jedenfalls, daß die amerikanische Diplomatie unter dem Widerspruch zwischen der Allianz mit Israel und der Freundschaft zu Saudi-Arabien leidet. Sie ist unfähig, entweder jene Allianz oder diese Freundschaft zu opfern, aber ebenso unfähig, den Widerspruch aufzuheben. Das Ziel bleibt unmittelbar gleich: Eine neue Runde im Kampf Syriens gegen Israel zu vermeiden.

Einige Leute in den Vereinigten Staaten plädieren für eine Rückkehr nach Genf, das heißt für eine Einladung an die Sowjetunion, an Verhandlungen teilzunehmen. Es ist allerdings wenig einsichtig, worin die sowjetische Beteiligung an einer allgemeinen Übereinkunft bestehen könnte, es sei denn, sie könnte Israel zwingen, die 1967 besetzten Territorien aufzugeben und dort die Entstehung eines palästinensischen Staates zu tolerieren.

Der Krieg zwischen dem Irak und dem Iran hindert jeden Staat der Ablehnungsfront daran, aktiv gegen Israel zu intervenieren. Jordanien hat für den Irak Partei ergriffen, und alle Regierungen dieser Region fürchten die Schiiten, die auch in Syrien zahlreich vertreten sind. Der Iran Chomeinis, im Gegensatz zum Schah, überbietet sich in seiner Feindseligkeit zu Israel. Der Irak erhoffte sich einen schnellen Sieg und vielleicht den Sturz des Imam. Die iranische Armee erwies sich jedoch trotz der Säuberungen, denen sie zum Opfer fiel, während sie zugleich aber durch die »Wächter der Revolution« verstärkt wurde, als vergleichsweise wirkungsvoll. Die Iraker haben die Erstürmung von Städten nicht gewagt. Die Truppen beider Länder führen einen Abnutzungskrieg; 1981 haben eher die Iraner einige Erfolge verbucht. Mehr noch als dieser sozusagen von allen Medien der Welt vergessene Krieg dürfte die Entwicklung der innenpolitischen Situation im Iran auf die politische »Großwetterlage« einwirken. Die iranische Revolution hat bereits die Phase äußerster Gewalttätigkeit, also den Staatsterrorismus erreicht. Aber er stößt auf den Gegenterror der Mudschaheddins, gleichzeitig muß er mit den Kurden fertigwerden. Die Frage der Staatsmänner wie der Beobachter bezieht sich auf die Zukunft des Iran. Was geschieht nach dem Tode des Imam und der sehr wahrscheinlichen Krise der Islamischen Republik? Im Augenblick »klebt« die moskauhörige Tudeh-Partei geradezu an der islamischen Revolution, an der Imam-Partei und wartet auf ihre Stunde. Wer wird dann die Macht an sich reißen, wenn das Volk das Regime der Mullahs nicht mehr ertragen kann, wenn die Stimme des Imam es nicht mehr zu faszinieren vermag oder wenn sie verstummt ist? Die Tudeh-Partei? Die Armee? Die Mudschaheddins? Und noch dies: Die Vereinigten Staaten können wahrscheinlich kaum etwas tun, um die Entwicklung der islamischen Revolution, in welcher Richtung auch immer, zu beeinflussen.

* * *

In Afrika und in Mittelamerika stellten mehrere Krisen eine Herausforderung für die neue Administration dar: Der Tschad und Namibia einerseits, Nicaragua und El Salvador andererseits.

Die Intervention Libyens im Tschad kam zu den zahlreichen Vorwürfen hinzu, die die Amerikaner ohnehin an den Hitzkopf von Tripoli, Oberst Gaddafi, zu richten hatten. Im November versprach er plötzlich, auf Bitten des tschadischen Regierungschefs, Goukouni, seine Truppen aus dem Tschad zurückzuziehen. Die französische Regierung hatte sich inzwischen mit Goukouni versöhnt und hatte ihm leichte Waffen versprochen. Er war seinerseits mit afrikanischen Regierungen über die Aufstellung einer Streitmacht übereingekommen, die die nationale Einheit des Landes versinnbildlichen und gewährleisten sollte. Der Rückzug der libyschen Truppen stellt einen Erfolg der französischen Außenpolitik dar, die auch von der amerikanischen unterstützt wurde. Dennoch bleibt die Zukunft des Tschad ungewiß: Zwischen dem islamischen Norden und dem animistischen Süden gibt es in diesem Land kaum Gemeinsamkeiten. Weder eine Wiederherstellung des Friedens noch ein Wiederaufbau des Regimes scheinen bereits sicher zu sein.

Der Fall Namibias, der ehemals deutschen Kolonie (Südwestafrika), dann später durch Südafrika aufgrund eines Völkerbundmandates verwaltet, berührt indirekt die wichtigsten Interessen der Großmächte. Die in Angola mit Hilfe kubanischer Truppen installierte Staatsgewalt beruft sich auf den Marxismus-Leninismus, hat aber auch Beziehungen zum Westen wieder aufgenommen. Die nationale Befreiungsbewegung SWAPO, die in Namibia einen Guerillakrieg führt, unterhält auswärtige Stützpunkte im Süden Angolas. Die amerikanische Politik kann nun zwischen zwei Taktiken hin- und herschwanken: Entweder die sogenannte UNITA zu unterstützen, um das Regime in Luanda zu destabilisieren, oder aber die UNITA ihrem Schicksal zu überlassen und auf Südafrika Druck auszuüben, damit es endlich Wahlen in Namibia zuläßt. Die angolanische Führung dürfte dann hoffentlich den Rückzug der kubanischen Truppen verlangen, wenn das Pufferland zwischen Südafrika und Angola endlich befreit und befriedet ist. Es sieht nicht so aus, als hätte R. Reagan zwischen diesen taktischen Optionen endgültig entschieden.

Namibia ist selbst von mäßiger Bedeutung, berührt aber Werte von unkalkulierbarer Größenordnung im internationalen

System, nämlich das Schicksal der Republik Südafrika. Denn das südafrikanische Territorium ist reich an Rohstoffen wie Mangan, Chrom, Titan, Lithium, Gold, Diamanten, usw . . ., die für die Kriegsindustrie unentbehrlich sind. Für einige dieser Rohstoffe, in erster Linie für Chrom, gibt es für den Westen gegenwärtig keinen Ersatz. Sollte also Südafrika unter die Kontrolle einer fremden Macht geraten, wäre die amerikanische Rüstungsindustrie, zumindest eine Zeitlang, lahmgelegt. Daher rührt die Undeutlichkeit in der Einstellung der Amerikaner wie der Europäer (bei ihnen ist die Doppelmoral allerdings noch schlimmer) Südafrika gegenüber her: Einerseits können sie nicht umhin, die Rassentrennung und die Kluft zwischen den privilegierten Weißen und der großen Masse der Schwarzen streng zu verurteilen; andererseits kann der Zerfall einer modernen, effizienten Ökonomie, die allein einen erheblichen Prozentsatz (nahezu 50 %) des gesamten Bruttosozialproduktes im Afrika südlich der Sahara bestreitet, nicht in ihrem Sinne sein; sie wissen schließlich vor allem, daß sie ohne das Chrom, das Mangan und das Titan aus diesem Lande nicht auskommen. Weder die europäischen noch die amerikanischen Verantwortlichen wissen hierfür eine kurzfristige Lösung. Sie fordern die Regierenden in Pretoria auf, Reformen einzuleiten, aber sie wissen selbst nicht, welche Reformen zu einer geordneten Entwicklung statt zu einem Bürgerkrieg führen könnten.

Eine für die westliche Ideologie der Gegenwart repräsentative Reform, wie zum Beispiel »ein Mann – eine Stimme«, mit anderen Worten, das allgemeine Wahlrecht, würde allein schon das ganze System untergraben. Der Westen empfiehlt sie, ohne daran zu glauben. Er nimmt auch keinen sonderlich lebhaften Anteil an der Schaffung von Pseudo-Staaten mit schwarzer Bevölkerung wie der Transkei. In den Vereinten Nationen legen die USA gegen jeden Sanktionsvorschlag sofort Veto ein. Was Namibia anbetrifft, so vermitteln die Fünf (die USA, Großbritannien, Kanada, die Bundesrepublik Deutschland und

Frankreich) unermüdlich zwischen Südafrika und den Vereinten Nationen.

J. Carters Regierungsmannschaft schien vor allem darum besorgt zu sein, nur keine weiteren afrikanischen Staaten zu verprellen, auch wenn sie damit die südafrikanische Regierung verärgert hat. Reagans Mannschaft scheint fürs Erste eher in die umgekehrte Richtung zu tendieren. Die amerikanische UN-Botschafterin, Jane Kirkpatrick, hat in ihrer Rede vom 20. März 1981 erklärt, die Vereinigten Staaten würden sich in ihren Beziehungen zu Südafrika an ihren nationalen Interessen orientieren. Sie führte Gespräche mit fünf hohen Geheimdienstoffizieren aus Südafrika. Andererseits unterstrich der US-Außenminister mehrfach seinen Willen, die Unabhängigkeit Namibias voranzutreiben.

Auch hier wurde eine Regelung nicht gefunden. Premierminister Botha hat mehrfach wiederholt, er würde Namibia nicht der SWAPO ausliefern, die er als im Verbund mit der Sowjetunion zu stehen behauptet. Andererseits meinte der US-Unterstaatssekretär für Afrika, Chester Crocker, die SWAPO bekäme zwar ihre Waffen aus der Sowjetunion, sei aber deshalb noch lange nicht moskauhörig. Als Crocker mehrere afrikanische Hauptstädte besuchte, weigerte sich Premierminister Botha, ihn zu empfangen. Auch hier ist Reagans Mannschaft von auseinanderstrebenden Tendenzen hin- und herbewegt. Sie bemüht sich noch um Wahlen, die Namibia die Unabhängigkeit und Angola die Freiheit von kubanischen Truppen bringen würden. Als einzige unter allen westlichen Regierungen erkennt sie das in Luanda herrschende Regime nicht an und hält ihre Beziehungen zu der UNITA des Jonas Savimbi aufrecht.

Südafrika fährt mit seinen militärischen Operationen gegen die SWAPO in Angola ebenso fort wie Israel gegen die PLO im Libanon. So unterschiedlich beide Staaten auch sein mögen, sie sind gewissermaßen Parias und von der internationalen Gemeinschaft geächtet; so müssen sie miteinander Verbindungen knüpfen. Taiwan gehört zur gleichen Kategorie und auch dieser Staat kann, ebenso wie Südafrika, eine außerordentliche wirtschaftliche Expansion und einen ebensolchen Wohlstand für sich verbuchen.

Im mittelamerikanischen Nicaragua orientieren sich die Sandinisten, als Sieger aus einem gnadenlosen Bürgerkrieg hervorgegangen, in Richtung auf ein castristisches Regime. Sie hatten in der Kampfzeit eine breite Koalition gebildet, an der sich das liberale Bürgertum und einige leitende Männer aus der Wirtschaft beteiligten. Seitdem haben sie eine Armee aufgestellt, die zahlenmäßig stärker und besser ausgerüstet ist als die Somozas; die kadermäßige Erfassung der Bevölkerung bis in die Stadtviertel, bis in die Dörfer hinein schreitet fort. Obwohl die sandinistischen Sprecher pausenlos behaupten, sie würden den Pluralismus und die Freiheit der Presse respektieren, wird es immer schwieriger, ihnen aufs Wort zu glauben. Die Verhaftung von vier leitenden Persönlichkeiten aus der nichtverstaatlichten Wirtschaft, die wiederholten Einstellungen des großen liberalen Blattes »La Prensa«, die außenpolitischen Stellungnahmen lassen kaum noch Zweifel über das Wesen des Regimes und über die ideologischen Wahlverwandtschaften der Führung aufkommen. Hinzugefügt sei noch, daß die wirtschaftliche Situation trotz erheblicher auswärtiger Hilfeleistungen die Regierung zu drastischen Maßnahmen zwang (Verkündung eines Wirtschaftsnotstandes, Streikverbot für ein Jahr, usw . . .).

Reagans Regierungsmannschaft stellte in den Wochen nach ihrer Amtseinsetzung den Fall El Salvador, wo ein Bürgerkrieg mit besonders scheußlichen Zwischenfällen (zum Beispiel 1980 die Ermordung von drei amerikanischen Nonnen) wütet, besonders ins Rampenlicht der Öffentlichkeit. Im Februar oder März übermittelte das State Department den Europäern Dokumente, aus denen der Anteil Nicaraguas, Kubas und anderer weiter entfernter kommunistischer Länder an der Versorgung der »Demokratisch-Revolutionären Front« mit Waffen hervorging, also jener Gruppen, die nach einem gescheiterten Putsch

1980 heute den Guerillakrieg führen. Am Anfang schien die neue Administration aus El Salvador einen Test für die Solidarität der Verbündeten und die Entschlossenheit des neuen Präsidenten machen zu wollen. Die Geringfügigkeit des Einsatzes brachte ihre Sprecher zu einem moderateren Zungenschlag zurück.

Die neue Administration führt die Aktion der alten fort. Sie unterstützt den Präsidenten José Napoleon Duarte, der sich seinerseits bemüht, dem bewaffneten Kampf der von Castristen und Kommunisten geführten »Demokratisch-Revolutionären Front« Einhalt zu gebieten und zugleich die Konservativen gewähren zu lassen, die den Reformen, die er angekündigt hat und nun auch mühsam durchzuführen versucht, feindlich gegenüberstehen. Rechts- oder linksextremistische Rollkommandos überbieten sich mit immer grausameren Attentaten. Die Vereinigten Staaten haben einige Militärberater entsandt, einige Millionen Dollar für Wirtschaftshilfe und Waffen überwiesen, aber außer in Worten und in Drohungen hat R. Reagan kaum mehr getan als die frühere Administration getan hätte. Der Brand kann alle Länder Mittelamerikas, einschließlich Costa Rica, das demokratischste von ihnen allen, erreichen, ein Land, in dem die Armee wenig ausgebaut ist und auch keinerlei Rolle spielt. Reagans Mannschaft hat noch keinen Gesamtplan für die ganze Region, Mittelamerika und die Karibik, konzipiert. Wegen El Salvador fand der erste direkte Zusammenstoß zwischen der sozialistischen Regierung Frankreichs und Reagans Mannschaft statt. In Übereinstimmung mit Mexiko schlug die französische Regierung eine Vermittlung zwischen Präsident Duarte und der »Demokratisch-Revolutionären Front« vor, um den Bürgerkrieg zu beenden. Auf der anderen Seite unterstützen die Vereinigten Staaten die amtierende Regierung, die Wahlen für 1982 ankündigt. Da zahlreiche lateinamerikanische Staaten gegen die französisch-mexikanische Erklärung protestierten (während sie Nicaragua begrüßte), hatte der Zwischenfall kaum Nachwirkungen.

* * *

Zu Asien sollen hier einige wenige Anmerkungen genügen. Japan hat Reagan ebenso wie J. Carter widerstanden, wenn es um deren Forderungen nach zusätzlichen Rüstungsanstrengungen ging. Japan bleibt bei 1% seines Bruttosozialproduktes. Vielleicht wird es sich eines Tages dazu entschließen, sich eine Rüstungsindustrie zuzulegen, die, wie jede spitzentechnologische Branche, auch exportorientiert arbeiten dürfte. Reagans Interesse für Taiwan sowie das Projekt, diesem Land Flugzeuge zu verkaufen, die den rotchinesischen überlegen sind, haben ganz sicher die in Peking herrschende Führung verärgert. Die Peking-Besuche des US-Vizepräsidenten und des Außenministers haben den Ärger, wenn nicht zerstreut, so doch gemildert. Der Außenminister hat sogar durchblicken lassen, daß die Vereinigten Staaten Rüstungsbestellungen gern entgegennehmen würden.

/.../ Die Wirtschaft gehörte nicht zum Gegenstand dieser Studie. Es ist jedoch wichtig zu bemerken, daß der Wechselkurs des Dollars ebenso wie der sehr hohe Zinssatz in den Vereinigten Staaten – zwei miteinander zusammenhängende Phänomene – die Europäer mehr beunruhigt haben als die Erklärungen zu El Salvador. Nach dem zweiten Ölschock ist die Weltwirtschaft immer noch nicht wieder ins Lot gekommen. Die Rezession in den Vereinigten Staaten während der zweiten Hälfte 1981 trifft die industrialisierte Welt mehr als alle Kontroversen über die eurostrategischen Waffen.

Das alles vorausgeschickt, soll nun mein Schluß auf die Diplomatie der Reagan-Administration abheben. Die Debatten in den Vereinigten Staaten haben die Absichten der Sowjetunion zum Gegenstand. Wer sich als vernünftig profilieren will, schreibt dem Kreml keine Weltherrschaftspläne zu: Die alten Männer im Politbüro wollen, daß der Status der Sowjetunion endlich anerkannt wird: der einer Supermacht, ohne die kein Konflikt beigelegt werden kann. Dieser Status war zu Beginn des Jahrhunderts derjenige der sogenannten »Großmächte« in Europa. Die Gemäßigten fügen allerdings hinzu, daß der Kreml jede Gelegenheit wahrnimmt, um seinen Herrschaftsbereich zu erweitern. Eine kommunistische Partei hat jedes Land der Welt, oder fast; die Kommunisten beteiligen sich an nationalen Befreiungsbewegungen und leiten sie, soweit wie möglich, in Richtung Sowjetmodell und Sowjetlager. Daraus ergibt sich, daß die Sowjetunion sich nicht als saturierter, sondern als expansionistischer Staat verhält. Eine solche Interpretation schließt das große strategische Vorhaben, den von vornherein feststehenden »*master plan*« für die Weltherrschaft aus. Sie schließt ebenfalls das Projekt eines großen Krieges, aber nicht die Gefahr dessen aus, was die Chinesen »*Hegemonismus*« nennen.

Die andere Denkschule, zu der Richard Pipes gehört, behauptet auch nicht, daß die sowjetische Führung nach einem »*master plan*« handelt, aber sie erinnert daran, daß die Expansion das Hauptziel bleibt, das denen ständig vorschwebt, die die Sowjetunion regieren. Diese Leute glauben nach wie vor an eine universale Berufung des Kommunismus, ihres Kommunismus. Daß die Sowjets das Risiko ihres Vorgehens soweit wie möglich mindern, wird von niemandem geleugnet. Doch das Risiko wird um so kleiner, je mehr Waffen die Sowjets besitzen. Die Besetzung Afghanistans war eine Herausforderung an die internationale Gemeinschaft und an die Vereinigten Staaten, aber sie war gefahrlos. Dort verfügten die Vereinigten Staaten über keinerlei Mittel zum militärischen Widerstand, über keinerlei wirksame Retorsionsmöglichkeiten. Das Weizenembargo, das jahrelang gegenüber der Sowjetunion durchgehalten wurde, hätte vielleicht die Versorgung der sowjetischen Bevölkerung beeinträchtigt, aber die amerikanischen Farmer protestierten. Eine Ablehnung der Europäer, Kredite zu gewähren und ihre Technologie zu verkaufen, hätte die Sowjets zumindest in Verlegenheit gebracht, aber die Europäer halten an der Entspannung und am Ost-West-Handel fest. Mit Sicherheit fänden die meisten Konflikte oder Probleme, mit denen die Vereinigten Staaten konfrontiert sind, keine Lösung durch den

259

Einsatz militärischer Gewalt. Was jedoch die achtziger von den siebziger und mehr noch von den sechziger Jahren unterscheidet, ist der Verfall des nuklearen und konventionellen Kräfteverhältnisses zwischen der Sowjetunion und den Vereinigten Staaten zuungunsten der USA. So gibt es auf der anderen Seite des Atlantiks – und ebenso in Europa – einen Konsens über die Zweckmäßigkeit von Wiederaufrüstungsanstrengungen. Was zur Debatte steht, ist das Maß, das Tempo und der Stil der Wiederaufrüstung.

Die ersten MX in ihren gepanzerten Silos werden auch wieder verwundbar sein. Die Forschungen über Techniken, die ihnen eine Quasi-Unverwundbarkeit verleihen sollen, werden weitergeführt. Ohne Wehrpflicht bekommen aber die Streitkräfte nun schwerlich Personal, das in der Lage ist, komplizierte Waffen zu bedienen. Die Aufstellung einer Schnellen Eingreiftruppe, die in der Golfregion eingesetzt werden könnte, wird fortgesetzt, ohne daß diese Eingreiftruppe auf Jahre hinaus fähig wäre, sowjetischen Divisionen im Felde standzuhalten. Die Logistik wie die Geographie wirken sich hier zugunsten der Sowjetunion aus.

Was man der Reagan-Administration am meisten vorhalten kann, ist, daß sie den Eindruck vermittelt, nur auf militärische Macht zu zählen und daher massiv wiederaufrüstet, obwohl das Tun dem Reden nicht entspricht. Über den Nahen Osten hinaus befinden sich die Vereinigten Staaten, seitdem die Revolution im Iran ausgebrochen ist, in einer eindeutigen Unterlegenheitssituation. Außerdem geht die Gefahr eher von innenpolitischen Unruhen in den Ländern des Mittleren Ostens als von militärischen Aggressionen aus. Saudi-Arabien befürchtet im Augenblick eher einen Aufstand als eine Invasion. Der Widerstand gegen eine Revolte würde wahrscheinlich eine militärische Unterstützung durch die Vereinigten Staaten verlangen, aber die einer Revolte immer vorzuziehende Vorsorge verlangt seitens der Vereinigten Staaten Diskretion und Erfahrung.

Nach einem Jahr ist die Reagan-Administration noch glaubwürdig, sowohl bei ihren Verbündeten als auch bei ihren Feinden. Die europäischen Regierungen freuen sich über die amerikanische Wiederaufrüstung, aber die Freude geht nicht bis zur Nachahmung. Ein Teil der europäischen öffentlichen Meinung wirft R. Reagan vor, die Verhandlungen mit Moskau zu hintertreiben, und vergißt dabei, daß das SALT-Abkommen nie etwas anderes erreicht hat als die Festschreibung des jeweiligen Kräfteverhältnisses. Die Beobachter Osteuropas versichern uns, daß die Krise den gesamten sowjetischen Bereich, die Sowjetunion besonders hart in Mitleidenschaft zieht. Doch trotz allem bleibt ein totalitärer Staat mit einer armen Bevölkerung die erste Militärmacht der Welt: Der Westen kann nicht umhin, sich hierzu ein paar unumgängliche Fragen zu stellen.

IV
Dem sowjetischen Hegemonismus entgegen?

1978 gründeten Freunde von mir »*Commentaire*«, ein Vierteljahresheft, das mich an »*France libre*« und »*Preuves*« erinnerte. Die Umstände veranlaßten mich, auch hier die Form beizubehalten, die ich in dem einen wie im anderen Monatsheft gewählt hatte: Aufsätze von sechs- bis zehntausend Wörtern, die genügend von der unmittelbaren Aktualität abgehoben waren, um einige Monate, sogar ein Jahr nach ihrem Erscheinen in »*Commentaire*« in ausländischen Publikationen übersetzt herausgegeben zu werden. Zwei davon handelten vom zwischenstaatlichen System insgesamt: »Vom amerikanischen Imperialismus zum sowjetischen Hegemonismus« und »Im Jahr I des sowjetischen Hegemonismus«. Zwei andere antworteten an amerikanische Freunde, der eine an G. F. Kennan, der andere an N. Podhoretz, den Chefredakteur der vom »*American Jewish Committee*« finanzierten Monatszeitschrift »*Commentary*«.*

---

* Zur Bibliographie der von Raymond Aron zitierten Aufsätze:

»Mr. X... règle ses comptes avec son passé. L'isolationnisme de George Kennan«, in: »*Commentaire*« 2, Sommer 1978. Dieser Aufsatz ist im zweiten Teil dieses Buches, Kapitel I, wiederabgedruckt.

»De l'impérialisme américain à l'hégémonisme soviétique«, in: »*Commentaire*« 5, Frühjahr 1979.

»L'hégémonisme soviétique: an I«, in: »*Commentaire*« 11, Herbst 1980.

»Réponse à un ami américain« [Norman Podhoretz], in: »*Commentaire*« 17, Frühjahr 1982. (Anm. d. Hrsg.)

Es sei zunächst an einige auffällige Veränderungen erinnert. Der Konflikt zwischen der Sowjetunion und Volkschina hat die Einheit des sozialistischen Lagers derart zerstört, daß sogar eine scheinbare Versöhnung der beiden marxistisch-leninistischen Großmächte sie nicht wiederherstellen würde. Die Zahl und die Macht der Staaten, Indien als Beispiel, die keinem von beiden Lagern angehören, haben zugenommen. Auf dem wirtschaftlichen Sektor sind nunmehr die europäischen Länder sowie Japan die Rivalen der Vereinigten Staaten. Die USA haben keine militärische Überlegenheit über die Sowjetunion und keine unbestreitbare wirtschaftliche Überlegenheit über ihre Verbündeten mehr. Was bleibt unter diesen Umständen vom bipolaren System, vom Atlantischen Bündnis, von der bisweilen von Komplizenschaft durchsetzten Rivalität beider Großmächte übrig? Gehört die bipolare Nachkriegswelt, die ich global untersucht habe, zur Vergangenheit, verlangt die gegenwärtige Welt eine ganz andere Interpretation?

Im Gegenzug zu diesen Veränderungen sind Konstanten festzuhalten. Beide Großmächte haben ihre militärische Vorherrschaft nicht eingebüßt. Verglichen mit der UdSSR oder den Vereinigten Staaten sind alle anderen Staaten der Welt Zwerge. Mag sein, daß die Europäische Gemeinschaft dank ihrem Volkseinkommen und der Produktivität ihrer Arbeit insgesamt zu einer Großmacht wird. Doch viele Gründe psychologischer und politischer Natur lassen die Behauptung zu, daß sich dieses Potential in absehbarer Zeit nicht zu einer wirklichen Macht wandeln wird. Daß die Vereinigten Staaten und die UdSSR bis zum Ende dieses Jahrhunderts in der Tat die Zwei, die Großen bleiben werden, scheint mir ebenso sicher wie die Tatsache, daß keine Zukunftsaussage wirklich sicher sein kann (wenn man die Annahme eines großen Krieges verwirft, in den beide verwikkelt wären). Doch was können sie beide mit ihrem Militärapparat gegeneinander, was kann jeder für seine Schützlinge unternehmen?

Der eine wie der andere besitzt sämtliche Mittel für einen

gemeinsamen Selbstmord. Wie zwei Duellanten, die sich gegenseitig aufspießen können, sind beide Staaten im Besitz von Tausenden von Nuklearsprengköpfen und somit in der Lage, in einer Gewaltorgie die meisten ihrer Städte zu zerstören. Diese Darstellung des gemeinsamen Selbstmordes findet sich in der offiziellen, von Richard Nixon verkündeten und »M.A.D.« genannten Doktrin wieder. Es springt ins Auge, daß diese Androhung keine große Abschreckungswirkung besitzt – obwohl sie wiederum nicht gleich Null ist, denn der Stratege darf beim Feind weder die Irrationalität noch den Mut der Verzweiflung ausschließen. Der Bluff aber kann von einem Aggressor in noch fatalerer Weise verkannt werden, wenn der Bluffer seine Androhung nicht einmal für sich, sondern für einen Freund ausstößt.

Dieses Primitivmodell dürfte die Sorgen der öffentlichen Meinung beruhigen, wenn es das einzig vorstellbare wäre. Es läßt aber zwei Elemente beiseite. Erstens: Flugzeuge oder Flugkörper haben nicht notwendigerweise die Städte im Land des Feindes zum Ziel; sie haben zunächst die feindlichen Trägersysteme im Visier. Zweitens: Ein nuklearer Sprengkopf kann in eine Artilleriegranate, in eine Flugzeugbombe oder in eine Rakete eingebaut werden. Mit anderen Worten: Die Atomwaffe führt nicht *zwangsläufig* zum gemeinsamen Selbstmord, zur Gewaltorgie. Sie scheint sogar aus zwei technischen Gründen eher etwas Banales werden zu wollen. Erstens haben die Flugkörper mittlerweile eine ungeheuere Treffgenauigkeit erreicht, zweitens ist die Verringerung des Detonationswertes einer Atomgranate oder eines Gefechtkopfes so fortgeschritten, daß man sich durchaus Waffen vorstellen kann, mit denen sich kriegführende Länder nicht gegenseitig verwüsten.

Im Augenblick ist das schreckenverbreitende Szenarium das eines sowjetischen Erstschlages auf die landgestützten US-Flugkörper, also auf die 1000 »*Minutemen*«. In der Tat könnten die 308 SS 18 der Sowjets, in deren Spitze jeweils acht nukleare Gefechtsköpfe mit einem Detonationswert von zwei

Megatonnen pro Atomsprengladung untergebracht sind, die große Mehrheit der landgestützten US-Raketen außer Gefecht setzen. Für die Erwiderung behielten die Vereinigten Staaten dennoch die Tausende von Atomsprengkörpern, die in den U-Boot-gestützten »Polaris«- und »Poseidon«-Raketen stecken, aber diese U-Boot-Flugkörper sind weniger treffgenau als die in Silos untergebrachten »Minutemen«. Diese Erwiderung würde einen sowjetischen Zweitschlag auslösen, mit dem diesmal die »sichere wechselseitige Vernichtung« annähernd erreicht wäre.

Dieses Szenarium hat den Begriff des »window of opportunity« entstehen lassen. Persönlich nehme ich es nicht sehr ernst. Die Reagan-Administration tut, wie mir scheint, das gleiche, denn sie hat keine Dringlichkeitsmaßnahme ergriffen, um diese »Luke« kleiner zu machen, konkret: um die Flugkörper vor einem Erstschlag zu schützen.

Dieses Szenarium ist auch nicht das einzige, das außerhalb des Rahmens der »mutual assured destruction« steht. Französische Fachleute haben sich einen SS 20-Angriff mit jeweils drei Nuklearsprengköpfen pro Flugkörper vorgestellt, der auf die lebenswichtigen Punkte des NATO-Verteidigungssystems vorgetragen wird. Auch hier geht man von einem chirurgischen Eingriff, von der Entwaffnung des Feindes aus, ohne Städte zu verwüsten und Menschen millionenfach umzubringen. Ich denke nicht, daß dieses Szenarium gegenwärtig eine reale Möglichkeit darstellt; heute ist es noch Science-fiction, vielleicht aber morgen nicht mehr. Für die kommenden Jahre glaube ich weiterhin, daß Atomwaffen für beide Großmächte eine »ultima ratio« darstellen werden und daß die Vereinigten Staaten wie die Sowjetunion soweit möglich alles vermeiden werden, um in bewaffnete Konflikte zu geraten, die ein Risiko in Richtung eines »Aufstieges zum Äußersten« enthalten.

Dieses Urteil hängt an einer hauptsächlichen Voraussetzung: Daß die sowjetischen Führer auch nach Breschnew und trotz der zunehmenden Bedeutung des Militärs weiterhin ihrem Verhalten treu bleiben. Solange sie mehr expansions- und machtbesessen als um den Triumph ihrer Überzeugungen besorgt sind, werden sie von ihren Vorsichtsregeln nicht abgehen. Die Invasion Afghanistans war keine Mißachtung dieser Regeln, dagegen würde ein direkter militärischer Angriff auf Westeuropa vielleicht nicht in jedem Fall die Apokalypse auslösen, aber niemand könnte die Konsequenzen dieser Aggression voraussehen.

Der direkte Angriff scheint mir um so unwahrscheinlicher, als den Männern im Kreml andere Wege offenstehen, um ihr Ziel zu erreichen: Wenn nicht die militärische, so doch die politische Beherrschung Westeuropas. Die iranische Revolution nimmt den Vereinigten Staaten die Hauptbasis für die Entfaltung ihrer Macht im Mittleren Orient weg. Über welche Interventionsmittel verfügen sie, wenn Saudi-Arabien oder die Golfstaaten von innen oder von außen bedroht sein sollten? Wenn im Zuge einer vom Islam eines Chomeini oder von den Palästinensern getragenen Revolution der sowjetische Einfluß in dieser Region der Welt vorherrschend werden sollte, würde Westeuropa für seine Ölversorgung von ihm feindlich gegenüberstehenden Regierungen oder sogar von den Sowjets selbst abhängen.

Oft fragt man sich: Was sollen eigentlich diese Waffenanhäufungen in der Sowjetunion wie in den Vereinigten Staaten? Auch wenn man davon ausgeht, daß die USA das Gleichgewicht auf dem Gebiet der strategischen Nuklearwaffen aufrechterhalten können, unterhalten die Sowjets eine Streitmacht, die der der Vereinigten Staaten unvergleichlich überlegen ist. Sicher bedeutet ein Vergleich zwischen 10 000 Panzern auf der einen und 45 000 auf der anderen Seite nicht allzuviel. Man kann sich eine Wiederholung des Zweiten Weltkrieges mit jahrelang dauernden Panzerschlachten nur schwerlich vorstellen. Wahr ist dennoch, daß die Vorstellung in Europa und vermutlich auch überall sonst weit verbreitet ist, daß die Sowjetunion die erste Militärmacht der Welt ist und die Amerikaner nur »*Number Two*« sind. Diese Vorstellung beeinflußt das Denken und die Entscheidungen der Staatsmänner auch unter den Verbündeten. Vor dem Desaster der siebziger Jahre gewährleisteten die Vereinigten Staaten sowohl die militärische Sicherheit Westeuropas als auch seine Versorgung mit Rohstoffen. In Europa, namentlich in Deutschland, hat die öffentliche Meinung nicht mehr das alte Vertrauen zum Beschützer, weil dieser teilweise die Kraft zur Erfüllung seines Auftrages verloren hat. Die Europäer suchen gewissermaßen einen Ersatz im Osten, dadurch machen sie sich für die Sowjetunion unentbehrlich und hoffen zugleich, dort eine Energiealterantive zu finden.

Umreißt der von den Chinesen geprägte Ausdruck vom »*sowjetischen Hegemonismus*« genau die gegenwärtige Situation? Ich würde eher mit *Nein* antworten. Innerhalb der Weltwirtschaft – oder, um die kommunistische Terminologie zu gebrauchen, auf dem kapitalistischen Markt – spielt die sowjetische Wirtschaft nur eine untergeordnete Rolle – keineswegs die einer Großmacht. In der Wirtschaft der sozialistischen Welt ist es allerdings anders: Da herrscht sie zwangsläufig, sei es nur durch ihr Volumen im Vergleich zur Wirtschaft ihrer Partner, der osteuropäischen Länder und Vietnams. Sie liefert ihnen die meisten benötigten Rohstoffe, einschließlich Energie. Aber dieser sozialistische Markt, als Konkurrent des kapitalistischen, kann ohne ihn nicht auskommen. Er kauft ihm nicht nur Fertigprodukte ab, sondern orientiert sich an den Weltmarktpreisen in Dollar, um die Preise der Waren festzulegen, die die sozialistischen Partner untereinander tauschen. Mit einem Wort: Die Sowjetunion stellt mit ihren Rohstoffreserven, ihrer Ölförderung, ihrer Raumweite, ihrer großen Bevölkerung zwar eine wirtschaftliche Großmacht dar, aber eine besonderer Art: mit einem sehr niedrigen Lebensstandard, einem den Entwicklungsländern ähnlichen Außenhandel (Ausfuhr von Grundgütern im Tausch gegen Fertigprodukte) und einer Verwaltung, die mit der entwickelter Länder stark kontrastiert. Ihr also in dieser Hinsicht eine wie auch immer geartete Form von Hegemonie zuzusprechen, wäre paradox.

Der Hegemonismus bezieht sich allein auf das zwischenstaatliche System. Die Sowjetunion hat sich in Mitteleuropa die Überlegenheit auf dem Gebiet der taktischen Nuklear- und der konventionellen Waffen gesichert, sie hält geopolitische Positionen am Horn von Afrika (Süd-Jemen, Äthiopien), im südlichen Afrika (Mozambique, Angola) und im Mittleren Osten. Das sowjetische Expansionsrisiko in Richtung Persischer Golf oder Südafrika mit seinen Mineralreichtümern wird ständig größer. Doch sind die Würfel noch nicht gefallen. Der Weg der Bolschewiki zum Weltreich, 1917 mit einer Revolution als Basisgarantie begonnen, wird fortgesetzt. Von Jahrzehnt zu Jahrzehnt wächst ihr Lebensraum, ihre Waffen häufen sich ständig mehr. In zwanzig Jahren haben sich die Sowjets eine Kriegsmarine gebaut, die es mindestens auf dem Papier mit der US-Navy (außer bei den großen Flugzeugträgern) jederzeit aufnehmen kann. Zahlenmäßig bleibt das sowjetische Landheer mehr denn je das größte der Welt.

Soll ich also zum Zeitpunkt dieser Niederschrift, Frühjahr 1982, daraus schließen, daß der Westen mit seiner ausschließlich defensiven militärpolitischen Strategie endgültig verspielt hat? Das glaube ich nicht. Die amerikanische Präsenz in Europa und im Nahen Osten macht jedes militärische Abenteuer zu einer Gefahr. Solange die Vereinigten Staaten und Westeuropa ihre Bindungen aufrechterhalten, dürfte ein direkter Angriff auf den Alten Kontinent von »echten« Bolschewiki als Abenteurertum abqualifiziert werden. Angesichts der heutigen Sowjetunion, wo die Gerontokratie Triumphe feiert, könnten wir, wenn sich nichts Besseres bietet, unsere Hoffnung auf die Vorsicht der Moskauer Oligarchen gründen.

Die Bindungen zwischen dem »Rimland« der eurasiatischen Landmasse und Amerika sind gelegentlich zum Zerreißen gespannt. Die Bundesrepublik Deutschland will um jeden Preis ihren Handelsverkehr mit Osteuropa, insbesondere mit dem anderen deutschen Staat, aufrechterhalten. Wenn die Amerikaner durch die Reagan-Administration die verbale Konfrontation mit der Sowjetunion suchen, ärgern sie sich über die Höhe und den Zinssatz der Kredite, die der Sowjetunion gewährt werden. Da sie selbst aber Millionen Tonnen Weizen nach Moskau verkaufen, haben sie kaum die nötige Autorität, um die Europäer in solchen Fällen zu belehren. In den kommenden Jahren dürfte der sowjetische Expansionismus einerseits die defensive Strategie des Atlantischen Bündnisses, andererseits eine Sachlage perpetuieren, die ich 1947 mit der Formel beschrieb: »Friede unmöglich – Krieg unwahrscheinlich.«

Ich verkenne nicht die Veränderungen, die während der letzten fünfunddreißig Jahre eingetreten sind. Unmittelbar nach dem Krieg beschränkte sich dieser konfliktträchtige Friede auf Europa allein. Die Sowjets verfügten in der restlichen Welt nur über politische und psychologische Waffen, über Agenten und hörige Parteien. 1982 können sie ihre militärische Macht nach Belieben in jedem Teil der Welt entfalten. Sie haben allerdings die Amerikaner in ihrer imperialen Funktion nicht ersetzt. Im übrigen haben die Vereinigten Staaten auch während der fünfundzwanzig Jahre langen amerikanischen Hegemonie (1945–1970) nicht immer ihren Willen durchgesetzt und die Konflikte, ob bewaffnet oder nicht, die da und dort ausbrachen, nicht immer nach eigenen Vorstellungen geschlichtet. Sie haben die historische Entkolonisierungsbewegung nicht gesteuert, sie haben allenfalls ihre Rückwirkungen eingegrenzt. Im Nahen Osten haben sie die israelisch-arabischen Kriege in teilweiser Übereinstimmung mit der Sowjetunion gestoppt. 1982 schauen sie dem iranisch-irakischen Krieg, der nunmehr zwei Jahre andauert, nur zu. Ihnen gelang es auch nicht, den absurden Krieg Großbritanniens gegen Argentinien durch Vermittlung zu verhindern. Der Krieg in der Westsahara dauert auch seit Jahren. Frankreich, unter Giscard d'Estaing zunächst auf Marokkos Seite, später neutral, neigt unter François Mitterrand zu Algerien. Die militärische Bipolarität bleibt bestehen, auch wenn sie sich weniger denn je in zwei Einflußbereichen offenbart. Nicht daß der Nord-Süd-Gegensatz den Platz des Ost-West-Konfliktes etwa eingenommen hätte: Für die Europäer kommt die Bedrohung, außer immer möglichen Rohstoffkrisen, hauptsächlich von der Sowjetunion, einem ideokratischen Regime, das die Leistungen seiner Industrie im wesentlichen in die Rüstung und nicht in den Lebensstandard der Bevölkerung investiert. Diese Bedrohung ist zwar ideologischer Natur, denn den Sowjets gelingt es immer noch, Nutzen aus Aufständen gegen rückschrittliche Oligarchien etwa in der Dritten Welt zu ziehen, aber sie ist auch militärischer Natur, denn sie setzen Einschüchterungsversuche massiv ein, auch wenn sie letzten Endes auf den Angriff verzichten, für den sie so großzügig gerüstet haben.

Beide Großmächte rivalisieren weiterhin miteinander, manchmal fast wie Komplizen, manchmal wie unbarmherzige Feinde. Dieses Wechselspiel findet zum Teil aber auch im Kopf der Beobachter, vor allem der Europäer statt. Die Komplizenschaft ist sowjetischerseits taktisch, westlicherseits illusionär bedingt. In den siebziger Jahren, als Nixon und Kissinger, um einen Ausgang im Vietnam-Krieg bemüht, die Entspannung kultivierten, SALT I und weitere Erklärungen des Wohlverhaltens unterschrieben, hat die Sowjetunion größere Fortschritte als je zu sonst einer Zeit gemacht. Sie hat Nordvietnam die Waffen nicht vorenthalten, mit denen es in den südlichen Teil des Landes einfiel und die Republik dort zerstörte. Der Ost-West-Konflikt wird häufig im Süden, das heißt in jenen Entwicklungsländern ausgetragen, die von der Ungeduld der Armen und dem Egoismus der Reichen zerrissen werden. Es könnte sein, daß langfristig das Schicksal der sogenannten Dritten Welt die Zukunft der Menschheit schwerer präjudiziert als der Macht- und Ideologiekonflikt, der die westlichen Industrieländer gegen die Sowjetländer aufbringt und sich über die ganze Welt verbreitet hat. Doch in unserer Zeit geht es weltgeschichtlich um das Überleben freiheitlicher Institutionen.

270

Das gleiche gilt für die andere Drohung, die nukleare, die der Westen handhaben und zugleich beschwören möchte. Die Kontroversen gehen weiter, gelegentlich durch technische Innovationen und Veränderungen im Kräfteverhältnis erneuert. Flugkörper können nun Ziele auf wenige Hundert Meter genau treffen, Neutronenbomben schonen die Gebäude und verwüsten nur einen genau abgezirkelten Raum. Der Detonationswert von Nuklearwaffen steigt bis zu zehn Megatonnen, läßt sich aber auch bis unter den Wert der stärksten chemischen Sprengkörper reduzieren. Keine der beiden Großmächte kann die andere völlig entwaffnen, aber alle landgestützten Raketen, die treffgenauesten unter den Flugkörpern, sind schon oder werden noch verwundbar. Auf der einen Seite halten Spezialisten an der These fest, daß die Überschreitung der Atomschwelle aller Wahrscheinlichkeit nach einen »Aufstieg zum Äußersten« nach sich ziehen würde. Andere Spezialisten wiederum versuchen, das Ungeheuer zu zähmen und einen nicht-katastrophischen Einsatz vorzusehen. Die einen wie die anderen haben dasselbe Ziel, die Vermeidung der Apokalypse, aber sie gehen jeweils umgekehrt vor: Entweder mit einer ersten nuklearen Sprengladung den Anfang einer unvermeidlichen Katastrophe ankündigen, oder den Staatsmännern anheimstellen, über die möglichen Stoppstufen einer sogar begonnenen Eskalation rechtzeitig nachzudenken.

Bislang werden solche Subtilitäten nur am Rande der tatsächlichen Ereignisse entwickelt: Keines dieser Szenarien ist je zur praktischen Erprobung gelangt. Die Franzosen haben sich selbst überredet, daß die beste Art, die Umsetzung der atomaren Androhung in die Tat glaubwürdig zu machen in der Vorankündigung besteht, daß sie den Kampf überhaupt verweigern werden. Kann dieser Friede im Schatten von Waffen, die nur passiv wirken sollen, endlos dauern? Fünfunddreißig Jahre sind vergangen seit den ersten Analysen eines wehrhaften Friedens zwischen den Großmächten und eines häufigen Kleinkrieges unter den nicht-nuklearen Staaten. Heute ebensowenig wie gestern wissen wir, wie lange ein solcher Halbfriede fortbestehen kann.

In den siebziger Jahren haben zwei aufsehenerregende Niederlagen der Vereinigten Staaten, die Eroberung Süd-Vietnams durch den Norden und der Sturz des kaiserlichen Throns im Iran, das gesamte zwischenstaatliche System erschüttert: Amerika hatte Verbündete ihrem Schicksal überlassen. 1975 verbot der Kongreß dem Präsidenten einzugreifen, als die Divisionen General Giaps auf Saigon losstürmten; und als der krebskranke Schah die Kraft zu entscheiden verlor, war J. Carter nicht in der Lage, für ihn einzustehen, ihm die eine oder andere Strategie zu empfehlen, die vielleicht den verzweifelten Herrscher noch gerettet hätte.

Beide Niederlagen, vor allem die zweite, haben die Glaubwürdigkeit der imperialen Republik beeinträchtigt und das regionale Kräftegleichgewicht gestört. Ohne ihre Stützpunkte im Iran verloren die Vereinigten Staaten, ganz oder teilweise, die Fähigkeit, ihre Interessen in der Golfregion zu verteidigen. Schlimmer noch: Sie scheinen von ihrem eigenen Regime und von der Ungeschicklichkeit des Mannes her, den Volkes Wille an dessen Spitze erhob, nunmehr außerstande, den Auftrag zu erfüllen, den ihnen der Zweite Weltkrieg übertragen hat und dem sie ein Vierteljahrhundert lang auch kraftvoll nachgekommen sind.

Trotz dieser Umbrüche, die meistens günstig für die sowjetische Sache waren, bleibt das Paradoxon dieser Konfrontation weiter bestehen. Die Männer im Kreml fahren fort, Menschen und Länder aller Kontinente, aller Rassen, aller Hautfarben unter ihre Fahnen zu scharen. Wenn der Marxismus in der Pariser Intelligenzia außer Mode geraten ist, behält er seine Anziehungskraft auf Intellektuelle und, da und dort, auf die Volksmassen Lateinamerikas und Afrikas. Doch, auch wenn die Sowjetunion ihre Klienten bewaffnet, sie *ernährt* sie nicht. Angola und Mozambique, wo sogenannte marxistische Parteien unmittelbar nach der Befreiung die Macht übernommen haben, bleiben von ideologischen und von Stammesfehden zerrissen. Von der UdSSR bekommen sie außer Waffen so gut wie nichts. Das Spiel ist also noch nicht entschieden. Wir haben gelernt, daß man Kriege nicht mit Statistiken über das Bruttosozialprodukt gewinnt. Wir sind noch nicht so weit, den Sieg eines Staates als unausweichlich zu betrachten, dessen ganzer Stolz seine Panzerdivisionen sind, dessen Volk aber in Armut und Knechtschaft darbt.

Editorische Anmerkung

Während des Sommers 1983 hat Raymond Aron einen ersten Text (M 1) zusammengestellt, der aus einhundertsechzig Schreibmaschinenseiten bestand und in sieben Kapitel eingeteilt war; zwei davon trugen bereits eine Überschrift: das dritte (»Proliferation und Rüstungskontrolle«) und das fünfte (»Zwischenstaatliches System und Wirtschaftssystem«). In der zweiten Septemberhälfte hatte Aron mit einer Neufassung dieses Textes (M 2) begonnen, der am 17. Oktober 1983, seinem Todestag, vierundsiebzig Schreibmaschinenseiten, in drei Kapitel eingeteilt, umfaßte: »Die internationale Gesellschaft«; »Von der Abschreckung«; »Rüstungskontrolle« sowie ein gerade begonnenes Kapitel (sieben Seiten): »Die feindlichen Brüder«.

Beide Manuskripte wurden mit bemerkenswertem Sachverstand von Simone Afanassieff vom »*Express*« wieder abgeschrieben. Eine Arbeitsgruppe schließlich, mit Jean-Claude Casanova, Pierre Hassner, Stanley Hoffmann, Pierre Manent und Dominique Schnapper hat das Konzept und die verbindliche Ausgestaltung eines endgültigen Textes festgelegt.

Die Einführung in den ersten Teil dieses Buches ist der letzte Text, den Raymond Aron verfaßt hat. Es ist eine dreiseitige handschriftliche Aufzeichnung ohne Überschrift.

Das erste Kapitel ist mit dem ersten Kapitel von M 2 identisch.

Das zweite Kapitel ist mit Kapitel V aus M 1 identisch.

Das dritte Kapitel ist aus dem Kapitel II von M 2 und einigen zusätzlichen Seiten aus den Kapiteln II und III von M 1 zusammengesetzt.

Das vierte Kapitel setzt sich aus dem Kapitel III von M 2 und einigen zusätzlichen Seiten aus dem Kapitel III von M 1 zusammen.

Das fünfte Kapitel ist mit dem Kapitel VI aus M 1 identisch. Das sechste Kapitel ist mit dem Kapitel IV aus M 1 identisch. Das siebente Kapitel ist mit dem Kapitel VII aus M 1 identisch.

Das erste und zweite Kapitel sind eine unmittelbare Antwort auf die durch *Frieden und Krieg* hervorgerufene Kritik und wurden als Einleitung zur achten (französischen) Auflage (April 1984, Editions Calmann-Lévy) veröffentlicht.

Der Teil zwei dieses Buches besteht aus vier Kapiteln, das erste ist mit einem Aufsatz identisch, der in »*Commentaire*« 1978 erschienen ist; das dritte Kapitel ist ein Aufsatz aus »*Foreign Affairs*« 1982; die Kapitel II und IV stammen wiederum aus einem unveröffentlichten Teil von *Erkenntnis und Verantwortung. Lebenserinnerungen**, den der Autor zurückgehalten hatte, um die Probleme der unmittelbaren Gegenwart nicht behandeln zu müssen.

---

* Erschienen 1985 in der Übersetzung von Kurt Sontheimer beim Piper Verlag, München (Anm. d. Übers.)